ה וַיְהִי כַּאֲשֶׁר רָאָה אֶת־הֲמוֹן הָעָם וַיַּעַל אֶל־הָהָר וַיֵּשֶׁב
2 שָׁם וַיִּגְּשׁוּ אֵלָיו תַּלְמִידָיו׃ וַיִּפְתַּח אֶת־פִּיהוּ וַיּוֹרֶה
לָהֶם לֵאמֹר׃
3 אַשְׁרֵי עֲנִיֵּי הָרוּחַ כִּי לָהֶם מַלְכוּת הַשָּׁמָיִם׃
4 אַשְׁרֵי הַמִּתְאַבְּלִים כִּי־הֵם יְנֻחָמוּ׃
5 אַשְׁרֵי הָעֲנָוִים כִּי־הֵם יִירְשׁוּ־אָרֶץ׃
6 אַשְׁרֵי הָרְעֵבִים וְהַצְּמֵאִים לִצְדָקָה כִּי־הֵם יִרְוָיֻן׃
7 אַשְׁרֵי בַּעֲלֵי־רַחֲמִים כִּי־הֵם יְרֻחָמוּ׃
8 אַשְׁרֵי בָּרֵי לֵבָב כִּי־הֵם יֶחֱזוּ אֶת־אֱלֹהִים׃
9 אַשְׁרֵי עֹשֵׂי שָׁלוֹם כִּי־הֵם יִקָּרְאוּ בְּנֵי־אֱלֹהִים׃
10 אַשְׁרֵי הַנִּרְדָּפִים עֵקֶב צִדְקָתָם כִּי לָהֶם מַלְכוּת הַשָּׁמָיִם׃
11 אַשְׁרֵיכֶם אִם־יְחָרְפוּ אִם־יִרְדְּפוּ אֶתְכֶם
וּבַשֶּׁקֶר יָבִיאוּ דִבַּתְכֶם רָעָה בַּעֲבוּר שְׁמִי׃
12 שִׂישׂוּ וְגִילוּ כִּי שְׂכַרְכֶם הַרְבֵּה מְאֹד בַּשָּׁמָיִם
כִּי־כֵן רָדְפוּ אֶת־הַנְּבִיאִים אֲשֶׁר הָיוּ לִפְנֵיכֶם׃
13 אַתֶּם מֶלַח הָאָרֶץ
וְאִם־הַמֶּלַח יָפוּג טַעְמוֹ בַּמֶּה יָמְלָח
תָּפֵל לֹא־יִצְלַח לַכֹּל
כִּי אִם־יִזֹּרֶה הַחוּצָה וְהָיָה לְמִרְמַס רָגֶל׃
14 אַתֶּם אוֹר הָעוֹלָם
עִיר יֹשֶׁבֶת עַל־הָהָר לֹא תוּכַל לְהִסָּתֵר׃
15 וְאֵין מַדְלִיקִים נֵר לְתִתּוֹ תַּחַת הָאֵיפָה
כִּי אִם־אֶל־הַמְּנֹרָה לְהָאִיר לְכֹל אֲשֶׁר בַּבָּיִת׃

כח וַיְהִי אַחַר הַשַּׁבָּת לִפְנוֹת־בֹּקֶר בְּאֶחָד־בַּשַּׁבָּת וַתָּבֹא
מִרְיָם הַמַּגְדָּלִית וּמִרְיָם הָאַחֶרֶת לִרְאוֹת אֶת־הַקָּבֶר׃
2 וַיְהִי רַעַשׁ גָּדוֹל כִּי־מַלְאַךְ יְהוָֹה יָרַד מִן־הַשָּׁמַיִם וַיָּבֹא
3 וַיָּגֶל אֶת־הָאֶבֶן וַיֵּשֶׁב עָלֶיהָ׃ וּמַרְאֵהוּ כַּבָּרָק וּלְבוּשׁוֹ
4 לָבָן כַּשָּׁלֶג׃ וּמֵאֵימָתוֹ אַנְשֵׁי הַמִּשְׁמָר נִבְהָלוּ וַיִּהְיוּ
5 כַּמֵּתִים׃ וַיַּעַן הַמַּלְאָךְ וַיֹּאמֶר אֶל־הַנָּשִׁים אַל־תִּירֶאןָ
6 הֵן יָדַעְתִּי כִּי אֶת־יֵשׁוּעַ הַנִּצְלָב תְּבַקֵּשְׁנָה׃ אֵינֶנּוּ פֹה
כִּי הוּא קָם כַּאֲשֶׁר אָמָר בֹּאנָה וּרְאֶינָה אֶת־הַמָּקוֹם
7 אֲשֶׁר שָׁכַב־שָׁם הָאָדוֹן׃ וּמַהֵרְתֶּן אֶל־תַּלְמִידָיו וַאֲמַרְתֶּן
כִּי הוּא קָם מִן־הַמֵּתִים וְהִנֵּה הוּא הוֹלֵךְ לִפְנֵיכֶם
8 הַגָּלִילָה וְשָׁם תִּרְאוּ אֹתוֹ הִנֵּה אָמַרְתִּי לָכֶן׃ וַתֵּצֶאנָה
כְּרֶגַע מִן־הַקֶּבֶר בְּיִרְאָה וּבְשָׂשׂוֹן רָב וַתָּרֹצְנָה לְהַגִּיד
9 לְתַלְמִידָיו׃ וַיֵּרָא אֲלֵיהֶן יֵשׁוּעַ וַיֹּאמֶר שָׁלוֹם וַתִּגַּשְׁנָה
10 וַתֹּאחַזְנָה בְרַגְלָיו וַתִּשְׁתַּחֲוֶיןָ לוֹ׃ וַיֹּאמֶר אֲלֵיהֶן יֵשׁוּעַ
אַל־תִּירֶאנָה לֵכְנָה הַגֵּדְנָה לְאַחַי כִּי יֵלְכוּ הַגָּלִילָה
וְשָׁם יִרְאוּנִי׃

Pinchas Lapide

Mit einem Juden die Bibel lesen

Pinchas Lapide

Wegbereitende Texte zum jüdisch-christlichen Dialog

herausgegeben von

Yuval Lapide

Band 3

LIT

In Erinnerung an meinen Freund

Otto Herz

der seine besten Jahre der christlich-jüdischen Versöhnung gewidmet hat

Nachdruck aus dem Jahr 1985

Bibliografische Information der Deutschen Nationalbibliothek
Die Deutsche Nationalbibliothek verzeichnet diese Publikation in der Deutschen Nationalbibliografie; detaillierte bibliografische Daten sind im Internet über http://dnb.d-nb.de abrufbar.

ISBN 978-3-643-11249-1

Verlagskontakt:
Fresnostr. 2 D-48159 Münster
Tel. +49 (0) 2 51-620 320 Fax +49 (0) 2 51-922 60 99
e-Mail: lit@lit-verlag.de http://www.lit-verlag.de

Auslieferung:
Deutschland: LIT Verlag Fresnostr. 2, D-48159 Münster
Tel. +49 (0) 2 51-620 32 22, Fax +49 (0) 2 51-922 60 99, e-Mail: vertrieb@lit-verlag.de
Österreich: Medienlogistik Pichler-ÖBZ, e-Mail: mlo@medien-logistik.at

Inhalt

Geleitwort zum Neudruck

„Heute stehen wir in einer merkwürdigen Zeit des Übergangs. Auf der einen Seite geht die griechisch geprägte Form des christlichen Glaubens zu Ende. Auf der anderen Seite geht durch die christliche Theologie eine ‚hebräische Welle' … Seit etwa 30 Jahren entdeckt man die bleibende und zukunftsweisende Bedeutung des Alten Testaments für den christlichen Glauben. Man begreift, dass man das Neue Testament nicht ohne das Alte Testament lesen kann, sondern beide nebeneinander und miteinander erst die Fülle des Lebens im Glauben erschließen. … Man entdeckt endlich, dass der Gott, der in Christus offenbar wird, nur wenig mit dem Höchsten Sein oder dem Unbewegten Beweger des All der griechischen Philosophie zu tun hat, wohl aber mit dem Gott Israels und der Propheten identisch ist …!" [1]

Zutreffend hat der große protestantische Theologe Jürgen Moltmann bereits 1967 erkannt, wie sehr das Neue Testament ohne das Alte Testament existenzunfähig ist. Damit wird er zum Sprecher jener christlich-exegetischen Neuorientierung nach der Schoah, die die Bemühungen großer jüdischer Denker wie Leo Baeck, David Flusser, Schalom Ben-Chorin und Pinchas Lapide dankbar aufgreift und in die eigene christliche Theologie integriert.

Allzu häufig kommt es vor, dass ein christlicher Leser des Alten Testaments, der Tora der Juden, bei der Lektüre des ersten Teils seiner Heiligen Schrift mit Textstellen konfrontiert wird, die er aufgrund seiner jahrhunderte alten christlichen Prägung mit christlichen „Brillen" zu lesen gewöhnt ist. Der Beispiele bedarf es keiner. Das Buch meines Vaters

---

1 Jürgen Moltmann, Der Gott der Hoffnung in: „Gott heute", 1967, S. 121 f. zitiert in: Pinchas Lapide, Mit einem Juden die Bibel lesen, LIT Verlag Münster, 2011, S. 191 f.

ist eine einzige Sammlung solcher Beispiele, die im Laufe vieler Jahrhunderte durch christliche Exegese in ihrer Bedeutung gegenüber dem ursprünglichen, jüdisch-hebräischen Verständnis stark verfremdet wurden.

Um die Fülle, um die Tiefe alttestamentlicher Erzählungen und Ausführungen über das Gottes- und Menschenbild wirklich zu erfassen, bedarf es jenseits oberflächlicher Übersetzungspräzision einer fundierten und fundamentalen Kenntnis der Welt hebräischen Denkens zurzeit der Entstehung der Hebräischen Bibel. Mal um Mal zeigt der Autor dieses Buches, wie erhellend es für den christlichen Leser der Heiligen Schrift ist, wenn er sich an die Hand eines profunden Kenners der Hebraismen und der Mentalität der Hebräer begibt und sich durch die große Welt des Ersten Testaments führen lässt.

Vieles, was der Christ vormals stillschweigend überlesen oder mit geistlichen Vor-Urteilen verinnerlicht hat, gewinnt für ihn durch die neue Lesung meines Vaters eine völlig neue Bedeutung und eine völlig neue Klarheit – oftmals die erste klare Deutung schwieriger Stellen im Leben des Lesers überhaupt.

Dem aufmerksamen Leser wird zunehmend bewusst, dass das Alte Testament, wie mein Vater zu sagen pflegte, „von Juden für Juden und über Juden geschrieben wurde" und der Christ letztlich als Gast in diese Denkwelt der Juden mit hineingenommen werden durfte, wie der Apostel Paulus an die Römischen Heidenchristen schrieb: Röm. 11,17.18 „Wenn aber nun einige von den Zweigen ausgebrochen wurden und du, der du ein wilder Ölzweig warst, in den Ölbaum eingepfropft worden bist und Teil bekommen hast an der Wurzel und dem Saft des Ölbaums, so rühme dich nicht gegenüber den Zweigen. Rühmst du dich aber, so sollst du wissen, dass nicht du die Wurzel trägst, sondern die Wurzel trägt dich."

Der gläubige Christ wird folglich nicht nur eine rein intellektuelle Unterweisung in die korrekte Bedeutung hebräischer Fachbegriffe erfahren, sondern ein tiefes, erweitertes Glaubensverständnis der grundlegenden Lehre seines christlichen Glaubens erleben. Ihm wird im Verlauf der Lektüre immer deutlicher erkennbar, dass die über Jahrhunderte geförderte und praktizierte Trennung zwischen Altem und Neuem Testament eine künstliche ist. Die Wahrheit, wonach das NT seinen reichen Schatz aus der hebräischen Mentalität bezieht, wird den Gläubigen aus dem Zweiten Bunde Gottes, wie sein Herr es ihm im Johannesevangelium sagte, in der Tat „frei machen":

Johannes 8, 31.32 „Da sprach nun Jesus zu den Juden, die an ihn glaubten: Wenn ihr bleiben werdet an meinem Wort, so seid ihr wahrhaftig meine Jünger und werdet die Wahrheit erkennen, und die Wahrheit wird euch frei machen."

Frei – frei von Vorurteilen, Halbwahrheiten, Scheinwissen und völliger Ignoranz. Das Wort Gottes in seiner tiefen Kraft und glaubensweisenden Bedeutung wird dem Leser einen frischen und freien Zugang zum Fundament seines Glaubens eröffnen.

Die aufklärerisch Arbeit, die der jüdische Neutestamentler in diesem Buch leistet, gibt dem wissbegierigen Leser ein reichhaltiges Instrumentarium an die Hand, um sein „christliches" Neues Testament tiefer und gründlicher, weil mit jüdischem Denken ausgestattet, zu verstehen.

Dr. Yuval Lapide

Vorwort

Was ist dieses sogenannte »Alte Testament«, das mit Recht die Hebräische Bibel oder, besser noch, das Buch der Bücher genannt wird?

Im Grunde ist es ein Sammelband von Gotteserfahrungen und Dialogen zwischen Juden und dem Herrn der Welt: Ein Zwiegespräch zwischen Schöpfer und Geschöpf, das im alten Israel begonnen hat und seit damals überall weitergeht.

Für Juden ist es weder »alt« noch ein »Testament«, denn Gott macht keine letztwilligen Verfügungen, sondern »ein schlichtes Buch«, wie Heinrich Heine sagt, »bescheiden wie die Natur, auch natürlich wie diese; ein Buch das werkeltätig und anspruchslos aussieht wie die Sonne, die uns wärmt, wie das Brot, das uns nährt ... Wer seinen Gott verloren hat, der kann ihn in diesem Buch finden. Und wer ihn nie gekannt, dem weht hier entgegen der Odem des göttlichen Wortes.«

Ist diese Bibel heute überholt, antiquiert oder veraltet? Ist sie nach drei Jahrtausenden museumsreif geworden, oder führt sie bloß ein Scheindasein in Klöstern, Synagogen und theologischen Fakultäten?

Daß dieses Glaubensbuch der ersten Offenbarungsreligion nicht veraltet ist, bedarf weder wissenschaftlicher Beweisführung noch religiöser Argumentation.

Wie neu und lebendig es ist, bezeugt ein kurzer Ausflug durch die heutige Umgangssprache – ein paar Auszüge aus dem Zeitungsdeutsch unserer Tage sollten genügen.

Denn allen wissenschaftlichen Fortschritten, Mondflügen und Atomkraftwerken zum Trotz wird der Mensch noch immer »nackt geboren wie Adam«, ist er »weise wie Salomo«, oder »stark wie Simson«, ein »langer Laban« oder der »wahre Jakob«. Er »lebt wie im Paradies«, und »hat Mose und die

Propheten« oder stimmt »Jeremiaden« an, sehnt sich zurück nach »den Fleischtöpfen Ägyptens«, bekommt eine »Hiobspost« oder muß »Uriasbriefe« bestellen. Falls er ein »Kainszeichen an der Stirn« trägt oder zur »Rotte Korach« zählt, müssen ihm »die Leviten gelesen« werden, damit er nicht länger wie »in Sodom und Gomorra« lebe, in »ägyptischer Finsternis« oder »babylonischer Verwirrung«, sondern den Weg »ins Gelobte Land« finden könne.

Schließlich sehnt er sich danach, »alt zu werden wie Methusalem«, ehe er den »Weg alles Fleisches« gehen muß, um »in Abrahams Schoß« aufgenommen zu werden.

So wird jeder Erdenbürger unaufhörlich, auch im grauen Alltag, an seine hebräischen Bibelwurzeln erinnert – ob er sich dessen bewußt ist oder nicht.

Kein anderes Werk hat so viel Zuspruch, Trost und Hoffnung in alle vier Enden der Welt getragen wie dieses Glaubensbuch des alten Israel.

Die folgenden Kostproben jüdischer Auslegung wollen neue Tiefen ausloten, um Mut zu machen zum Weiterforschen in diesem »Sammelband von Gotteserfahrungen«, das die Kinder Israels zum »Volk des Buches« gemacht hat.

»Nur sei stark und fest, zu hüten, zu tun ganz nach der Lehre, die dir geboten Mose, Mein Knecht ... nicht weiche dieses Buch der Lehre von deinem Munde, und du sollst sinnen darüber Tag und Nacht ...« (Jos 1,7f).

Seit über hundert Generationen ist dieses Wort in Erfüllung gegangen: Diese göttliche Weisung wurde für das jüdische Volk zum »Baum des Lebens« (Spr 3,18), der als Wegweiser in die Fülle des Alltags hineinführt, um alles Menschliche zu heiligen. Und da nach jüdischer Auffassung nichts in diesem Buch fehlen kann, was zu einem gottgefälligen Lebensweg gehört, galt seit undenklichen Zeiten der Grundsatz: »Wende die Tora hin und wende sie her, denn alles ist drin.«

So kam es zu der Einsicht, daß es nur der scharfsinnigen Suche und des intensiven Studiums bedürfe, um in diesem Gottesbuch die Antwort auf alle Fragen des rechten Lebensvollzuges zu finden – angefangen vom Händewaschen bis hin zum Märtyrertod. Mit liebevoller Intensität wurde daher jedes Wort, jeder Buchstabe dieser Schrift erforscht und gedeutet, immer wieder gedeutet und von den verschiedensten Standpunkten aus beleuchtet. Das Ergebnis ist eine Kette der Überlieferung, die zuerst im Talmud als dem Sammelwerk der Bibeldeutungen eines Jahrtausends ihren Niederschlag gefunden hat.

Ihn begleitet eine umfangreiche Literatur – Midrasch genannt –, die die Schrift aktualisiert, indem sie sie auf die jeweilige Gegenwart bezieht, durch anschauliche Gleichnisse belebt und häufig ihre Moral mit Humor und Mutterwitz würzt. Ihr folgt eine schier endlose Reihe von Kommentatoren, die sich auf Talmud und Midrasch stützen, um der Bibel immer neue und lebensfördernde Einsichten zu entnehmen, denn letzten Endes geht es ja um die Bewährung der Wahrheit und das Erfüllen der Weisung, die kein Ende nehmen.

Auf all dieses jüdische Weiterdenken und Weiterglauben der Bibel wird in der Folge durch Anmerkungen Bezug genommen, die dem Wissensdurstigen helfen sollen, den Weg zu den Quellen zu finden, die jedoch ohne Substanzverlust auch getrost überlesen werden können.

Liebe zur Tora

»Am Anfang schuf Gott . . .«

Was hat uns das Buch »Genesis«, das erste Buch Mose, in einem Zeitalter der Bibelkritik, der Kernphysik und der Mondflüge noch zu sagen?
Jedes Kind lernt heutzutage in der Schule, daß unsere Welt Milliarden von Jahren alt ist. Im jüdischen Religionsunterricht haben wir unlängst jedoch das Jahr 5742 »anno mundi« gefeiert. Mittelschüler lernen heute überall die Grundlagen der Evolution und daß der Homo sapiens vom Affen abstammt. Der Schöpfungsbericht hingegen ist rein anthropozentrisch. Der Mensch wurde von Gott selbst erschaffen als »Krone seiner Schöpfung«, wie es heißt.
Wissenschaft, so lautete der Konsensus, sei modern, dynamisch und aufgeschlossen, Religion hingegen statisch, rückschauend, veraltet und immobil.
Wir sind heute wohl reif genug, um solche primitive Schwarzweißmalerei als die Kinderkrankheit der Aufklärungsepoche zu verstehen. Doch noch immer fehlt uns die Versöhnungsformel zwischen glaubensloser Wissenschaft und übergläubigem Fundamentalismus, einschließlich der vieltausend Nuancen zwischen diesen beiden Extremen der menschlichen Wahrheitssuche.
Und dennoch ist die Schlichtung des Konfliktes im Grund nicht so schwer: Die Wissenschaften insgesamt erforschen die Materie, das schon Gegebene in all seinen Erscheinungsformen und all seinen Wirkungsweisen. Die Bibel hingegen geht vom Geber alles Lebens aus, dem wir unser Dasein verdanken. Die Wissenschaft nimmt Gottes Werk unter die Lupe. Der Glaube sucht Gott selbst. Die Wissenschaft befaßt

sich mit der Weltzeit (wie wir sagen), mit der Chronologie, welche die Menschen mit ihren Werkzeugen und ihrem Instrumentarium erkunden können. Die Religion hingegen hat es mit der Urzeit und der Endzeit zu tun; ihre Fragen zielen auf die ersten und auf die letzten Dinge, die außerhalb des Kompetenzbereiches der Professoren liegen, deren Wißbegierde eigentlich nur »die Mitteldinge« unserer Welt erfassen kann.

Die Mitteldinge: Das ist der Bereich der Wissenschaft. Das Alpha und das Omega hingegen, das Erste und das Letzte, gehören nicht zur Wissenschaft, sondern zum Glauben.

In einem Zeitalter, in dem die Entfernungen ebenso schnell schrumpfen, wie sich das Weltall vor unseren staunenden Augen immer weiter ausdehnt, ist das Judentum nicht genötigt, auch nur eine einzige seiner Grundüberzeugungen einer Revision zu unterziehen oder zurückzunehmen. Warum? Weil wir Gott nie verwissenschaftlicht haben.

Theologie als »Wissenschaft von Gott« oder »Gotteskunde« hat es im Judentum eigentlich nie gegeben. Das bloße Wort schon hat für jüdische Ohren einen blasphemischen Beigeschmack. Alles, was wir wissen, ist: daß wir Ihn nie kennen, von Ihm nie etwas wissen können.

»Seid ihr gekommen, mich zu erforschen? So wahr ich lebe, sagt der Herr, ich will von euch nicht erforscht werden.« So sagt uns Ezechiel (20,3) über die sogenannten zünftigen Gotteswisser. »Er-ist-da«: das ist der hebräische Name Gottes, und seit damals haben sich die Schriftgelehrten standhaft geweigert, das Unsagbare und das Unwißbare mit gebrechlichen Menschenworten einzufangen.

Wißbar und erforschbar hingegen sind Gottes Werke; denn um sie zu verstehen, hat uns Gott die Denkkraft, den Intellekt geschenkt. Erst wenn wir verstanden haben, wo die Grenzen liegen zwischen Gotteswerk und Menschensinn, gewinnt die Genesis ihre zeitlose Gültigkeit zurück. Wer die Weltgeschichte in ihrer Gesamtheit zu überschauen vermag, der weiß, daß das erste der fünf Bücher Mose die große Wasserscheide ist zwischen prähistorischem Irrsal und Wirrsal, das vom Wunschdenken und Angstdenken beherrscht wird, und dem, was wir zivilisierte Intelligenz zu nennen lieben. Seit dem ersten Wort der Bibel ist unsere Welt nicht mehr das zufällige Ergebnis unflätiger Kosmogonien, die Mißgeburt monströser Himmelstitanen, in der korrupte Priesterschaften Kinderopfer, Selbstverstümmelung und Tempelprostitution forderten, um versklavtes Menschenvieh sein sinnloses Dasein fristen zu lassen. Mit einem Satz wurde der ganze Kosmos zur Naturordnung proklamiert, geschaffen und gestaltet von einer einzigen Macht, die schlagartig die absurden Tier-Götter und die vergotteten Himmelskörper aller Magie entleerte, um diesem Universum und all seinen Bewohnern einen ursächlichen Anfang, ein zielbewußtes Weiterleben und ein hoffnungsvolles Ende zu schenken.

»Am Anfang schuf Gott Himmel und Erde.« Mit diesem Gotteswort kam das Ende der Schreckensträume aller Dunkelzeiten, das Leben auf Erden bekam einen Sinn. »Es ward Licht!« Das Buch vom Anfang bleibt die mystische Vision aller Ursprünge, gekleidet in wuchtige, lautere Worte, die sowohl das Kind wie den Greis, die Einfalt und das Genie so unmittelbar ansprechen, daß alle aus ihm Glauben und Zuversicht schöpfen können – zu Davids Zeiten, zu Zeiten Jesu und morgen auch.

»Die Tora spricht in der Sprache der Menschen«, so lautet ein oft wiederholter Leitsatz der Rabbinen, der alle Anthropomorphismen (Gott habe eine Hand, einen Mund, einen Fuß, ja sogar eine Rückseite) zu Stilblüten reduziert und vor jeder Wortwörtlichkeit im Schriftverständnis ausdrücklich warnt. So wird es jedem Juden anheimgestellt, ob er der dramatischen Weise der Weltschöpfung in Gen 1 und 2, der poetischen Beschreibung in Psalm 104 oder der salomonischen in der Spruchweisheit (Spr 8,22–31) den Vorzug gibt. Die Tatsache der göttlichen Schöpfung ist der erste der dreizehn Glaubensartikel, die tagtäglich in der Synagogenliturgie bekräftigt werden. Jedoch die Art und Weise dieser Schöpfung bleibt offenes Glaubensgut für alle in der großen Exegetenrepublik, die wir den Talmud nennen.

So heißt es also seit Maimonides tagtäglich in der Synagoge: »Ich glaube mit voller Überzeugung, daß der Schöpfer – gelobt sei Sein Name – alle Geschöpfe erschaffen hat und daß Er allein das Schöpfungswerk vollbracht hat, vollbringt und vollbringen wird«, womit sowohl der Grundgedanke der Evolution als fortschreitende Schöpfung wie auch die Erlösung als endzeitliche Vollendung mit einbezogen werden. Alle drei Tempora werden hier im jüdischen Credo aneinandergereiht; denn die Genesis ist im Denken Israels keineswegs ein Akt der Vergangenheit.

»Er erneuert jeden Tag das Werk Seiner Schöpfung«, ist ein oft wiederholter Satz im rabbinischen Schrifttum. Und im täglichen Morgengebet heißt es bei jedem Sonnenaufgang: »Er, der aufleuchten läßt die Erde und ihre Bewohner durch Barmherzigkeit, erneuert an jedem Tag durch seine Güte unablässig sein Schöpfungswerk. Wie vielfältig sind doch Deine Werke, Herr! Die Erde ist übervoll mit Deinen Gütern!«

»Am Anfang schuf Gott Himmel und Erde.« Eine Fülle von Einsichten kann der gläubige Bibelleser dieser wortkargen, lakonischen Aussage entnehmen, wenn er das Gotteswort ernst nimmt, ohne es wörtlich zu nehmen.

Nur Gott kann *schaffen*, ein Zeitwort, das die Hebräer für »Genesis« reservieren; denn nur er kann *ex nihilo*, aus dem Nichts, etwas hervorbringen. Menschen hingegen können bloß machen, produzieren, Vorhandenes verändern, aber weder aus etwas nichts, noch aus nichts etwas machen, da auch wir, wie unsere ganze Umwelt, winzige Partikel dieser durchgeistigten Materie sind, die Gott – und nur Er allein – ins Leben gerufen hat. Hier steckt sowohl ein heilsamer Dämpfer für alle Überheblichkeit als auch eine Warnung vor jedweder Vergötzung der Welt oder eines Teils der Welt, sei es nun die Gesellschaft, der Staat, die Heimat, der Materialismus, die Arbeiterschaft oder irgend ein anderes der »goldenen Kälber« unseres Jahrhunderts.

»Am Anfang schuf Gott.« Das heißt auch, daß Gott *vor* allen Anfängen da war und alles, was ihm folgte, von ihm und aus ihm seinen Ursprung nimmt. Nicht nur die Mythologien der

Heidenwelt, auch die Arroganz der deterministischen Naturwissenschaft wird hier ganz sachte zu Grabe getragen.
Warum beginnt die Hebräische Bibel mit dem zweiten Buchstaben des Alphabets? Hinter dieser scheinbar belanglosen Frage der Rabbinen verbirgt sich die Ansicht der Talmudväter, daß das Schöpfungswerk erst auf dem Berg Sinai vollendet wurde. In dichterischer Weise lehrt dies ein Midrasch[1], der von einer Beschwerde des Buchstaben *Aleph* zu erzählen weiß. Dieser erhob Einspruch bei Gott, daß er Seine Tora nicht mit ihm beginnen ließ, sondern diese Ehre dem nächsten Buchstaben zuteilte, dem *Bet,* mit dem das erste Wort der Tora »Bereschit« (am Anfang) beginnt.
Wäre es nicht angebracht gewesen, die Tora mit Aleph zu beginnen, statt mit einem anderen Buchstaben, der doch rangniedriger wäre? Gott tröstete den Beschwerdeführer: »Die Zeit wird kommen, wenn Zweck und Sinn der Schöpfung allen offenbart werden, und zwar mit den zehn Geboten, die die Menschen zur sittlichen Höhe führen sollen, und dann werde ich mit dir, dem Aleph, die Offenbarung beginnen: Anochi – Ich Bin Der Ewige, Dein Gott – worauf das Zehngebot folgt.«
In seiner phantasievollen Weise will der Midrasch eine klare Botschaft vermitteln: Die Erschaffung des Universums mit all seinen Wundern und ihm innewohnenden Kräften präsentiert nur einen Bruchteil der göttlichen Macht. Größer als die physische Welt in ihrer unermeßlichen Ausdehnung, deren Symbol der zweite Buchstabe, das Bet, ist, bleiben die geistigen Kräfte, auf welche die Welt gegründet ist und für die als Symbol das Aleph, der erste Buchstabe, steht. Denn ohne die fundamentalen ethischen Grundsätze, die in den zehn Geboten verankert sind, bliebe das den Menschen umgebende Weltall nur ein Rahmen ohne Zweckbestimmung.
Der Mensch jedoch soll sich sittlich verhalten, weil Gott, der ihn erschuf, diese Welt niemals sich selbst überlassen hat, sondern sie ständig nach moralischen Grundsätzen beurteilt, und der, wenn nötig, auch in den Ablauf der Geschichte eingreift, um dem Unrecht und der Willkür Einhalt zu gebieten.

Warum schuf Gott die Welt?
Die Meister der Kabbala antworten: Aus Liebe – denn die Liebe allein bedarf eines Gegenübers, eines Partners, der anders ist als du und dennoch dir im Wesen verwandt bleibt, so daß wir Menschen ganz anders sind als Gott und dennoch ihm im Ebenbilde gleichen.
Daraus folgern die Kabbalisten: Weil Gott die Welt aus Liebe schuf und Liebe den letzten Sinn der Wirklichkeit erschließt, kann wahre Identität nur im anderen zu finden sein; dann reift jedes Ich an seinem Du, dann ist Gott weder Prinzip noch Ideologie noch einsamer Herrscher, der über Untertanen thront, sondern das ansprechbare Du, das nur im Dialog und im Zueinanderstreben der Liebe zu erfahren ist: von der Anziehungskraft der Erde über den Magnetismus und die »unio mystica« aller Gottsucher bis hin zur Kernfusion unserer Tage, die alle zueinander streben – was die Kabbalisten insgesamt als Liebe bezeichnen.
Nicht im Sein noch im Haben ist der Schöpfer zu finden, so sagen sie, sondern im Teilen und im Mitteilen; denn: »Das Himmelreich ist mitten unter euch«, in eurer Beziehung zueinander, wie Jesus, gut rabbinisch, in Lk 17,21 zu erklären versuchte.
Kurz vor seinem Tode wurde Albert Einstein von einem Kernphysiker und Freund gefragt: »Ist das Weltall, wie Sie es kennen, ohne einen Schöpfer-Gott denkbar?«
Einstein antwortete: »Wenn dieses Universum in all seiner millionenfachen Ordnung und Präzision das Ergebnis eines blinden Zufalls sein sollte, so ist das so glaubwürdig wie wenn eine Druckerei in die Luft geht, worauf alle Druckbuchstaben wieder herunterfallen in der fertigen und fehlerlosen Form des Duden-Lexikons.«
Dies ist die beste Antwort auf die Meinung der Atheisten, die Welt sei sozusagen »von selbst« entstanden!
Ein Drittes lesen die Rabbinen dem ersten Wort der Bibel ab: Wer »am Anfang« sagt, der läßt ein Weitergehen mitschwingen und deutet auch für die Hellhörigen auf ein gezieltes Ende hin. Die Bibel geginnt mit einer *Protologie,* also einer

Lehre von den ersten Dingen, die eindeutig besagt, daß vom ersten Schöpfungsakt an Gott selbst in allen Dingen und Wesen wirkt, daß alles auf Erden gottgewollt und gottdurchweht ist. Es bedarf daher weder eines evolutiven Fortschrittglaubens noch revolutionärer Zukunftsutopien, um die *Eschatologie* als Lehre von den Letzten Dingen und die kommende Vollendung nicht als *Apokatastasis,* also als Rückkehr zu paradiesischen Ursprüngen, sondern als Überbietung, als Vervollkommnung und als künftige Krönung der Schöpfung zu erwarten.

All das steckt keimhaft im ersten Bibelwort »am Anfang«; denn wer »am Anfang« sagt, denkt auch an das Weiter und an das Ende.

Weil Gott »Himmel und Erde« schuf (was in der Stenographie der Hebräer dem Weltall gleichkommt), wird die Natur von Anfang an in die Geschichte mit einbezogen. Da *alles* von Gott kommt, gibt es keinen Riß zwischen Mensch und Natur, keinen Dualismus zwischen Leib und Geist, keine Entzweiung zwischen Subjekt und Objekt, keinen Graben zwischen Heilsgeschichte und Profanpolitik, oder gar Mißtrauen zum Rohstoff, zum Fleisch, das angeblich sündig ist, bzw. zum Buchstaben, der angeblich tötet.

Juden kennen keine dreistöckige Welt, die aus Himmel, Erde und Hölle besteht, noch kennen sie einen dreischichtigen Menschen, der aus Es, Ich und Über-Ich zusammengeflickt ist (wie Sigmund Freud es will).

Juden kennen nur *einen* Gott, *eine* Schöpfung und *einen* Gesamtmenschen, der zu dieser enormen Kontrastharmonie der einen Welt gehört, die es zu heiligen gilt.

Daher lieben Juden auch die Materie, die nicht weniger Gottes Werk ist als der Geist, das Genie, die Liebe und die Schönheit. Juden sind im Grunde heilige Materialisten; denn jedwede Zweiteilung in edlen Geist und gemeinen Stoff scheint bibelwidrig und eine Blasphemie gegen den absoluten Monotheismus. Wir wissen, daß auch der Materie eine Gottgewolltheit innewohnt, die zur Heiligung ruft und jedweden Mißbrauch als Verstoß gegen das Buch der Schöpfung verpönt.

Wie nennt die Bibel das, was da war, ehe die Welt ward? Da steht: »Finsternis über dem Abgrund«. Abgrund – was ist das? Wenn wir es mit den primitivsten Worten zu sagen versuchen, so ist es ein tiefes Loch. Das Loch muß so tief sein, daß unter ihm überhaupt kein Grund mehr ist. Nun kann man sagen, so etwas gebe es nicht. Das seien doch Fabeldinge, die in unserer Erfahrung nicht vorkommen. Oder doch?

Kennen wir das nicht aus unseren Traumerfahrungen? Begegnet es uns nicht manchmal im Traum, daß wir hinabstürzen in eine Unendlichkeit? Ein Angsttraum, aus dem nur das Erwachen in Gottes Welt hinein uns rettet? Die Religionshistoriker werden schon recht haben, wenn sie das hebräische Wort für Abgrund *»tehom«* zusammenbringen mit *Thiamat*, der Urschlange, dem Urdrachen der Tiefe des altorientalischen Mythos, der vom Schöpfer-Gott in den babylonischen Mythen besiegt wird.

Was in jenem Vers mit dem anderen Wort *»Tohu-wa-bohu«* gesagt wird, davon läßt uns der unheimlich heulende Klang dieser Worte mehr vernehmen als das dunkle Tremolo der Worte selbst. Ein gefährlicher Drache lauerte im Hintergrund der Welt. Das hat uns die glatte rationale Theologenformel von der Schöpfung aus dem Nichts überhören lassen. Wir sollten es nicht mehr überhören!

Und nun setzt Gottes Schöpfungswerk ein. Das Werk hat seinen festen Takt: Gott spricht, und es ward. Gott sieht, daß es gut ist. Gott scheidet, Gott gibt einen Namen. Jeder einzelne dieser Akte zerbricht ein Stück des Urgrauens, schafft eine heimische Welt, hebt Dinge ab aus dem Entsetzen des Unfaßbaren, macht sie vertraut, macht sie anredbar.

Aber es ist keine reine Wiederholung der Akte lediglich mit wechselndem Objekt. Es liegt eine Architektur in diesem Schöpfungswerk. Von der Pflanze heißt es nicht mehr wie beim Licht oder beim Firmament: Es werde Licht, es werde Himmel; es heißt nicht mehr: Es werde Gesproß; sondern diesmal sagt Gott: »Sprießen lasse die Erde Gesproß!« (Gen 1,11). Die Verbalform im Hebräischen ist das aktive

Kausativum, das Selbst-Erwirken: Die Kreatur soll nicht stumpf brütend daliegen, während Gottes Wort an ihr geschieht. Sie hat ihren tätigen Anteil an Gottes Werk. Der Fruchtbaum hat seinen Samen in sich, aus dem ein neuer Baum wachsen wird nach seiner Art.

Und nicht mehr Gottes Wunderlicht vom ersten Tag macht den Abend und den Morgen, sondern Gott setzt nun die Leuchten an den Himmel, und sie machen fürderhin die Tage und die Nächte. Ja, mehr noch: Gott gibt ihnen – so heißt es ausdrücklich – die Herrschaft über den Tag und über die Nacht. Je höher wir aufsteigen in den Ordnungen des Daseins, desto deutlicher wird: Gott will die Welt nicht als ein Puppenspiel, bei dem er selbst alle Drähte in der Hand hat und kein Ding sich bewegen kann, ohne daß Gottes Finger an seinen Gelenken zieht.

Gott, der lebendige Gott, will eine lebendige Welt, Wesen, die ihren eigenen Weg gehen, die die Erde füllen und sich auf ihr tummeln nach eigenem Urteil.

Diesen Worten entnehmen die Rabbinen, daß Gott eine Schöpfung will, die sich selbst weiter entfaltet, die vorwärts und aufwärts drängt. Gott hätte doch Bäume, Fische und Früchte selber erschaffen können. Er aber wollte am Schöpfungswerk Mitarbeiter, denen er freie Kreativität gewährte.

Brot und Wein, die Juden und Christen (verschiedentlich) im Gottesdienst weihen – sind sie nicht greifbare Symbole dieser heilsträchtigen Zusammenarbeit? Gott schuf das Korn; Menschen backen Brot daraus. Gott schuf die Trauben; Menschen pressen Wein aus ihnen. So wie Brot und Wein die Frucht der Partnerschaft sind, so soll die ganze Welt das fortschreitende Werk des Schöpfers und seiner Geschöpfe werden. Darum schuf er den Menschen frei: frei zu wählen zwischen Gut und Böse, Fluch und Segen an jedem Tag seines Erdendaseins. Nicht Marionetten und Hampelmänner, sondern freie Mitarbeiter wollte er.

Der Grundgedanke im Sonnenlied des Franz von Assisi, in dem er die Sonne, den Wind und das Wasser als Brüder begrüßt, wird in der Dichtung von Rabbi Kook (Palästina, später Israel) auch auf die Erde, auf den Sand, auf das Meer und auf die Felsen erweitert; denn im Grunde genommen sind wir alle Mitgeschöpfe, Brüder, unter dem einen Vater-Gott.

»Am Anfang schuf Gott Himmel und Erde«, heißt es Gen 1,1. Aber auf der nächsten Seite lesen wir: »Es war zu der Zeit, als Gott Erde und Himmel schuf« (Gen 2,4). Was kam zuerst: der Himmel oder die Erde?

Über diese belanglos scheinende Frage stritten die Rabbinischen Schulen Hillels und Schammais fast ein ganzes Jahrhundert: Erde und Himmel oder Himmel und Erde? Wobei die Hilleliten die Priorität der Erde betonten, mit sehr greifbaren Folgen für ihre Orthopraxie, während die Schammaiten dem Himmel, gemäß dem Text in Gen 2,4, den Erstlingsrang gewährten. Nach endlosen Streitgesprächen und Debatten kam es zu einem Kompromiß, der sich der Glaubensstruktur des Judentums seit zwei Jahrtausenden eingeprägt hat: Israel sieht sich und seine Welt theozentrisch, also: mit dem Himmel voran, wie Schammai es sagte; es erfährt jedoch seinen himmlischen Vater anthropozentrisch, wie Hillel es nach Gen 1 sagte.

Gläubige Juden kennen keine Welt, die nicht theozentrisch gerichtet oder orientiert ist. »Ich wohne in der Höhe und im Heiligtum und bei denen, die zerschlagenen und demütigen Geistes sind.« In diesem Gotteswort aus dem Munde Jesajas (57,15) kommt jene Paradoxie der jüdischen Frömmigkeit zum Ausdruck, die keinen Widerstreit kennt zwischen Transzendenz und Immanenz, zwischen Gesetz und Gnade, zwischen Gebot und Gebet, zwischen Mystik und Ethik. Was in der rationalen Welt der reinen Vernunft als Widerspruch auseinanderklafft, wird in der Religiosität der Juden zur Einheit versöhnt – genau wie die beiden Schöpfungsberichte im Buch Genesis.

Das Ergebnis des ersten Schöpfungstages ist das Licht, das von Gott gutgeheißen wird. Warum fehlt dieses positive Werturteil am zweiten Schöpfungstag? fragen die Rabbinen.

Rabbi Tabyomi meint, der Grund sei, daß am zweiten Tag zum erstenmal eine Trennung in die Welt kam. Heißt es doch in Gen 1,6–8: »Es werde eine Feste mitten in den Wassern, und sie soll eine Trennung sein zwischen den Wassern, die unter ihr und die über ihr sind.« Zum erstenmal tritt die Scheidung in die Welt ein. Die moralisierende Absicht wird im hebräischen Urtext noch deutlicher. Wörtlich heißt es nämlich, am zweiten Tage sei zum erstenmal eine *machloket* aufgetreten, was sowohl Trennung als auch Zwist oder Auseinandersetzung bedeuten kann.

Wenn schon eine Scheidung, die zur Entfaltung der Welt führte und sie bewohnbar machte, nicht als gut bezeichnet werden konnte, um so weniger darf jede andere Trennung oder Entzweiung, die Wirrnis und Streit stiftet, gutgeheißen werden. So folgern die Talmudväter aus dem zweiten Schöpfungstag.

Allein der dritte Schöpfungstag genießt den Vorzug, daß es zweimal an ihm heißt: »Und Gott sah, daß es gut war« (Gen 1,10 und 12) – wobei mit dem zweifachen »gut« der Anfang des Mitschöpfens der eben erst erstandenen Geschöpfe gemeint ist. Denn nun ist Gott der Partner und nicht mehr allein. Darin sehen die Rabbinen seit undenklichen Zeiten ein doppelgutes Omen: eins für die Braut und eins für den Bräutigam, so daß der Dienstag als dritter Schöpfungstag seit Jahrtausenden der traditionelle Trauungstag für jüdische Paare ist. Und darum heißt es ja auch: »Und am dritten Tag war eine Hochzeit in Kana in Galiläa« (Joh 2,1). Für Christen, die keine rabbinischen Vorkenntnisse haben, ist das unverständlich; denn kein einziger Hinweis rechtfertigt die Präzision dieser Zeitangabe zu Kana. Die Wahl des Dienstags als Trauungstag hat noch einen tieferen Grund, denn von jedem Brautpaar in Israel wird ja erwartet, daß sie an der Schöpfung weiterwirken, indem sie, mit Gottes Hilfe, einen neuen Menschen zur Welt bringen. Daß bei jeder Menschwerdung Gott beteiligt ist, bestätigt schon Eva bei der Geburt Kains, als sie sagte: »Ich habe einen Mann gewonnen mit der Hilfe des Herrn«, wie es wörtlich in Gen 4,1 heißt. In diesem Sinn wird

bis zum heutigen Tag nicht nur jede Geburt bei den Talmudvätern als Schöpfungsfest gefeiert, sondern auch als messianisches Ereignis. Warum?
Vielleicht, so denkt man an der Wiege jedes Kindes im Judentum, ist dieser Säugling der verheißene Erlöser, vielleicht wird er die Erlösung vorantreiben. Vielleicht wird er sie zumindest erleben. Wer weiß es? Da wir es nicht wissen, wird jeder Säugling als künftiger Messias liebkost und geschätzt.
»Und Gott schuf den Menschen zu Seinem Bilde«, heißt es am sechsten Tag. »Zum Bilde Gottes schuf Er ihn, und Er schuf sie als Mann und Frau.« Warum schuf Gott den Menschen erst am sechsten Tag? So fragen wir die Bibel. Weshalb so spät? Damit die Ketzer nicht sagen können, er habe beim Schöpfungswerk einen Gehilfen gehabt, lautet *eine* Antwort. Eine *andere* Antwort im Talmud sagt: »Wenn ein Menschensohn hochmütig wird, so sagt man ihm: Siehe, sogar die Mükke und der Regenwurm sind edler als du, denn sie wurden lange vor dir geschaffen.« Aus dem Wort: »als Mann und Frau schuf Er sie«, folgern die Talmudväter, daß ein Junggeselle eigentlich nur ein halber Mensch ist; denn nur in der Zwei-Einigkeit als Ehepaar ist der Mensch dem Schöpfungsauftrag gerecht geworden. Daher die Verpönung des Zölibats, aller Askese und daher auch die Hochschätzung der Frau, die im Judentum zu solchen Heldenfiguren wie Ruth, Miriam, Deborah, Jael, Judith bis zu Golda Meir führen konnte.
Warum schuf er ihn zu seinem Ebenbild? fragen die Rabbinen. Damit er an der Welt weiterbaue und die Arbeit verrichte, die Gott vor ihm begonnen hatte, worin die Rabbinen den Auftrag der *Imitatio Dei* sehen. Beim Schöpfen und beim Arbeiten beginnt die Nachahmung Gottes. Nicht erst bei der Barmherzigkeit und der Liebe, sondern schon beim Arbeiten und beim Ruhen am siebten Tag. Das ist das Alpha der Gottes-Nachahmung, die uns aufgetragen ist. Das Menschenbild der jüdischen Bibel ist weder utopisch noch hoffnungslos. *Adam* heißt er wie alle seine Nachkommen, denn aus *adamah,* aus einem Klumpen Erde, wurde er gestaltet – was Martin Buber als »Erdling« verdeutscht.

Und dennoch wird ihm ein Funken der Göttlichkeit einverleibt. »Was ist der Mensch, daß Du seiner gedenkst, der Menschensohn, daß Du Dich seiner annimmst?«
Diese Psalmfragen (Ps 8,5) legt der Midrasch des öfteren den Engeln in den Mund, meist in einem menschenverachtenden Sinn, worauf dann Gott selbst als Anwalt seiner Schöpfung auftritt. Die Zwiespältigkeit einer Kreatur, die aus Staub und aus Gottesgeist geschaffen wurde, erklärt eine uralte Legende des Judentums, die schon zu Jesu Zeiten landläufig war: Als Gott die Welt erschuf, heißt es, machte er am zweiten Tag die Engel mit ihrem natürlichen Trieb, Gutes zu tun, und ihrer Unfähigkeit zu sündigen. Am folgenden Tag machte er die Tiere mit ihrem ausschließlich animalischen Begierden, jedoch an keinem der beiden fand er Wohlgefallen.
»Ich will daher den Menschen machen«, sagte der Herr, »der eine Mischung von Engel und Tier sein soll, frei, dem guten und dem bösen Trieb nach eigenem Gutdünken zu folgen.«
So steht er nun vor uns: Ebenbild und Erdenkloß, animalischer Natur und göttlichen Geistes, eine Zerreißprobe auf zwei Beinen, ein lebendiger Bindestrich zwischen Oben und Unten, erdgebunden und himmelstrebend, verurteilt zur ewigen Freiheit, tagtäglich zu wählen zwischen Gut und Böse – und kein Gottessohn, kein heiliger Geist, kein Himmelswesen nimmt ihm diese Verantwortung ab, die seine Hölle oder sein Himmelreich werden kann.
In der biblischen Schöpfungsgeschichte kommt ein Urzusammenhang zwischen Mensch und Erdreich zum Ausdruck, der das ganze Schicksal des Menschen mit dem Boden dieser Welt unlöslich verknüpft: Zuerst ist das Erdreich als »adamah« da (Gen 2,5), aber es fehlt ihm der Adam, um es zu »bedienen«, wie es heißt. Dann wird von Gott aus dem Lehm derselben »adamah« der erste Erdling als Adam gebildet und in den Garten gesetzt, um ihn zu bebauen.
Nach dem Sündenfall spricht Gott den Fluch über die »adamah« in Adams Ohren aus. Um des Menschen willen wird sie verflucht. Und dennoch erhält er aus ihr und von ihr seine

Nahrung, die er sich im Schweiße seines Angesichts erarbeiten soll; denn sie, die Mutter Erde, ist nicht nur der Urstoff, aus dem er gestaltet wurde, sondern auch der Nährboden, dem er sein tägliches Brot verdankt. Der Grundgedanke, daß nicht nur die Erde, sondern die ganze Welt für die Menschentaten einzustehen hat, wird bei der Sintflut mit Nachdruck verdeutlicht. Indem sie, die ganze Erde, sich mit menschlicher Gewalttat füllt, verdirbt sie selber (Gen 6,11). Gott sieht sie an und nimmt wahr, welche Wirkung es getan hat, daß alles Fleisch seinen Weg auf der Erde verderbt hat (wie es wörtlich heißt) und daß sie selber dadurch verdorben wurde (Gen 6,12). Und so beschließt er, die von ihnen zerrüttete Welt auch von außen zu verwüsten und damit »alles Fleisch zu verderben«, das heißt vergehen zu lassen. Keineswegs belanglos ist die Tatsache, daß diese Selbstverderbung der Menschen als Verstöße gegen die Nächstenliebe, daß nämlich »der Menschen Bosheit groß war auf Erden« (Gen 6,5), geschildert wird und nicht als Verletzung der Gottesliebe, wie es beim Turmbau zu Babel der Fall war.

Einem einzigen Gerechten unter den Nachkommen Adams, dem Noach, ist es zu verdanken, daß die Erde vom Fluch der Zerstörung erlöst wird, daß Gott den Bund des Regenbogens nach der großen Flut sowohl mit der nun aufatmenden, neu erstandenen Menschheit als auch mit der Welt schließt. Ihnen gemeinsam – der Welt und dem Weltling – wird der ununterbrochene Gang der vier Gezeiten gleich nach der Sintflut zugesagt.

Klar klingt aus all diesen Urgeschichten die eine Grundwahrheit heraus: Die ganze Erde ist und bleibt mit dem Menschen solidarisch, der erschaffen wurde, um sie zu füllen und zu bewältigen. Das Verderbnis des einen muß unvermeidlich auch den Partner treffen.

Adam und »adamah«, wie schon das Namenspaar besagt, sind vom Uranfang an Schicksalsgefährten; das will uns die Bibel in diesem Wortspiel in lakonischer Kürze verdeutlichen. Schließlich erfährt Adam, daß er im Tode zur selben »adamah«, aus der er stammt, zurückkehren muß: »Aus Erde

bist du geworden, und zur Erde ist wieder deine Heimkehr« (Gen 3,19).
So sind Erde und Erdling, Mensch und Boden, Welt und Weltenbürger von Anfang an und für immer miteinander verbunden; eine Existenzgemeinschaft, die sich zu einer schicksalhaften Solidarität auswirkt. Das Erdreich trägt den Fluch der Menschentat, doch bringt es auch den Segen der Menschenarbeit hervor. Auf Gedeih und Verderb bleiben sie füreinander bestimmt, wobei jedoch der Mensch mit seinem Tun und Lassen das Schicksal seines Bodens verantwortet – als der Ast, auf dem er sitzt, als das Feld, das ihn nährt, als die Umwelt, die im Leben und im Tod seine Heimat ist.
Die Bibel ist realistisch – fatalistisch ist sie keineswegs. Der erste Mensch versündigt sich gegen seinen Schöpfer. Der erste Mann, der einen Bruder hat, bringt ihn um. Und der Brudermord hat bis heute nicht aufgehört. Die Schrift weiß wohl um die Sünde »vor der Tür«, die »nach Dir giert« (Gen 4,7) wie ein Raubtier, das jedem auflauert. Zugleich weiß sie aber auch um die Kraft, der Sünde zu begegnen: »Du aber sollst Herr werden über sie«, lautet der Auftrag von oben. Und in diesem Sinne heißt es später: »Leben und Tod habe Ich euch vorgelegt, Segen und Fluch, so wähle nun das Leben, auf daß du am Leben bleibest, du und deine Nachkommen!« (Dtn 30,19).
Nach Auschwitz oder zum Himmelreich: Beide Wege sind dem Adam offen, der im stetigen Kampf der Selbstüberwindung dazu bestimmt ist, mündig zu werden. Aus dieser gottgewollten Freiheit, zu der jeder Sterbliche als Einzelwesen und die Menschheit kollektiv verurteilt wurden, stammt auch das Thema der Bedingtheit dieser Schöpfung. Nach jüdischer Auffassung hat Gott die Welt nicht so erschaffen, daß er ihr anschließend eine organische Richtungsweisung gab, sie programmierte, so daß sie notwendig von einem Anfang aus auf ein Ende und Ziel zugeht. Gott hat die Welt unter Bedingung und Risiko geschaffen – in einer radikalen Unsicherheit.
Im Midrasch heißt es von Gott, er habe – nachdem er 26 Welten zerstört, von der keine die war, die er gewollt hatte, und

eine siebenundzwanzigste, die unsere, geschaffen hatte – gesagt: Vorausgesetzt, diese hier habe Bestand, oder besser übersetzt: Möge sie doch Bestand haben! Die Wunschform wird hier zur Gottesaussage: Nicht einmal Gott selbst hat die Garantie dafür, daß die Welt Bestand hat, da dies nur dann geschieht, wenn der Mensch etwas von dem Seinen hineinlegt, weil Gott den Menschen braucht, wie die Rabbinen sagen. Gott hätte niemals die Welt nur dazu geschaffen, daß sie einfach seiner göttlichen Spur oder seinem Fahrwasser nachfolge.

Die Schöpfung stellt daher ein Wagnis dar, das Gott eingegangen ist und an dem der Mensch teilzunehmen hat. Nur wenn er das Tier im eigenen Herzen transzendiert, wenn er zum Adel des wahren Menschentums heranreift, wenn er vor Gott und sich selbst mündig wird, haben er und seine Welt eine verheißungsvolle Zukunft. Das ist die Kosmosophie der rabbinischen Schriftgelehrten. Um diese unumgehbare Pflicht des Mündigwerdens zu untermauern, sagen die Weisen: Zu jeder Zeit soll der Mensch die Welt so ansehen, als wäre sie zur Hälfte gerecht und zur Hälfte schuldig. Und diese eine Tat, die du in diesem Augenblick zu tun dich anschickst, sie gibt den Ausschlag, ob die Welt gerecht oder schuldig gesprochen wird. Auf dich und deine Tat, jetzt und hier, kommt es an. Von ihr hängt es ab, was aus der Welt wird, aus Meer und Land, aus Himmel und Erde und allen Planeten zusammen.

Das gilt vor allem für den letzten Auftrag, der wie ein Schlußpunkt das erste Schöpfungswerk beendet: »Füllet die Erde und bemächtigt Euch ihrer!« (Gen 1,28). Kein anderes Wort aus dem Buch Genesis wurde so sehr verzerrt, so häufig mißverstanden und umgedeutet wie dieser Kernsatz. Martin Luther übersetzt: »Macht Euch die Erde untertan!«, und er fügt in einer Randglosse hinzu: »Untertan, d.h. die Erde soll Euch hierin dienen, tragen und geben« – was nur als eine Feudalisierung der Bibel betrachtet werden kann; eine Entwürdigung der Schöpfung zu einem gehorsamen Untertan, der ausgebeutet, ausgenützt und zum leblosen, lieblosen Es verdinglicht

werden kann. Und dies im diametralen Widerspruch zum hebräischen Denken, das »Du« sagt zu allen Mitgeschöpfen und sie als Wesen gleichen Anspruchs anerkennt.
Im feudalen Zerrbild der Fehlübersetzer und der Falschinterpreten mag Carl Amery recht haben, wenn er in seinem Buch »Das Ende der Vorsehung«[2] das Christentum beschuldigt, das »dominium terrae« (wie es die Vulgata nennt) als Prätext zur rücksichtslosen Plünderung unseres Planeten und zur Zerstörung unserer Umwelt mißbraucht zu haben.
Der hebräische Kontext liefert hierzu keinerlei Handhabe; denn im Urtext ergeht der Auftrag an den Menschen als Mandatar und als Beauftragten Gottes, Seine Welt zu beherrschen, nicht zu unterjochen; zu regieren, nicht zu usurpieren. Die Wortwahl im Hebräischen verweist auf den politischen Bereich einer Königsherrschaft über sein Volk, so wie es Ps 72 als gottgewolltes Dominium geschildert wird: »Gott, gib dein Gericht dem König, daß er Dein Volk regiere mit Gerechtigkeit... Er soll den Elenden im Volke Recht schaffen und den Armen helfen« (Ps 72,1–4).
Nur so ist das Untertanmachen der Erde gemeint: als verantwortliches Regieren, das *Schalom* erwirkt, Friede und Eintracht, Gerechtigkeit und Fürsorge für die Schwachen, für die Schutzlosen und die außermenschliche Kreatur.
Ein Zweites schwingt hier unüberhörbar mit: Die Erdherrschaft folgt im ersten Kapitel des Buches Genesis unmittelbar auf die Tatsache, daß der Mensch als Ebenbild Gottes geschaffen ist. Gott sprach: »Lasset uns Menschen machen nach unserem Bilde, damit sie herrschen über die Fische im Meer, die Vögel in dem Himmel und über alles Vieh ...« (Gen 1,26). Das kann nur heißen, daß der Mensch als Statthalter Gottes auf Erden Sein Erbreich so sorgsam und fürsorglich beherrsche, wie Gott selbst es ihm vorbildlich vorgeherrscht hat. In den Worten von Ps 104: »Du lässest Wasser in den Tälern quillen, daß alles Getier des Feldes trinke und das Wild seinen Durst lösche ... Du feuchtest die Berge von oben her. Du machst das Land voll Früchte, die Du schaffest. Du lässest Gras wachsen für das Vieh und Saat zum Nut-

zen der Menschen, daß Du Brot aus der Erde ersprießen läßt ...
Herr, wie sind Deine Werke so groß und viele! Du hast sie alle weise geordnet. Und die Erde ist voll von Deiner Güte« (Ps 104,10ff).
Somit ist also, wie die Rabbinen feststellen, das »dominium terrae« weder eine schrankenlose Verfügungsgewalt noch ein Freibrief zur Vergewaltigung der Natur, sondern vielmehr ein Aufruf zur *Imitatio Dei*, ein weiterer Appell, Gott nachzuahmen: So wie er weise und liebevoll herrscht, so sollt auch ihr in seinem Namen mit Weisheit und Rücksicht eure Umwelt regieren.
In diesem Sinn heißt es schon auf der folgenden Seite der Schrift: »Und Gott gab ihnen den Garten Eden, um ihn zu bebauen und zu bewahren« (Gen 2,15). Wenn an Adam der Befehl erging, sogar das Paradies zu betreuen, wo alles mühelos und unter idealen Umständen gedieh – so meinen die Rabbinen –, um wieviel mehr muß er unsere Erde betreuen und beschützen, die nur im Schweiße unseres Angesichts ihre Früchte ersprießen läßt.
Um den letzten Zweifel zu zerstreuen, heißt es später im Buch Leviticus: »Mein ist die ganze Erde, so spricht der Herr, ihr seid bei Mir nur Fremdlinge und Gastsassen für eine Zeit« (Lev 25,23).
Klarer geht es kaum. Was hier geboten wird und in Dutzenden von Bibelsatzungen über Tierschutz, Baumschutz, Sabbatjahr, Pflanzenschutz und Naturpflege wiederholt und abermals eingebleut wird, ist im Grunde das Hohelied von der Freiheit unserer Mutter Erde und der Gesamtnatur, die *nur* ihrem Schöpfer untertan ist. Uns obliegt es, sie zu erhalten, zu verwalten und zu entfalten, um sie als göttliches Darlehen unseren Kindern unversehrt weiterzugeben.
Hierzu gesellt sich ein letztes Argument, das sich selbst erklärt, sobald wir den Bibelsatz in seiner Gänze lesen: »Gott schuf den Menschen als Sein Abbild, Mann und Frau erschuf Er sie, und Gott segnete sie, indem Er zu ihnen sagte: Seid fruchtbar und vermehret euch und füllt die Erde und

beherrscht sie und herrschet über die Fische, die Vögel und über das Vieh« (Gen 1,28).

Nicht von einem Vermehrungsgebot noch von einem Unterwerfungsauftrag ist hier die Rede, sondern von einem Segen Gottes, der nie und nimmer durch Mißbrauch zum Fluch pervertiert werden soll.

Das ist das biblisch-jüdische Verständnis des »dominium terrae«. Wer aus dieser Bibel einen Freibrief zum Raubbau oder zur Umweltzerstörung herausliest, der vergewaltigt das Gotteswort, begeht mutwillige Lästerung – oder er kann nicht lesen. Für das Judentum ist dieses Gotteswerk weder ein Beutestück noch eine gefallene Schöpfung, sondern Gottes Eigentum, das er auf der ersten Seite seiner Schrift sechsmal gutgeheißen hat.

Juden wissen um die Sünde in uns, aber sie kennen keine Erbsünde, die diese Schöpfung befleckt. Genesis ist und bleibt im Judentum ein Auftrag zur Weltveredelung, ein Aufruf, dieser Welt die Treue zu halten, ein Mahnruf gegen jede Vergeistigung des Heils und gegen jede bibelwidrige Weltflucht nach Utopia. Die Schöpfungsgeschichte ist für Juden ein Faustpfand für die Erlösung, die diese gute Schöpfung einst hinieden unter Gott vollenden soll.

Exodus als die älteste Befreiungstheologie

Die erste außer-biblische Erwähnung Israels, die uns erhalten ist, behauptet, daß es seine letzte ist. Sie stammt aus einer Siegesinschrift des Pharaos Merneptha um das Jahr 1240 v. Chr. und besagt in lakonischer Kürze: »Israel ist ausgerottet, sein Same ist nicht mehr . . .«

Wir wissen es anders aus unserer Geschichte: »Ein neuer Pharao erstand über Ägypten . . ., der sprach zu seinem Volk: Die Söhne Israels sind uns zu zahlreich und zu stark . . . Auf, überlisten wir sie, sonst mehren sie sich noch . . . Da setzten sie Zwangsvögte über sie und . . . verbitterten ihr Leben mit hartem Dienst in Lehm, in Ziegeln und auf dem Feld . . .« (Ex 1,8–14).

»Danach gingen Mose und Aaron hin und sprachen zu Pharao: So spricht der Herr, der Gott Israels: Laß Mein Volk ziehen! ... Pharao antwortete: Wer ist der Herr, daß ich Ihm gehorchen müsse? Ich weiß nichts von Ihm und will auch Israel nicht ziehen lassen ... Weiter sprach der Pharao: Man drücke die Leute mit Schwerarbeit, daß sie zu schaffen haben und sich nicht um falsche Reden kümmern ...« (Ex 5,1–9).
Sechs Monate und zehn Plagen später ist es endlich soweit: »... Und wenn dich heute dein Sohn fragen wird: Was bedeutet dieses Fest der ungesäuerten Brote? sollst du ihm sagen: Der Herr hat uns mit mächtiger Hand aus Ägypten, aus dem Haus der Knechtschaft geführt und befreit« (Ex 13,14).
Den Rest weiß jedes Schulkind – von Island bis nach Chile, von Portugal bis Neuseeland: Das Schilfmeer – das ägyptische Heer – die trockene Überquerung des heutigen Suezkanals – Pharaos Rosse und Reiter versinken in den Fluten – und Israel, befreit vom Joch der Heiden, zieht zum Berg Sinai, um Gottes Eidgenossenschaft auf Erden zu werden.
All dies geschah um das Jahr 1400 vor der christlichen Zeitrechnung und liegt also rund 3300 Jahre zurück – und dennoch hat dieses Erinnerungsfest an die Volksbefreiung keineswegs von seiner Aktualität eingebüßt.
Von jenen Pharaonen sind nur ein paar Mumien, ein halbes Dutzend Pyramiden, die unsere Vorväter als Sklaven erbauen mußten, und etliche Museumsstücke übriggeblieben. Ewig jung und immer lebendig hingegen bleibt das Gedächtnis an jenen Auszug aus der Sklaverei, mit der die eigentliche Hoffnungsgeschichte Israels beginnt.
Warum? Weshalb ist dieser Exodus aus dem frühen Altertum nicht längst der Vergessenheit anheim gefallen? Weil wir Juden, ungleich anderen Religionen, nie die Weltgeschichte von der Heilsgeschichte getrennt haben. Befreiung wurde seit eh und je in Israel als irdisch-geschichtlicher Vorgang empfunden, der aber in seiner Bedeutung zuerst und zutiefst religiöser Natur ist. Denn nicht Mose noch Aaron sind die Helden dieses Dramas, sondern Gott, der sich als der Befreier der Schwachen und Rechtlosen offenbart.

Damit reicht dieses historische Ereignis weit über sich selbst hinaus – sowohl über den Einzelfall als auch über die nationalen Grenzen unseres Volkes, um für alle Opfer menschlich-unmenschlicher Unterjochung und Ausbeutung zu einer sich immer wieder erneuernden Verheißung zu werden, die in Zeiten tiefster Not als Leitstern der Hoffnung dient.
Befreiung, Erlösung und Auferstehung – diese drei Fundamente aller biblischen Theologie sind in ihren Wurzeln »exodal« und kommen gebündelt im Passafest zum Ausdruck, dem die Hebräische Bibel den Erstlingsrang vor allen anderen Feiertagen verleiht (Ex 12,2).
»*Du* bist es, der aus Ägypten ausgezogen ist!« Dieser Kernsatz ist das Herzstück der jüdischen Passazeremonie – und dreißig Jahrhunderte jüdischer Geschichte haben diese Wahrheit jeder einzelnen Generation deutlich bewiesen. In der Haggada fügt das Ritual noch die Mahnung hinzu: »Nicht nur unsere Vorfahren hat Er befreit: Denn da ist kein Feind, der sich gegen uns erhebt, um uns zu vernichten, aus dessen Hand der Heilige, gepriesen sei Sein Name, uns nicht errettet.« Und an einer weiteren Stelle klingt das Leitmotiv noch klarer auf: »Das geschieht um dessentwillen, was der Herr an *mir* getan hat, als *ich* aus Ägypten zog.«
Die »Personalisierung« des Exodus hat sich seit hundert Generationen voll bewährt. Kein jüdisches Kind erreicht das Bar-Mitzwah-Alter (13. Lebensjahr), ohne die Geschichte des Auszugs aus Ägypten als eigenes Passaerlebnis mitgefühlt und mitgesprochen zu haben. Diese Sternstunde der Geschichte Israels, die aus unterjochten Fronarbeitern zuerst entlaufene Sklaven machte, um sie dann in der harten, erbarmungslosen Wüste zum Gottesvolk zu schmieden, ist seit drei Jahrtausenden zum Inbegriff aller Völkerbefreiung geworden. Um nur ein Beispiel zu erwähnen: Im Jahre 1776, als die USA gegründet wurden, schlug Thomas Jefferson vor, ein Bildnis der Kinder Israels bei der Überquerung des Roten Meeres – im Moment des Übergangs von der Knechtschaft in die Freiheit – zum Staatsemblem der amerikanischen Republik zu prägen. Und mit gutem Recht, denn schon im frühen

Talmud wird die universale Bedeutung des Exodus-Dramas betont: »Nicht nur Israel zog aus Ägypten«, sagen die Rabbinen in Auslegung des Schriftverses Ex 12,38, den Luther mit »Mischvolk« übersetzt – sondern mit ihnen zog die ganze Menschheit aus dem »Haus der Knechtschaft«[3].
Daß diese Versklavung nicht lediglich ein feudaler Frondienst war, sondern frappante Ähnlichkeit mit dem Inferno der Konzentrationslager besaß, können wir in der Bibel nachlesen (Ex 1,8–12; 5,6–20). Die aufreibende Zwangsarbeit, der Sadismus der Funktionäre, die Psychose von Mißtrauen und Haß, der ununterbrochene Terror – alles mit dem Ziel, Menschen zu entmenschen und wie Vieh umzubringen – dies machte Ägypten zum Vorläufer des Nazireiches und vergegenwärtigt den Exodus für unsere Generation wie kaum für eine andere in der langen Leidensgeschichte Israels.
Doch mit dem Auszug aus dem Nilland wurde nicht nur eine Bresche in das Gefüge der ägyptischen Gewaltherrschaft geschlagen, sondern ein Wendepunkt in der Weltgeschichte erreicht. Mit dem kategorischen Imperativ »Gib Mein Volk frei!« (Ex 10,3) wird ein Bann gebrochen, der lange auf der Menschheit lag. Es kam zum völligen Umsturz aller Werte: Der vergottete, titanische Pharao schrumpft über Nacht zum zitternden Vater, der vor dem Bett seines sterbenden Sohnes weint – und entdeckt, daß er auch nur ein Mensch ist (Ex 12,30).
Und eine Horde von rechtlosen Sklaven und Proleten gewinnt den Adel der Ebenbildlichkeit Gottes zurück. Das Exodus-Ereignis bricht den Doppelbann, der Menschen allzu lange einerseits zu Göttern erhoben und andererseits zum Vieh erniedrigt hat.
Die Bresche, die durch den Exodus in die gottlose Tyrannei geschlagen wurde, schafft die Vorbedingung zur Ebenbürtigkeit aller Adamskinder; sie öffnet von nun an einen Ausweg aus allem menschlichen Elend, den niemand mehr zu sperren vermag – und sie bleibt bis heute die ewige Herausforderung an die Gewalt. Am Weg zum Schilfmeer, als die Befreiung schrittweise zur Gewißheit heranreift, schwindet langsam der

Abstand zwischen den entlaufenen Heloten, die Unterschiede verblassen und der Mensch entdeckt im Nebenmenschen seinen Nächsten.
Jeder ist am Weg in die Freiheit seinem Nachbarn zum Nächsten geworden – auch Gott. Im Buch Exodus lesen wir: »Wie ein Mensch zu seinem Freunde redet«; so wird der Dialog zwischen Mose und Gott geführt (Ex 33,11). Und am Berg Sinai heißt das Evangelium der hebräischen Verkündigung: »Ich bin dein Gott, der dich herausgeführt hat aus dem Lande Ägypten, aus dem Hause der Knechtschaft« (Ex 20,2). Der Auszug aus Ägypten – und er allein, sagen die Rabbinen – gibt Gott das Recht, *Ich* zu sagen und den Menschen *Du* zu nennen. Der Weg von Gott zum Menschen führt durch den Schmutz und das Elend des Feuerofens hin zum Sinai der Offenbarung, die der Welt ihre Grundmoral und dem Exodus seinen Ursinn verleiht.
»Ich bin der Gott, der deine Sklavenketten zerbrochen hat und dich aufrecht wandeln läßt!« (Lev 26,13). In diesem Bibelwort steht die unwiderrufliche Urkunde von der »Freiheit eines Judenmenschen« – wie Martin Luther vielleicht gesagt hätte und wie Karl Barth es viel später, anno 1935, angedeutet hat. Es ist das Hohelied von der gottgeschenkten Freiheit, die nur den Weltenschöpfer als Herrn anerkennt, wie Gott selbst uns sagt: »Meine Knechte sind die Kinder Israels (Lev 25,42)« – was die Rabbinen erläutern: »Darum sollen sie keine Leibeigenen noch Knechtesknechte werden.«[4]
Hier liegt der Kern der Passa-Botschaft, die unzählige Befreiungsbewegungen, Emanzipationsideologien und Unabhängigkeitskämpfer beseelt hat – von Bibelzeiten an bis auf den heutigen Tag. Da Gott und der Mensch im Weltbild des Judentums Partner am fortschreitenden Heilswerk der Weltveredlung sind, darf auch das Geschöpf seinem Schöpfer widersprechen, Vorwürfe äußern, Protest erheben – bis hin an den Rand der Rebellion: »Und Abraham blieb stehen vor dem Herrn ... und sprach: Willst Du den Gerechten mit dem Gottlosen umbringen? ... Das sei ferne von Dir! Sollte der Richter aller Welt nicht gerecht richten?« (Gen 18,23ff).

Zwei Generationen später finden wir seinen Enkel Jakob, der mit dem Engel des Herrn die ganze Nacht hindurch rang – bis die Morgenröte anbrach: »Du sollst nicht mehr Jakob heißen, sondern Israel«, sagte hierauf der Engel, »denn du hast mit Gott und mit Menschen gerungen, und du hast gesiegt« (Gen 32,23ff). Diesen Charakterzug des Kämpfers, der sogar mit Gott zu ringen wagt, hat Erzvater Jakob zusammen mit seinem streitbaren Namen Israel dem ganzen Judenvolk vererbt. Die Propheten beweisen dies:
»Herr, ich muß mit Dir rechten«, sagt Jeremia zu Gott, »warum geht's doch den Gottlosen so gut – und die Abtrünnigen haben alles in Fülle? ... Nahe bist Du ihrem Munde, aber ferne von ihrem Herzen« (Jer 12,1–2).
»Herr, wie lange soll ich noch schreien – und du willst nicht hören?« wirft Habakuk seinem Schöpfer vor: »Wie lange noch soll ich zu Dir rufen: Frevel! Und Du willst nicht helfen? Warum läßt Du mich Bosheit sehen – und Du siehst dem Jammer zu?« (Hab 1,1–3).
»Wache auf, Herr! Warum schläfst Du?« schreit der Psalmist mit kühnem Aufbegehren: »Werde wach und verstoß uns nicht für immer! Warum verbirgst Du Dein Antlitz, vergissest unser Elend und unsere Drangsal?« (Ps 44,24–27).
In derselben Tonart besteht auch Hiob auf seinem guten Recht – auch wenn seine Worte an Blasphemie zu grenzen scheinen: »So wahr Gott lebt, der mir mein Recht verweigert, und der Allmächtige, der meine Seele betrübt. Solange noch mein Odem in mir ist, an meiner Gerechtigkeit halte ich fest und lasse sie nicht. Mein Gewissen beißt mich nicht, wegen keines meiner Tage« (Hiob 27,2–6).
Es bedarf wohl nur geringer Vorstellungskraft, um sich auszumalen, wie solche Hebräer, die sogar Gott zur Rechenschaft ziehen wollen, mit ihren eigenen Herrschern aus Fleisch und Blut umgegangen sind, sobald diese von ihrer Macht korrumpiert wurden. So schreit der Prophet Samuel Saul öffentlich an: »Du hast töricht gehandelt ... und dich an die Kriegsbeute gemacht und getan was Gott mißfiel ... Nun wird dein Königtum nicht länger bestehen!« (1 Sam 13,13ff; 15,17ff).

Ebenso verdammt Elia seinen König Ahab als Dieb und Mörder, während der Prophet Nathan nicht zögert, König David selbst vor seinem Königshof unumwunden anzuprangern: »Du bist der Mann ..., der Arme beraubt und Ehebruch begeht« (2 Sam 12,7 ff). Das waren keine frommen Sonntagspredigten, sondern theopolitische Kampfansagen, die in allen Fällen lebensgefährlich waren – zuerst für die Ankläger selbst, letztlich aber auch für die Könige Israels, deren Herrschaft zeitlebens der prophetischen Kritik unterworfen blieb.
Was die Fremdherrschaft betrifft, das »Heidenjoch«, wie die Pharisäer es als Gegenstück zum Himmelsjoch der Tora nannten, so war der vom Exodus her stammende Freiheitsdrang noch unbändig stärker. Immer wieder hallt es durch die Prophetie wider: »Ich habe eure Fesseln zerbrochen, auf daß ihr Meine Knechte werdet, so spricht der Herr; nicht Knechte Meiner Knechte sollt ihr sein![4a].
Und so gab es in den letzten drei Jahrhunderten der zweiten Tempel-Ära nicht weniger als 62 jüdische Aufstände, Rebellionen, Umsturzversuche und Widerstandsbewegungen, die, meistens von Galiläa ausgehend, oft zwei bis vier ganze römische Legionen voll beschäftigten – bis hin zu jenen zwei letzten jüdischen Kriegen, in denen es der unbedeutenden Randprovinz Judäa gelang, die besten Streitkräfte des römischen Kaiserreiches herauszufordern, bis Judäa unterging.
Doch sogar die nationale Katastrophe der siebziger Jahre konnte der unstillbaren Sehnsucht nach jener Freiheit, die Gott selbst in der Heiligen Schrift verbürgt hatte, kein Ende machen.
Wenn die Niederlage, die Verbannung und die Tempelzerstörung nicht hingenommen werden; wenn es in den Jahren 115–117 zum jüdischen Aufstand gegen den Kaiser Trajan kommt und trotz grausamster Unterdrückung 15 Jahre später die Bar-Kochba-Rebellion ausbricht, die drei Jahre lang zum erneuten Aufflackern jüdischer Freiheit führt; wenn man in Galiläa noch um das Jahr 351 zu den Waffen gegen das konstantinische Reich greift; wenn es noch im Jahre 614 – mehr

als ein halbes Jahrtausend nach der totalen Verwüstung von ganz Judäa – zu einer gemeinsamen Erhebung jüdischer Kämpfer gegen die Perser kommen kann, so spricht aus all diesen Verzweiflungskämpfen nicht nur der Freiheitswille eines kleinen Volkes, sondern auch Funken eines messianischen Feuers, das die Freiheit als Vorbedingung der Erlösung sieht – ein Feuer, das aus der Befreiungstheologie Gottes im Exodus entbrannte und das bis heute keine Menschenhand zu löschen vermochte.

Kein Wunder, daß die meisten Freiheitsbewegungen innerhalb und außerhalb der Kirchen – von den Katharern in der Provence, über die Waldenser in Norditalien, die Hussiten in Prag, die Puritaner und die Methodisten in England, sowie die Pilgrim Fathers, die in Amerika ihr gelobtes Land bauten – ihre Inspiration, ihr Heilsvokabular und ihre Legitimation in der Bibel der Juden fanden, wo sie sie auch suchten.

Die Geschichte des Judentums innerhalb der Großkirchen ist noch nicht geschrieben worden, aber für jeden Religionshistoriker läuft durch über anderthalb Jahrtausende Kirchengeschichte wie ein roter Faden: Jüdischer Nonkonformismus, Auflehnung gegen römischen Caesaropapismus, hebräischer Meinungspluralismus und der Drang Israels nach Glaubensfreiheit.

So gut wie allen christlichen Erneuerungsbewegungen sind die Suche nach dieser »veritas Hebraica«, die Hieronymus einst rühmte, und die Tatsache gemeinsam, daß die Sucher von den kirchlichen Establishments immer wieder als Judaisantes, als Judenzer oder gar als Judasse verketzert worden sind. Ebenso gemeinsam war den meisten die Auflehnung gegen das Augustinische Prinzip der sogenannten Erbsünde Adams, die angeblich alle seine Nachfahren zu Sklaven eines Schuldkomplexes macht, der nur in der göttlichen Gnade geheilt werden kann. Da keiner sich von dieser Last selbst zu befreien vermag, wurde die Lehre von der Erbsünde zum Hemmschuh politischer Tatkräftigkeit, denn, wie man in Rom lehrte und in Wittenberg bestätigte: alle Menschenwerke und Menschentaten waren an sich nicht nur heillos und hoffnungslos, sondern, wie es einst sogar hieß: bona opera ad salutem esse perniciosa – gute Werke seien dem Seelenheil schädlich[5].

Jesus hingegen sagte: »Nicht wer mich Herr, Herr anruft, kommt in das Himmelreich – sondern der die Werke meines Vaters *tut*!« (Mt 7,21) – mit dem Akzent, gut jüdisch, auf der Endvokabel. Wie sich diese jesuanische Tatenlehre mit dem passiven Quietismus harmonisieren läßt, bleibt bis heute eine offene Frage. Wie dem auch sei, an Rebellen gegen den bibelwidrigen Quietismus fehlte es im Christentum nie.

Typisch für die meisten Antihellenisten sind schon die Waldenser, die das Bilderverbot ernst nahmen, sich wie Jesus weigerten, zu schwören, und die Sabbatruhe praktizierten. Sobald die Kirche sie zu verfolgen begann, sammelten sie die »Diaspora« ihrer Gläubigen aus ganz Frankreich und Norditalien, organisierten ihren »Exodus« unter Peter Waldo, der, wie sie sagten, »als neuer Mose sein Volk aus der Knechtschaft führte«, um hoch in den Bergen von Piemont ihr »Israel in den Alpen« aufzubauen[6].

Nicht weniger alttestamentlich war Jan Hus, der römische Simonie verwarf mit Hinweisen auf Gehazi und König Jerobeam; der Rom seinen Gehorsam verweigerte, indem er sich auf Samuels Insubordination gegenüber König Saul berief. Als Rektor der Universität Prag lernte er Hebräisch, wurde als »Lehrer in Israel« gefeiert, erklärte seine Anhänger zum »Gottesvolk in Böhmen« und sprach von der römischen Kirche als »Heidenvolk, das den Baalgötzen huldigt«[7]. Als das Konzil zu Konstanz seine Bücher verbrennen ließ, erinnerte er die Kardinäle daran, daß es Jeremias' prophetischen Schriften ebenso ergangen war, worauf er jedoch im Gefängnis seinem Gehilfen Baruch alles von neuem diktierte – was Jan Hus zwei Wochen später wörtlich nachahmte[7]. Als die Kirche König Sigismund von Böhmen gegen den Rebellen auftreten ließ, zitierte der wackere Gottesmann vor dem gesamten Hof die Worte Samuels zu seinem König Saul: »Indem du die Worte Gottes verworfen hast, hat Gott dein Königtum verworfen« (1 Sam 15,23).

Jan Hus beschloß sein Erdendasein so jüdisch wie Rabbi Jesus, sein Meister und Vorbild. »Du verfluchter Judas, der du den Friedensrat zurückweisest, hast dich dem Rat der Juden verkauft!« Dies war das letzte Wort der Bischöfe, ehe sie ihn zur Folter und zum Scheiterhaufen abführen ließen. Als die Flammen hoch um ihn aufloderten, waren seine letzten Worte die Kreuzworte Jesu, die aus den Psalmen Davids stammen: »Vater, in Deine Hände empfehle ich meinen Geist« (Ps 31,6)[8].

Ulrich Zwingli, der Zürcher Reformator, hatte solch »jüdische« Gedankengänge. Seine Schriftauslegung war häufig so rabbinisch angehaucht, daß er am 25. Juni 1524 ein öffentliches Dementi veröffentlichen mußte, in dem er bestritt, daß er seine »ketzerischen Ideen« von einem gewissen Rabbi Moses aus Winterthur erlernt habe. Dennoch schrieb er kurz darauf, daß er Jesaja für den größten aller Propheten halte, da er weder vor Prinzen noch vor Tyrannen verstummte – »ein wahrer Sprecher Gottes in Zeiten, die so stürmisch waren, wie heute die meinigen«[9].

Michael Servetus, den Calvin als Ketzer in Genf verbrennen ließ, galt öffentlich als »Rabbi Servetus«, da er häufig Maimonides, Ibn Esra und David Kimchi in seinem Bibelkommentar zitierte[10]. So war er wohl der erste Christ, der die Jungfrau in Jes 7,14 – die theologische Wurzel der unbefleckten Empfängnis Mariae – auf ihren hebräischen Ursprung als *alma* (junge Frau) zurückzuführen wagte.

Vielleicht war es mehr als Zufall, daß der erste Staat Israel, der in der Neuzeit erstanden ist, weder in Jerusalem noch in Tel Aviv proklamiert wurde, sondern auf deutschem Boden. Seine Gründer waren fromme Christen; ihr Motiv: Glaubensfreiheit, und ihr Ziel: die Errichtung eines gerechten Gottesstaates. In den Satzungen der Wiedertäufer zu Münster aus dem Jahr 1534 lesen wir: »Was die ältesten in gemeinsamer Beratung in diesem neuen Staate Israel für gut befunden haben, das soll der Prophet Johann von Leiden als treuer Diener des Allerhöchsten und der hochheiligen Obrigkeit der Gemeinde Christi und der ganzen israelitischen Gemeinde ver-

kündigen und vortragen ... Damit unter den aufrichtigen und unverfälschten Israeliten kein offenbares Vorgehen, das mit dem Worte Gottes streitet, geduldet werde und der Übertreter oder Lasterhafte, der bei einem offenbaren Verbrechen ertappt wird, die verdiente Strafe finde ... damit alles Böse aus Israel ausgerottet wird«[11].
Die ärgsten »Judenzer« in der tausendjährigen Kette christlicher Hebräophilen waren jedoch die englischen Puritaner – wobei es des öfteren scheint, als ob ihre Anhänglichkeit an die Bibel Jesu Schritt für Schritt mit den Verfolgungen wuchs, denen sie wegen ihres Glaubens zum Opfer fielen. Um sich von den Anglikanern zu distanzieren, tauften sie ihre Kinder mit Namen wie Abraham, Isaak, Jakob, Enoch, Amos und Obadia; ihre Betgemeinden hießen »die Heiligen Israels«, ihre Truppen »die Heerschaften Josuas«, Cromwell sprach von sich als ein Mann, »der Großtaten in Israel vollbringen müsse«, die Stuarts nannte er »das Synhedrium der Presbyter, die Israel seit 50 Jahren plagten«, sein Schlachtruf war: »Nieder mit Babylon!«, sein Kriegsziel hieß: »Zion in England zu erbauen«, und die Gegner in seinem eigenen Lager nannte er »die Rabbis von der Opposition«[12].
Im Jahr 1653 schlug Thomas Harrison in London vor, man möge zur Mosaischen Gesetzgebung zurückkehren und den Sabbat zum amtlichen Ruhetag des Königreiches erklären. »Wenn man im Parlament noch Hebräisch gesprochen hätte«, schrieb später William Sombarth in seiner Geschichte der Puritaner, »hätte man sich nach Palästina versetzt geglaubt.«[13]
Die Pilgrim Fathers folgten getreu den Fußstapfen ihrer Vorkämpfer. Für die ersten Besiedler von New England war das alte England das »Land Ägypten«; König James I. war der »Pharao«, der Atlantische Ozean hieß in allen ihren Schriften das »Rote Meer« und ihre neue Heimat wurde in »Kanaan« umgetauft. Um einen Eindruck zu bekommen, wie tief die ersten Amerikaner in der Hebräischen Bibel beheimatet waren, muß man nur ihre berühmte Kriegserklärung vom Jahr 1653 an die Indianerstämme lesen: »Gott hat uns zum Krieg geru-

fen, da die Narrowaigansetts ihr Vertrauen in ihre Überzahl und ihre Waffen setzen – wie einst Amalek, Moab und die Philister, die Israel rücklings überfielen. Doch mit Gottes Macht unter der Führung unseres Mose (Roger Williams) werden wir die Heiden mächtig schlagen.« So heißt es in ihrem Aufruf zur »Landnahme« vor drei Jahrhunderten[14].
Kein Wunder, daß die heutige Landkarte von Nordamerika über 600 Ortsnamen enthält, die ausnahmslos vom Bibelland in die USA und Kanada verpflanzt worden sind: Zion, Zionville, Canaan, Shilo, Carmel, Jerusalem, Jordan, Bethlehem, Salem, Jericho, Hebron, Debir, Gilgal, Tirza, Meggido, Tekoa, Gat und hunderte andere dienen bis heute als historisch-geographische Denkmäler für die Tatsache, daß die geistige Elite, die einst Amerika besiedelte und aufbaute, aus einer Masse von verfolgten, vertriebenen und verketzerten Christen bestand, die aus »Ägypten« auszogen, um der Sklaverei zu entrinnen und ihr Gelobtes Land in der Neuen Welt zu suchen.
Hutteriten, Mormonen, Baptisten, Amish Folks, Methodisten, Freikirchler und viele andere sahen in der Heilsgeschichte Israels ein Vorbild für ihr eigenes Streben nach Unabhängigkeit und ein göttliches Faustpfand für das Gelingen ihrer bahnbrechenden Vorkämpfe. Vor allem aber schwebte ihnen das Epos des Buches Exodus vor, dieser Fundgrube aller Irredentisten, das zum Hohelied aller Gläubigen Freiheitsbewegungen universalisiert worden ist. So finden wir Leitmotive und Wortgruppen aus dem 2. Buch Mose sowohl in den Kirchenliturgien als auch in den politischen Kampfparolen und Volksliedern unterdrückter Volksgruppen von den Schwarzen in Missisippi, den Maoris in Neuseeland über die Zulus in Südafrika, die Neger in Jamaica, die Indios des Camillo Torres und die Mineiros in Bolivien bis zu den schwarzen Freikirchen im heutigen Simbabwe.
In der letzten Rede Martin Luther Kings, des Vorkämpfers der schwarzen Emanzipation in den USA, die er in Memphis im April 1968 hielt, heißt es: »Ich weiß nicht, was jetzt geschehen wird. Aber im Grunde macht es mir nichts aus ...

Denn ich war oben am Berggipfel des Nebo und habe das Gelobte Land gesehen ... Es mag sein, daß ich es nicht schaffen werde, aber wissen sollt ihr: Wir als Volk Gottes werden in das verheißene Land kommen. Ich fürchte keinen Menschen, denn meine Augen haben die Herrlichkeit der erfüllten Verheißung gesehen.«

Wie tief der Exodus zum Leitwort geworden ist, hörten wir auch aus dem Munde Dr. Potters, als er in Genf dem Zentralausschuß des Weltkirchenrates über Nairobi berichtete: »Während wir uns in Uppsala in einer Exodus-Stimmung befanden und uns, ohne zu zögern, der befreienden Begegnung mit Gottes Heilsplan stellten, hatten wir in Nairobi das Gefühl, uns in der Wüste zu befinden.« In dieser Lage konnte Potter seiner düsteren Diagnose freilich auch eine verheißungsvolle Perspektive abgewinnen; denn in Gottes Ökonomie ist ja die Wüste der einzig mögliche Pilgerpfad für die, welche Gottes Verheißung vernommen haben. In der Wüste schloß ja Gott seinen Bund mit dem Volk Israel.

Drei Motive, Grundideen all-menschlicher Gültigkeit, sind im Exodus-Erlebnis enthalten:

Durch eine biblische Entmythologisierung der Götzen der Antike mit all ihren Sphynxen, Ibissen, Osiris und Horus, dessen Inkarnation der Pharao war, werden »die Götter« besiegt und entmachtet. Gott tritt auf den Plan der Geschichte. Das Ewige niemals endende Zwiegespräch zwischen Schöpfer und Geschöpf beginnt weder mit Moralpredigten noch mit theologischen Spekulationen, sondern mit der Einsicht, daß der Schöpfer ein Gott der Freiheit ist: »Ich habe euer Joch zerbrochen und habe euch aufgerichtet wandeln lassen«, sagt Gott zu seinem Volk (Lev 26,13), das mit seiner neuentdeckten Menschenwürde zum Gesprächspartner Gottes aufrückt. Der Auszug und die Befreiung waren konkret soziale und politische Ereignisse, eine Emanzipation des Leibes und der Seele – so konkret, wie das Judentum auch die zukünftige Erlösung, die im Passa des Exodus vorausgedeutet ist, erwartet und erhofft. Israel sieht die messianische Endzeit weder allegorisch noch vergeistigt, sondern bewußt physisch und nicht nur ethisch, irdisch-menschlich und nicht nur göttlich, genauso wie es alle biblischen Gotteserfahrungen so eindeutig bezeugen.

Von den unzähligen Anregungen und Aktualisierungsmöglichkeiten, die der Exodus den heutigen Emanzipatoren und Pädagogen bietet, seien noch drei kurz erwähnt:

1. »Aber je mehr sie das Volk (Israel) bedrückten, desto stärker mehrte es sich und breitete sich aus« (Ex 1,12). Dieser historische Zusammenhang zwischen den Verfolgungen Israels, seiner Leidenskraft und der auf Gott vertrauenden Ausdauer, die in der heutigen Rückkehr der Juden ins Land der Väter gipfelt, empfiehlt sich als taktischer Wegweiser nicht nur zur zeitgenössischen Geschichte Israels, sondern auch als optimistischer Fingerzeig für alle noch unbefreiten Völker überall.

2. »Da sprach Mose zum Volk: Fürchtet euch nicht, stehet fest und sehet zu, was für ein Heil der Herr euch heute tun wird ... Der Herr wird für euch streiten und ihr werdet stille sein. Und der Herr spricht zu Mose: Was schreist du zu mir? Sage den Kindern Israel, daß sie weiterziehen!« (Ex 14,13ff). Diese Gegenüberstellung der Gott vertrauenden Passivität Moses mit Gottes Wunsch nach menschlichen Mitarbeitern ist ein bekanntes Motiv im Talmud[15], der anhand didaktischer Beispiele und Parabeln die biblische Binsenwahrheit erhärtet: Glaube ohne Werke ist genauso fruchtlos wie Hoffnung ohne Taten.

3. Die dritte Bedeutung des Epos vom Exodus ist vielleicht die tiefste, aber auch die schwerste der Lektionen, die uns das immer lebendige Gottesbuch erteilt: Mit grausamem Realismus erzählt uns die Bibel, daß von Jahr zu Jahr während der Wüstenwanderung der Ruf des Volkes nie verstummt sei: Wir wollen zurück nach Ägypten! Hart und trocken war das Brot der Freiheit – ungleich den sicheren Ketten und der Kost jener fernen Arbeitslager am Nil. Im Laufe der Zeit wurden die Fleischtöpfe Ägyptens in der Erinnerung immer fetter, das karge Manna wurde immer ärmlicher; in der Rückschau schien die Sklaverei immer erträglicher und die Wüste immer

dürrer. Es half nichts, daß Mose dem Volk versicherte, das Manna würde jeden Morgen vom Himmel regnen, man dürfe es jedoch nicht aufbewahren, auch nicht über eine einzige Nacht. Sich so ganz und gar auf Gott zu verlassen – blindlings und ohne Hintertüre oder Notausgang –, das schien den entlaufenen Sklaven allzu unheimlich. Und so begannen viele am Sinn der Freiheit zu zweifeln, sinnlos erschien ihnen das Herumwandern; sinnlos das ferne, unsichtbare Ziel. Noch sinnloser, darauf zu bauen, daß man auf einen unsichtbaren Gott angewiesen ist, der immer kleiner und machtloser erschien, je stärker die Angst ums nackte Leben wurde. Es half ihnen nicht, denn ihr Gottesverständnis war so klein, wie sie selbst es waren.

Und so kam das harte Urteil, das heute nichts an Aktualität eingebüßt hat – für Lateinamerika, Israel und für die ganze Welt. Es bleibt heute nicht weniger lebensnah als es vor drei Jahrtausenden gewesen sein muß: Vierzig Jahre lang sollte das Mischvolk von Heloten und Leibeigenen in der Wüste verharren, bis sie und ihre weichliche Sklavenmentalität im Sande vergehen, auf daß dann ihre freigeborenen Wüstensöhne das Land der Freiheit eroberten und in Besitz nähmen. Der Auszug aus der Knechtschaft ist das *eine*, der Eintritt in die Freiheit ist das *zweite Ziel.* Um es zu erreichen, bedarf es des Vertrauens und des Mutes und Gehorsams, denn wirklich frei ist nur der – so sagen die Rabbinen –, der das Joch des Himmels auf sich nimmt. Der Weg aus der Sklaverei führt über drei Wegstationen: durch die harte hungrige Wüste, zum Sinai der Gesetzgebung und erst dann zur Einnahme von Kanaan. So lehrt uns die Bibel ihre Befreiungstheologie.

Um diese fundamentale Heilstatsache beim Volk Israel gebührlich zu vertiefen, bedient sich der Talmud eines hebräischen Wortspiels, das auch nicht veraltet ist: »Die Tafeln der Gebote sind Gottes Werk, und die Schrift ist Gottes Schrift, die in ihnen eingegraben ist.« So heißt es im Buch Exodus zu Füßen des Berges Sinai (Ex 32,15f). In der Erläuterung der Rabbinen: Lies nicht »eingegraben«, sondern lies »frei« (*cherut* statt *charut*!), denn es gibt keinen freien Menschen, außer

dem, der sich freiwillig dem Joch des Himmelreichs beugt[16]. Anders gesagt: Freiheit ohne Gottesfurcht ist Anarchie – genauso wie Befreiung ohne Selbstbezwingung eine Versklavung an alles Animalisch-Triebhafte bedeuten muß.
Der Auszug aus Ägypten ist eine Kernerfahrung der Menschheit, die Israel der Völkerökumene vorzuleben bestimmt war. Seit jenem Exodus ist aller menschlichen Macht eine göttliche Grenze gesetzt. Denn aus allen Wüsten der Bedrängnis, aus allen Häusern der Sklaverei und menschlicher Unmenschlichkeit führt ein breiter Weg hinaus – über die Wasserscheide des Roten Meeres hin zum Sinai der Offenbarung, und von dort nach Kanaan, dem ewigen Land der gottverheißenen Freiheit.

Freude am Gesetz

Wer als Neutestamentler Gelegenheit hat, Theologiestudenten im Seminar zu fragen, welche Assoziationen sie auf Anhieb mit dem Judentum verbinden, bekommt eine eindrucksvolle Reihe von Antworten, wie etwa Gesetzeszwang, Legalismus, Lohnsucht, Werkgerechtigkeit, Selbstruhm, Gesetzlichkeit und anderes mehr.
Auf die Rückfrage, woher sie denn diese Sammlung von Klischees erhalten hätten, weisen die meisten auf ihre Lehrbücher hin – oder gar auf den Heidelberger Katechismus, dessen dritte Frage seit vierhundert Jahren lautet: »Woher erkennst du dein Elend?« Worauf die Antwort schwarz auf weiß folgt: »Aus dem Gesetz Gottes.«
Wenn das bereits schwer zu verdauen ist, was soll dann der unbefangene Leser zu folgenden Texten sagen, die bis heute in den Werken namhafter Theologen beider Großkirchen zu finden sind.
»Warum lehnt Jesus die jüdische Religionspraxis ab?« so fragt *Joachim Jeremias* und antwortet: »Weil diese ganze Gesetzgebung Menschenwerk ist und im Widerspruch zu Gottes Gebot steht.«[17]

Herbert Braun lehrt: »Trotz der ausdrücklichen Versicherung, vor Gott gebe es kein Ansehen der Person, erwartet der fromme Jude für sich eine Ausnahmebehandlung, sofern er es mit dem Gesetz ernst nahm; Gott (ist) das personifizierte Gesetz, das den frommen Juden einen religiösen Sonderstatus zubilligt.«[18]
Heinrich Schlier zufolge ist das »Gesetz für die Juden eine Schlinge geworden, in der sie sich verfangen haben«, Israel »hatte schon lange aus der Tora Gottes: das Gesetz, das Leistungen fordert; aus der Gerechtigkeit des Glaubens eine Selbstgerechtigkeit, und aus den Worten der Bibel Leistungen gemacht.« Die Juden suchen im Grunde nicht Gott, so heißt es in der Folge, »sondern sich selbst«, so daß sie »Gott, entgegen ihrem eigenen Wissen und Streben, *hassen*.«[19]
Adolf Schlatter schreibt: »Jesus verwarf den selbstischen Griff des Juden nach der *eigenen* Größe und zeigte ihm den heuchlerischen Widerspruch, in den er dadurch geriet, daß er mit dem Gepränge ... der Verehrung des *Gesetzes* ... seine inwendige Entfremdung von Gott zu decken versuchte.«
Die Gesetzesfrömmigkeit »war Schein, und die Begehrungen, für die sie sich wehrten, waren ausschließlich *eigensüchtige*. Um Geld und Weiber kämpften sie.«[20]
So und so ähnlich *muß* also noch immer der Umgang der Juden mit ihrem »Gesetz« geschildert, gelehrt und gepredigt werden – ungeachtet jahrhundertealter Beteuerungen, daß dieses Gesetz für Juden keine Bürde, sondern eine Würde, kein Joch, sondern eine Freude ist; ungeachtet dessen, daß die gesamte Geschichte des Judentums eine einzige Bewahrung durch eben diese Tora ist; ungeachtet auch dessen, daß nach jüdischem Selbstverständnis der Gehorsam gegenüber der Tora nicht die Gnade Gottes zu erwerben sucht, sondern aus Dankbarkeit für Gottes Zuwendung geschieht.
Wenn die abschätzigen Zerrbilder der jüdischen Gesetzlichkeit der Wahrheit entsprächen, so müßte folgerichtig auch die Bergpredigt Jesu als heillose Ketzerei verpönt werden. Denn dieses Hohelied der radikalen Nächstenliebe ist ja im Grunde nichts anderes als ein Gefüge von höchst moralischen Impe-

rativen, deren Erfüllung zur Seligkeit führt, wie Jesus es neunmal mit Nachdruck betont. Das wäre doch, nach Calvin und Luther, ein abschreckendes Beispiel von »Werkgerechtigkeit«, Gesetzlichkeit und gläubigem Tatendurst, die ganz und gar im Ethos der Hebräischen Bibel beheimatet sind? »Alles was ihr wollt, daß euch die Leute tun, genau das tut auch ihr ihnen, das ist das Gesetz und die Propheten!« (Mt 7,12). So sagte es Rabbi Jesus in der »Goldenen Regel«, die mit Recht zum Kern des sogenannten »Gesetzes« gehört.

Ich kann mich nicht des Eindruckes erwehren, daß die kirchliche Polemik gegen die angeblich erbarmungslose »jüdische Gesetzlichkeit« nur allzu oft dazu dient, um Gesetzlichkeiten im eigenen Hause zu verdecken. Denn an Gesetzen fehlt es ja keineswegs in den Kirchen, kann und darf es auch nicht fehlen, da keine menschliche Institution ohne Satzungen und Bestimmungen auszukommen vermag.

Vielleicht sollte man einmal die Zehn Bände des Talmuds gegen das *Corpus Juris Canonici* oder den »Kodex« der Lutheraner abwägen, um dann festzustellen, *wer* denn eigentlich das Recht habe, *wen* eine »Gesetzesreligion« zu nennen.

Ehrlich gesagt, verstehe ich noch immer nicht, wie ein zentraler Grundbegriff aller Gesellschaftsformen wie »das Gesetz«, ohne das zwischenmenschliche Beziehungen undenkbar sind, einen solchen Beigeschmack ausgerechnet in der Theologie bekommen konnte. Und das dazu noch in Mitteleuropa, dessen Bürger weltberühmt geworden sind, dank ihrer Ethik des Gehorsams, ihrer traditionellen Gesetzestreue und ihrer Liebe für die Gesetzmäßigkeit, die manchmal an Übertreibung zu grenzen drohte. Denn nicht nur die Juristen, die Obrigkeiten und die Politiker leben vom Gesetz; auch die Physiker, die Biologen, Geologen, Astronomen und Mathematiker – ja, alle Forscher und Wissenschaftler bauen ihre Tätigkei auf der Grundlage von universalen Naturgesetzen auf, die oft wie ein Auftrag von oben anmuten, indem sie alle Phänomene im Weltall durchwirken, dem menschlichen Verstand erschließen und Gottes Welt gesetzmäßig regieren.

Als man dem greisen Albert Einstein 1952 die Gottesfrage

stellte, lautete seine Antwort: »Ich kann mich nicht freimachen von der großen Bewunderung, die mich immer aufs neue ergreift, sooft ich mich in die Gesetzlichkeit der Natur versenke. Das bloße Vorhandensein dieser überwältigenden Gesetzlichkeit ist eine Wundervision ... für mich ist diese überall waltende Gesetzlichkeit eine ständig sich erneuernde Offenbarung. In ihrer Präzision und Harmonie enthüllt sich eine Demut erregende ›Herrlichkeit‹.«
Gesetzlichkeit ist also nicht nur die Summe der gottgewollten Normen aller Naturerscheinungen, sondern eine der Offenbarungsweisen Gottes, für die Juden alltäglich Dank sagen, indem sie den Weltenherrn preisen – wie es in unserem Morgengebet heißt – »für die Wunder des Alltags, die Du in Deiner Güte morgens, mittags und abends erwirkst«, oder noch deutlicher in Psalm 119: »In Ewigkeit, Herr, steht Dein Wort fest im Himmel ... Du hast das Weltall gegründet und es steht, nach Deinen Ordnungen besteht es bis heute.«
Der jüdische Bibelglaube an den einen lebendigen Gott als Urheber aller Existenz versteht weder die Ordnungen des Weltalls noch die Grundgebote der Menschheit als zeitlos gültig, sondern als Ergebnis göttlicher Setzung, wobei das von Gott Gesetzte nicht von ungefähr »das Gesetz« genannt wird – sowohl in der Natur als auch in der Kultur.
In der Liturgie der Rabbinen lautet diese Entsprechung zwischen oben und unten:

> »Er, der Frieden stiftet in seinen Höhen, möge er Frieden stiften unter uns und allen Völkern.«

Was genau der Fürbitte im Vaterunser entspricht:

> »Dein Wille geschehe wie im Himmel so auf Erden« (Mt 6,10).

Hier, in dieser kosmischen Gesetzesordnung treffen sich Theologie, Jurisprudenz und Naturwissenschaften in gemeinsamer Ehrfrucht vor dem unerforschlichen Mysterium aller göttlichen Geschöpflichkeit.
Wenn alles, was leibt und lebt, sich einer höheren Gesetzlich-

keit beugen muß, warum ist dann »das Gesetz« im christlichen Denken in solchen Verruf geraten?

Mitschuldig an der »schlechten Presse«, der das jüdische »Gesetz« nun seit fast zwei Jahrtausenden ausgesetzt ist, ist sicherlich das sogenannte *Talionsgesetz,* das zu den Lieblingsworten der Journalisten gehört. Denn von den pseudo-theologischen Vorstellungen des »jüdischen Rachegottes« bis hin zur »grausamen Vergeltungsmoral der Juden« ist es ja nur ein kleiner Sprung. So schreibt z. B. die »Jerusalemer Bibel«: »Es ist verboten, dem Bösen in der Weise der Rache zu widerstehen, indem man Böses mit Bösem vergilt, nach dem jüdischen Gesetz der Wiedervergeltung, dem Talionsgesetz.«[21]

Der Hinweis gilt natürlich dem »Auge um Auge, Zahn um Zahn ...«, wie es Martin Luther übersetzt hat. So ungefähr steht es dreimal in der jüdischen Bibel (Ex 21,24; Lev 24,20 und Dtn 19,21). So stand es auch 1972 nach dem Münchner Mord bei der Olympiade in vielen deutschen Zeitungen, um die an die Bundesrepublik gerichtete Forderung Israels, ihr die Mörder auszuliefern, »eine Vergeltungspolitik gegenüber den Arabern zu praktizieren«, als alttestamentlich zu belegen.

Diese bibelwidrige Verzerrung, die schon mit den Kirchenvätern beginnt, fußt auf drei sachlichen Fehlern:

1. Rache ist in der Hebräischen Bibel ausdrücklich verboten: »Sei nicht rachsüchtig ..., sondern liebe deinen Nächsten wie dich selbst!« (Lev 19,18). Dieses Gebot wird durch das Gotteswort: »Mein ist die Rache, spricht der Herr« (Dtn 32,35) verdeutlicht und verstärkt.
2. Der Urtext lautet: »Wenn aber Lebensgefahr ist, so *gib* Leben um Leben, Aug um Aug, Zahn um Zahn ...« Also nicht vom Geschädigten ist hier die Rede, der Rache oder Vergeltung nehmen soll, sondern vielmehr vom Schädiger, der vor dem Richter Wiedergutmachung leisten muß.
3. Das Schlüsselwort in der hebräischen Bibelstelle *»tachat«* heißt gar nicht »um« oder »für«, sondern »anstelle von«.

Daher übersetzt Martin Buber sowohl textgetreu als auch

sinngemäß: »Geschieht das Ärgste aber, so gib Lebensersatz für Leben; Augersatz für Auge, Zahnersatz für Zahn.«
Mit anderen Worten: Die humanitäre Universalregel »Maß für Maß«, die auch Jesus im Neuen Testament empfiehlt (Mt 7,2; Mk 4,24; Lk 6,38), wird zum Rechtsprinzip der Geldentschädigung und des Schmerzensgeldes in allen Fällen von Körperverletzungen erhoben. Nur in diesem Sinne der Abgeltung durch Schadenersatz wurde dieser Bibelvers im Judentum schon lange vor Jesus verstanden und angewandt, wie der Talmud[22] deutlich bezeugt. In den Worten der Borromäus-Bibel: »Die oft mißverstandene Formel für das Vergeltungsrecht *(ius talionis)* gilt als Grundlage richterlicher Entscheidungen; nicht als Norm für das Verhalten von Mensch zu Mensch.«[23]
Das verpönte Talionsrecht ist also ein wesentlicher Fortschritt gegenüber der Wüstenethik der vorbiblischen Zeit und der erste wesentliche Schritt zu einer allmählichen Verfeinerung der menschlichen Moralität, wie sie später bei den Propheten Israels zum Ausdruck kommt.
Was gewisse Christen noch immer als Prototyp der jüdischen Vergeltungsmoral anprangern wollen, bleibt bis heute die juridische Grundlage aller Wiedergutmachungsgesetze im christlichen Abendland. Ein Grundsatz, den Juden in der Bibel bereits zum Universalprinzip erhoben hatten, als die Germanen einander noch aus Blutrache umbrachten und ihren Himmel mit Kriegsgöttern bevölkerten.
Wollte ich dieses mißverstandene Talionsgesetz in seiner christlichen Bedeutung handhaben, so könnte ich den Spieß umdrehen und darauf hinweisen, daß die Geschichte der christlichen Kanonbildung nichts anderes bezeugt als eine schrittweise Vergesetzlichung des Glaubens der judenchristlichen Urgemeinde in Jerusalem, einer spontanen Verkündigung, die sich mit Recht bis heute gegen jedwede Systematisierung und Verwissenschaftlichung zur Wehr setzt. Denn »Evangelium« heißt ja: die Frohbotschaft von der Freiheit eines Bibelmenschen, während der Kirchenbegriff »Kanon« die Normativität oder Rechtsbestimmung zum Ausdruck

bringt, womit die dynamische Botschaft der Apostel in den engen Rahmen eines statischen Gesetzes hineingepfercht wird, das dann im Dogma zum festgeschriebenen Legalismus erstarren mußte.

Alles schön und gut, so könnte man nun gegen mich einwenden, aber wie schützt sich denn eine Buchreligion, die sich an ein inspiriertes Schrifttum gekettet hat, vor der Gefahr einer theologischen Arterienverkalkung? Die jüdische Antwort auf diese berechtigte Frage, die nicht nur alle Großreligionen angeht, ist dreifach:

1. Vor allem ist es die Voraussetzung, daß jedem Bibelwort siebzig Auslegungsmöglichkeiten innewohnen; siebzig nach der Symbolzahl der gesamten Völkerökumene in Gen 10. Und dann, daß es keinen jüdischen Papst gibt, der imstande wäre, eine einzige Exegese zur Orthodoxie oder gar zum Dogma zu erheben und damit die restlichen 69 zu verketzern. »Alle siebzig stehen gültig da vor Gott«, so heißt es in einem Hebräer-Spruch, der alt war, als Jesus zur Welt kam.

Diese hermeneutische Vielfalt wird durch die Wesensart des Hebräischen untermauert, das ohne Vokale in einer Art Konsonantenstenographie geschrieben wird. Sie erlaubt es häufig, ein und dasselbe Wort in drei oder vier verschiedenen Arten zu lesen und zu verstehen – ohne auch ein einziges Jota oder Häkchen der Tora zu ändern, wie Rabbi Jesus es mit Recht verbot (Mt 5,18).

2. Hierzu gesellt sich der Leitsatz, der im 5. Buch Mose siebenmal wiederholt wird: »Durch diese Gebote sollt ihr *leben!*« (Dtn 4,1; 5,33; 6,2; 8,1; 16,20; 22,7; 30,16.20).

Der Talmud betont das Zeitwort zu Ende des Satzes als göttlichen Aufruf zur stetigen Neuinterpretation der Schrift, um ihr jenen lebensfördernden Sinn abzugewinnen, der ihr Hauptanliegen ist und bleibt. Die Rabbinen ziehen aus der siebenfachen Wiederholung dieses Leitsatzes die Schlußfolgerung: keine der Satzungen in der gesamten Tora darf so angewendet werden, daß die Kraft des Volkes, sie zu halten, überfordert wird. Wenn also eine Satzung von der Mehrheit der Juden nicht mehr gehalten werden kann, ist ihre Verbindlichkeit zu Ende. In diesem Sinne empfanden unsere Weisen schon in frühtalmudischer Zeit, daß einige Gesetze zu hart und die für ihre Übertretung angekündigten Strafen zu streng seien. Ein häufig angewendetes Mittel, um die Schärfe zu mildern, war die Methode der Einengung des legalen Geltungsbereichs.

Dies geschah unter anderem beim »aufsässigen und ungeratenen Sohn« (Dtn 21,10ff), der zur Steinigung verurteilt werden sollte, wenn alle elterlichen Ermahnungen und Strafen nichts fruchteten. Hier arbeiteten die Rabbinen mit dem geschliffenen Instrument der juridischen Interpretation: Ohnedies käme es ja nicht in Frage, daß ein Minderjähriger gerichtlich zur Verantwortung gezogen und bestraft werden könnte – also tritt die Straffälligkeit erst mit dem vollendeten 13. Lebensjahr ein. Außerdem sei aber auch ganz besonders der Ausdruck »Sohn« zu beachten, der nur bis zur Geschlechtsreife gelte, da dann die Möglichkeit eigener Vaterschaft den Begriff Sohn ausschließe. Da diese Entwicklung in der Regel schon bei 13¼ Jahren einsetze, blieben lediglich ganze drei Monate für die Anwendungsmöglichkeit des Gesetzes übrig, weshalb es – wie der Talmud mit Genugtuung konstatiert – praktisch nie zur Ausführung kam und die Satzung lediglich zur Abschreckung und Warnung diente.

Ähnliches gilt für die Bestimmung des Schuldenerlasses. Nach biblischem Gebot (Dtn 15,1–6) sollten in Israel alle ausstehenden Schulden am Ende eines jeden Zeitraums von sieben Jahren erlassen werden.

Schon der biblische Text (Dtn 15,7–11) wendet sich gegen die Schwierigkeiten, die sich dadurch ergaben, daß es vor allem gegen Ende dieser Frist für Arme schwer wurde, von Reichen Anleihen zu bekommen.

Da Hillel der Weise sah, daß die Durchführung dieses Gebotes bei der Mehrheit des Volkes unmöglich war und daß diese ursprünglich soziale Maßnahme zu völlig unsozialen Ergebnissen in der Industrie führen konnte, suchte er nach einem Weg, die Gläubiger einerseits vor einer Ausbeutung durch Schuldner, andererseits vor Übertretung des Gebotes

(Dtn 15,9) zu schützen, den Armen aber die Möglichkeit des Borgens zu bewahren. Seine Lösung, der sogenannte *Prosbul* (der Name kommt aus dem Griechischen und bedeutet »für das Gericht«), widersprach zwar dem Wortlaut der Bibelsatzung, jedoch nur mit der Absicht, der sozialen Grundintention der Tora treu zu bleiben.

3. Das dritte »Sicherheitsventil« gegen legalistische Erstarrung ist die unüberbietbare Heiligkeit des Menschenlebens – ein Prinzip, das der Leitstern aller hebräischen Gesetzgebung ist und bleibt. Um das eigene oder des anderen Leben zu retten oder vor mutmaßlicher Lebensgefahr zu bewahren, können nicht nur, sondern sollen alle Gebote – bis auf drei – zeitweilig gebrochen werden. Auch das Gebot der Sabbatruhe! Das Jesuswort, das betont, daß der Sabbat um des Menschen willen gemacht wurde »und nicht der Mensch um des Sabbats willen« (Mk 2,27), stammt aus vorchristlicher Zeit[24] und paßt nahtlos in diese Biophilie der Rabbinen, die dem von Gott geschenkten Menschenleben absolute Priorität einräumt. Der Talmud sagt das Wesentliche in acht hebräischen Worten: »Wer ein einziges Leben erhält, dem wird es angerechnet, als hätte er die ganze Welt gerettet.«

Diese Einstellung hat das Judentum gnädig vor theologischer Paragraphenreiterei und schleichendem Dogmatismus bewahrt, und hat die Tora nie zur Nomolatrie oder zur Wortklauberei entarten lassen.

Daß »der Buchstabe tötet, der Geist aber lebendig macht« (2 Kor 3,6), ist eine biblische Binsenwahrheit, an die Paulus die Korinther erinnern mußte. In Jerusalem galt sie seit eh und je in allen Rechtsbereichen als selbstverständlich – auch in Zeiten größter Bedrängnis.

Warum wurde Jerusalem zerstört? So lautete die schicksalsschwere Frage, die sich die Weisesten in Israel nach jener nationalen Katastrophe des Jahres 70 zu stellen gezwungen sahen – worauf sie mit einem Chor von Sündenbekenntnissen antworten, der seinesgleichen an brutaler Selbstkritik in der gesamten Religionsliteratur nicht kennt. Besser darben, leiden und hungern, so lesen wir zwischen den Zeilen aus jenen

Schreckensjahren, als mit einem ungerechten Gott zu leben. Ausschlaggebend unter den vielen Antworten war jedoch die Aussage des Rabbi Jochanan, der behauptete: Jerusalem sei nur deshalb zerstört worden, weil sie dort nach dem Recht der Gesetzgebung richteten[25]. Auf die erstaunte Rückfrage seiner Kollegen, worin die Richter sich dabei verfehlt hätten, erklärte er: »Sie sprachen Recht genau nach den Forderungen der Legalität – anstatt innerhalb der Rechtslinie zu verbleiben.«

Bei den letzten fünf Worten handelt es sich um einen so gut wie unübersetzbaren Hebraismus, den der Evangelist Matthäus zu Anfang der Bergpredigt mit »der besseren Gerechtigkeit« (Mt 5,20) wiedergegeben hat. In diesem Begriff kommt eine Suche nach jener Sinntiefe von Recht und Gerechtigkeit zum Ausdruck, die den Mut aufbringt, das Gebot der Nächstenliebe bis zur letzten Konsequenz durchzudenken.

Konkret gesprochen – und die Rabbinen dachten immer konkret – geht es dabei um die Gebotserschwerung als von der geistigen Elite sich selbstauferlegte Pflicht des freiwilligen Rechtsverzichtes zum Zweck versöhnlicher Konfliktentschärfung, um die Gehorsamsverweigerung im Falle von befohlenem Nächstenhaß, um die Über-Erfüllung aller sozialen Satzungen zum Nutzen und zum Schutz des Mitmenschen und – nicht zuletzt – um die Priorität der Nachgiebigkeit in allen Streitfragen. Kurzum: Eine Theopolitik der kleinen Schritte, deren gemeinsames Ziel es ist, dem Gebot in Dtn 6,18 nachzukommen: »Auf daß du tust, was *recht und gut* ist in den Augen des Herrn.« Wobei erst das *Tun* des Guten dem horizontalen Recht seine vertikale Komponente verleiht.

Welche zentrale Bedeutung solchem Handeln zugesprochen wird, geht deutlich daraus hervor, daß dadurch, dem Talmud gemäß, der Fall Jerusalems hätte verhindert werden können. Vielleicht auch der Fall Roms zu Ende des Altertums, ja, vielleicht sogar der Fall Berlins in unseren Tagen.

Wie dem auch sei, das Postulat der *lex Divina* läßt sich in einem Satz zusammenfassen: Was legal ist, so sagt die Tora

Moses, die auch die Bibel Jesu war, das ist noch lange nicht legitim – und Recht wird zu Unrecht, sobald das Menschengesetz dem Gottesgebot widerspricht.
Um uns diese Heilstatsache gebührlich einzuschärfen, bedient sich die Pädagogik Gottes manchmal auch drakonischer Methoden, wie wir alle es erfahren haben.
Wie eng das Judentum und Gottes Gesetz miteinander verflochten sind, und wie sehr die beiden gerade deshalb dem Wesen des Heidentums zuwider sein müssen, war schon 1933 kein Geheimnis mehr. Kurz nach der sogenannten Machtergreifung hatte sich Adolf Hitler im vertrauten Kreise über seine Grundwerte und Endziele in folgenden Worten geäußert, die uns Hermann Rauschning überliefert hat:
»Wir erklären den Krieg gegen die Perversion unserer gesundesten Instinkte. Ah, der Wüstengott, dieser verrückte, stupide, rachsüchtige, asiatische Despot, mit seiner Macht, Gesetze zu machen! Diese Peitsche eines Sklavenhalters! Dieses teuflische: Du sollst; du sollst! Und dieses dumme: Du sollst nicht! Es muß heraus aus unserem Blut, dieser Fluch vom Berge Sinai! Dieses Gift, mit dem sowohl Juden wie Christen die freien, wunderbaren Instinkte der Menschen verdorben und beschmutzt und sie auf das Niveau hündischer Furcht herabgedrückt haben ... Was wir bekämpfen, das ist das sogenannte Gesetz ..., die weichliche Mitleidsmoral, der man göttliche Weihe verliehen hat, um den Schutz des Schwachen gegen den Starken sicherzustellen, wobei man die unverrückbaren Gesetze des Krieges verachtete ... Gegen die sogenannten Zehn Gebote eröffnen wir die Feindseligkeiten ... Die Tafeln vom Berge Sinai haben ihre Gültigkeit verloren ... Das Gewissen ist eine jüdische Erfindung; es ist, wie die Beschneidung, eine Verstümmelung des Menschen.«[26]
Soweit das Credo jenes tobsüchtigen Neuheiden, der im griechischen Sinne des Wortes »autonom« werden wollte: sein eigenes Gesetz, ein Gesetz des Hasses und der Mordgier, das halb Europa in Schutt und Asche legte und 50 Millionen Menschen das Leben kostete.
Als dann im Jahre 1945 nach der langen Nacht der Gottesfin-

sternis ein neuer Morgen anbrach, taten sich zehn deutsche Schriftsteller zusammen, um eine erste, vorläufige Bilanz zerstörter Illusionen und möglicher Hoffnungen zu ziehen. Warum zehn? Weil sie der Überzeugung waren, daß die Ruinen der Welt sich nur unter dem Zeichen des Zehngebotes in Bausteine der Zukunft verwandeln ließen. Man hatte das Gesetz Gottes bis in die Fundamente verletzt; nun mußte man es bis zum Dachfirst erneuern, damit die Welt wieder ins Gleichgewicht komme. So kamen die zehn überein, die Gottesgebote zu erläutern und ihre unsterbliche Relevanz zu vergegenwärtigen. Der Auszug aus Sodom und Gomorra, das wußte man nun wieder, *mußte* zuerst zum Sinai der Gesetzgebung führen.

Dies entspricht der rabbinischen Auffassung, die die moralische Dimension des Lebens zur Grundlage ihrer Kosmologie macht. »Der Gerechte ist der Grund der Welt«, heißt es im Talmud[27] in der Umdeutung eines Bibelverses (Spr 10,25). Hiermit wird die gesamte Schöpfung der ethischen Beziehung zwischen Gott, Mensch und Mitmensch untergeordnet. Der Gerechte aber, dessen die Welt bedarf, um zu bestehen, ist »ein Sohn Gottes«, wie er häufig in Jesu Muttersprache heißt. Ein Sohn Gottes, weil er nicht nur das Unrecht anprangert und Gottes Recht fordert, sondern auch dem Zorn Gottes begegnet und selbstlos für die Sünder eintritt – ganz und gar dem Ursinn der Tora gemäß.

Doch was bedeutet eigentlich »Tora« und was ist ihr Verständnis im toratreuen Judentum? In ihrer griechischen Übersetzung wurde sie zweckentfremdend auf *»nomos«* eingeengt, und hierauf im Zuge der Christianisierung des Abendlandes als »das Gesetz« in alle Sprachen Europas übersetzt. Das ist jedoch grundfalsch – sowohl inhaltlich als auch sprachlich, denn Tora heißt *Weisung* oder *Lehre,* die rein quantitativ viel mehr Frohbotschaft, Verheißung, Erfüllung, Heilsgeschichte und Ethos enthält als eigentliche Gesetze, die angeblich zum »trockenen Formalismus« und zum »unfruchtbaren Legalismus« führen müßten, wie es in zahllosen Schulbüchern noch immer heißt.

Über zwei Drittel der Hebräischen Bibel haben nicht das Geringste mit Gesetzlichkeit zu tun, sondern sind dem Heilshandeln Gottes mit seinem Volk Israel gewidmet. Im christlichen Sinn des Wortes ist die Tora vor allem und hauptsächlich »Evangelium«, die Frohbotschaft von der Liebe Gottes und der Freiheit aller gläubigen Adamskinder. Freiheit jedoch ohne Gesetz führt zur Anarchie und zur Selbstversklavung an alles Triebhafte und Tierische, das im Menschenherzen giert und gärt.

Was bedeutet diese Tora für einen Juden?

Die Sprache in der er sie beschreibt, kann überschwenglich sein wie König Salomos Hohelied, wuchtig wie die Rede Jeremias oder wortgewaltig wie die Psalmen. Die Weisung vom Berg Sinai machte aus einem zusammengewürfelten Haufen entlaufener Sklaven ein Volk – und verlieh diesem kleinen Volk seine Geistesgröße. Mit ihrer Hilfe überlebte es als einziges aller Völker der antiken Welt. Durch ihre Zucht verleiht sie dem Volk Reinheit. Aus einem Trödler kann sie einen Heiligen machen, und einfachen Leuten verleiht sie die Würde der Frömmigkeit.

Für Juden ist die Tora seit Jahrhunderten eine aufregende, leidenschaftliche, aber vor allem eine liebenswerte Sache gewesen, etwas, das man genießen, über das man sich freuen kann, mit dem man sogar lachen darf. Denn sie ist Trost in der Not, Hoffnung in der Mutlosigkeit und Glück, wo immer auch Gefahren drohen.

Als die Christenheit sich vom jüdischen Gesetz ihrer Gründer trennte, um sich dem römischen Recht zuzuwenden, gewann sie eine Welt, aber sie zahlte einen hohen Preis dafür. Unbewußt nahm sie den römischen Begriff von der *lex augusta* an. Das Gesetz wurde nun großartig, eindrucksvoll und folgerichtig, aber auch formell, zwangsläufig und äußerlich. Es hörte auf, für den kleinen Mann ein Grund zur Freude zu sein; eine Sache des Herzens und ein Zeichen der Liebe, die er selbst erweisen konnte.

Nun ist zwar das jüdische Gesetz manchmal strenger als irgendein weltliches Gesetz, aber es wurde ohne Polizeimacht und Gefängnis jahrtausendelang gehalten. Man hielt das Gesetz freiwillig, weil es Liebe einflößte. Für einen Juden sind Gesetz und Liebe kein Gegensatz, denn das Gesetz wurde ja als Liebesgabe geschenkt. Darum hat das Volk Ruhm und Reichtum dafür aufgegeben, weil es nicht ohne diese Schrift überleben konnte. »Ihre Wege sind Wege der Anmut«, sagte die Liturgie von der Tora, und: »all ihre Pfade führen hin zum Frieden«. Drei Jahrtausende jüdischer Lebenskraft und jüdischen Lebenswillens haben diese Feststellung vollauf bewahrheitet.

Ein grundlegendes Mißverständnis in bezug auf die biblische Priorität des Evangeliums vor aller Gesetzlichkeit, die ja als heilsgeschichtliche Grundlage und Voraussetzung aller Gebote gilt, hat zu jenem fast mythologischen Dualismus der lutherischen Lehre von »Gesetz und Evangelium« als zwei verschiedenen Worten Gottes geführt.

Ein neues, vertieftes Verständnis der hebräischen Frohbotschaft als das A und O alles Glaubens konnte Karl Barth 1935 dazu führen, in seiner Schrift »Evangelium und Gesetz« die traditionelle Aufeinanderfolge umzuordnen, womit u.a. auch auf die Gefahr des Auseinanderbrechens von Evangelium und Gesetz, von Jenseits und Diesseits, von Kirche und Staat, von Politik und Religion in zwei säuberlich geschiedene Reiche hingewiesen wird. In den Worten Karl Barths: »Das Gesetz ist der offenbare Wille Gottes ... Das Gesetz ist nichts anderes als die notwendige Form des Evangeliums, dessen Inhalt reine Gnade ist ... So ist also das Gesetz im Evangelium wie die Tafeln vom Sinai in der Bundeslade ... Der Ruhm des Gesetzes, wie er etwa im 119. Psalm angestimmt ist, wird in alle Ewigkeit hinein nicht veralten ... Was bedeutet denn, ... das Erste Gebot, wenn nicht das Evangelium von der Gottesliebe?«

Einen Schritt weitergehend, konnte der Barth-Schüler Dietrich Bonhoeffer am 2. Advent 1943 im Gefängnis schreiben: »Nur wenn man das Gesetz Gottes über sich gelten läßt, darf man wohl auch einmal von Gnade sprechen.« Hätte er länger gelebt, so wäre ihm aus dem jüdischen Schrifttum, das er erst in der Haft entdeckte, die Einsicht aufgeleuchtet, daß Gesetz und Gnade, Evangelium und Tora nur zwei Aspekte ein und derselben Liebe Gottes sind, die vom toratreuen Juden nie anders als eine unzertrennliche Einheit verstanden worden sind.

Mit anderen Worten: Ohne die Frohbotschaft des Exodus – kein Sinai der Gottesgebote. Aber ohne Sinai mit seinem Dekalog – kein aktives Leben im Glauben. Denn genauso wie der Jude sich diese Welt nicht ohne Gott und Israel, nicht ohne die Völkerwelt vorstellen kann, genauso ist für ihn Liebe und Gesetz kein Widerspruch, sondern Kontinuität und Harmonie, denn aus Liebe wurde ja »das Gesetz« verliehen, und nur aus Liebe wird es auch befolgt.

Was die Tora dem Juden bedeutet, ist keine krampfhafte Suche nach Rechtfertigung, sondern gläubig-freudig vor und mit Gott gelebtes Leben. Das läßt sich aus der täglichen Liturgie ablesen. Einer der zentralen Segenssprüche des synagogalen Gottesdienstes behandelt die Offenbarung der Tora, die, wie bekannt, zur Volkswerdung Israels geführt hat. Der Name dieser Benediktion lautet jedoch weder »Offenbarung« noch »Tora« oder gar »Gesetz«, sondern »Ahawa« – und das heißt: Liebe.

Denn es ist die Fülle der göttlichen Liebe, die sich in der Gnadengabe der Tora äußert. Und so sagen wir tagtäglich Dank vor dem Herrn unseres Lebens:

»Mit unendlicher Liebe hast Du, Dein Volk, das Haus Israel, geliebt; Tora und Gebote, Gesetze und Vorschriften hast Du uns gelehrt. Darum, Herr, unser Gott, wenn wir uns niederlegen und wenn wir aufstehen, sprechen wir von Deinen Gesetzen und freuen uns und frohlocken ob der Worte der Lehre Deiner Tora und Deiner Gebote und Gesetze für immerdar. Denn sie sind unser Leben und die Dauer unserer Tage ... So möge denn Deine Liebe nimmer von uns weichen.«

Es ist diese Liebe zur Tora, die die Gotteslehre in der mystischen Poesie der Kabbalisten oft zu personifizieren wagt. Sie wird als präexistente Gehilfin Gottes dargestellt, die schon vor der Weltschöpfung dem Schöpfer als Bauplan diente.

Sie ist die Anklägerin Israels beim Goldenen Kalb – und seine Verteidigerin beim Tempelfall.
Sie ist Gottes Tochter, die er am Berg Sinai mit Israel vermählt.
Sie wurde als Mitgift Gottes der ganzen Menschheit geschenkt. Daher erfolgte die Gabe im Niemandsland der Wüste, die allen Menschen angehört; und ihr Zehngebot erklang in 70 Sprachen, auf daß alles Fleisch auf Erden sie hören und verstehen könne.
Sie wurde als Gotteswort zum Boten Gottes, der eigene Gestalt annahm – dies wurde später in der Logos-Allegorie des Philo von Alexandrien ausgedrückt.
Als Weisheit Gottes wurde sie in den Sprüchen Salomos zum Liebling ihres Schöpfers: »Ich war Seine Lust und spielte vor Ihm alle Zeit« (Spr 8,30), heißt es in gut orientalischer Bildrede, die jedoch niemals zum Dogma erstarrte oder wortwörtlich genommen wurde, solange diese Fülle der Gleichnisse innerhalb des Spruchgutes Israels verblieb. Denn nicht um Philosophie noch um zünftige Gotteswisserei geht es in ihr, wie auch ansonsten in der Hebräischen Bibel, sondern um Treue, Hingabe, Begeisterung – und um ein umschreibendes Stammeln der letztlich unsagbaren Wunder und Geheimnisse Gottes.
Viele Jahrhunderte später entdeckte Martin Luther, daß das Wort Gottes ein Zuspruch der Gnade ist, die auch den Sünder aus Liebe zu rechtfertigen vermag. Vom Zwang der Selbstrechtfertigung befreit, wirft der Gläubige das Joch des Gesetzes ab, das kein gültiger Heilsweg mehr sei, seit Jesu Sühnetod die Sündenvergebung erwirkt hat. Für Juden rennt Luther hier offene Türen ein, denn kein Rabbi hat je behauptet, die Tora sei ein Heilsweg, der zum Himmel führe. Ganz im Gegenteil! Kein Weltrekord an Tora-Erfüllung kann Gottes souveräne Gnadenliebe auch nur um Haaresbreite schmälern. »Der Lohn der Gebote liegt in ihrer Erfüllung selbst«, heißt es unwiderruflich in der rabbinischen Grundlehre, und wen Gott erlöst oder nicht, weiß nur *Er* allein. Nicht um Selbstrechtfertigung geht es in der Tora, sondern um die Verbin-

dung von Freiheit und freiwilligem Gehorsam, von Unabhängigkeit und Pflicht; freie Glaubensentscheidung führt zu gläubiger Verantwortung.
Diese Grundeinstellung aller hebräischen Theologie beleuchtet das Buch Exodus in einem, bereits besprochenen, unmißverständlichen Gleichnis: Der Auszug aus der Knechtschaft ist das erste Ziel jenes Mischvolkes entlaufener Sklaven aus Ägypten. Der Einzug in die Freiheit ist das zweite. Für das erste Ziel genügten Furcht, Elend, Unterdrückung und ein paar flinke Beine zur Flucht. Für das zweite Ziel aber bedarf es mehr: Vertrauen, Mut und Gehorsam.
Befreit wird nur der Mensch, der sich freiwillig den göttlichen Geboten beugt. Der Unbeugsame ist nicht frei, sondern Sklave aller fleischlichen Triebe. So ist also der Sinai mit seiner Tora für uns vor allem das Hohelied von der Freiheit eines Judenmenschen.
Die gottgewollte Befreiung ist also der erste Grundpfeiler unseres Tora-Verständnisses, Tatendurst ist der zweite. Der Jude kann sich nämlich genausowenig wie Jesus und sein Bruder Jakobus einen Glauben ohne Werke, eine Heilsgewißheit ohne tatkräftige Verwirklichung vorstellen.
Denn der jüdische Glaube, als schlechthinniges Vertrauen, ist nicht so sehr eine Erfahrung oder ein einmaliges Erlebnis, sondern ein lebenlanges Vorleben, Vollbringen und Bewirken, eine pausenlose Heiligung Gottes im Alltag. Die Erfüllung eines Gebotes ist daher weder das ängstliche Ducken unter die Peitsche des Gesetzgebers, noch das kalte egoistische Berechnen guter Taten, sondern die Beglückung, Gott dienen zu dürfen und sein heißersehntes Himmelreich wirksam zu fördern – und sei es auch nur um einen einzigen Millimeter.
Hier sind alle gläubigen Juden im Grunde die Jünger jenes Juden Johannes, der in seinem ersten Brief gut rabbinisch schreibt: »Wer da sagt: Ich habe Gott erkannt, und Seine Gebote nicht hält, der ist ein Lügner, und in ihm ist die Wahrheit nicht« (1 Joh 2,4)
»Gebote« werden hier im Plural, dem hebräischen Sprachge-

brauch getreu, betont – nicht nur das eine Gebot der Nächstenliebe aus Lev 19,18, auf das Paulus die Gesamt-Tora zusammenschrumpfen lassen wollte. Das hat auch Jürgen Moltmann erkannt, als er in seinem Buch »Kirche in der Kraft des Geistes« schreibt: »Der Gehorsam gegenüber dem Willen Gottes nach der Tora, also: der lebendige Einsatz für Gerechtigkeit, gehört zur besonderen Berufung des Volkes Israel. Der Toragehorsam kann nicht legalistisch disqualifiziert werden, denn die Tora ist Vorzeichen und Anfang der Gottesherrschaft auf Erden.«[28]

Nicht um Verdienste geht es also, sondern um Dienst am Reich Gottes; nicht um Leistungen oder Selbstgerechtigkeit, sondern hauptsächlich und vor allem um Liebe. Aber Liebe zu Gott *ohne* gottgefällige Taten heißt für Juden Heuchelei und leeres Gefasel. Jesuanisch gesagt: »Nicht wer mich: Herr, Herr anruft, kommt in das Himmelreich, sondern wer den Willen meines Vaters *tut!«* (Mt 7,21).

Nicht zuletzt geht es um Danksagung in Wort und Tat, denn der dritte Grundpfeiler – vielleicht der wesentlichste des jüdischen Toraverständnisses – ist die Freude.

Um die Tora richtig zu verstehen, ist und bleibt der Anfang des Psalters noch immer der beste Schlüssel. Nicht umsonst beginnt das große Buch der Lobpreisungen mit jener Seligpreisung, die im Grunde das Leitmotiv des ganzen Talmuds ist: »Selig, wer nicht wandelt im Rat der Gottlosen, noch betritt den Weg der Sünder, noch dort sitzt, wo die Spötter sitzen, sondern Lust hat am Gesetz des Herrn und sinnt über Seine Lehre Tag und Nacht« (Ps 1,1).

Diese »Lust am Gesetz«, wie Luther übersetzt, diese »Freude an der Tora«, wie wir es sagen, ist das ABC der rabbinischen Weltanschauung, die weder Joch noch Last, weder Legalismus noch Leistungszwang in all den 24 Büchern der Tora zu finden vermag, sondern einzig und allein Gottes Gnade, den Liebeserweis des Weltenherrn – und Labsal für all diejenigen, die nach Gerechtigkeit dürsten. Gerechtigkeit jedoch benötigt Recht – und die Rechtsprechung bedarf immer und überall der Gesetze.

Niemals ist diese Tora Selbstzweck gewesen, sondern Lebenshilfe, die zur wahren Menschwerdung führen will. Ihr Ziel ist dreifach: Menschenwürde zu verwirklichen, den Alltag zu heiligen und diese Welt zu veredeln. Wenn Jesus sagt, der Sabbat ist um des Menschen willen geschaffen, und nicht der Mensch um des Sabbats willen (Mk 2,27), so gilt das im Judentum für die gesamte Tora (2 Makk 5,19; Joma 85b). Es entspricht dem Toraverständnis der Pharisäer, für die die Tora ein Baum des Lebens, der Quell der Weisheit und die Schule des Friedens ist, um nur ihre häufigsten Synonyme zu nennen. Die Prosa des Alltags gewinnt durch sie ihre Weihe; Sabbat und Feste erhalten dank ihr tiefgründige Poesie, und jedes Mahl, jede Waschung, jede Gebotserfüllung wird zum Gottesdienst der freudigen Lebensbejahung.

Was Jesus selbst betrifft, der, wie Luther sagt, »sich freiwillig dem Gesetz unterwarf«[29], so hat die neutestamentliche Forschung in ihrer überwiegenden Mehrheit ihn zum Überwinder, zum Zerstörer, zum Abschaffer oder zum »Sprenger« des Gesetzes umfunktioniert – im krassen Gegensatz zu den ältesten Quellen der Evangelien, die einstimmig bezeugen, was ihm Paulus später auch bescheinigt: Daß er nämlich »unter dem Gesetz geboren wurde« (Gal 3,15) und sein Leben lang »ein Diener der Beschneidung« (Röm 15,8) war – was auf hebräisch nichts anderes bedeutet als ein toratreuer Jude. Den letzten Zweifel zerstreut er selbst: »Wahrlich ich sage euch, bis Himmel und Erde vergehen, wird auch nicht ein Jota oder ein Strichlein von der Tora vergehen – bis alles erfüllt ist. Wer nun eines der geringsten Gebote auflöst und so die Menschen lehrt, wird der geringste heißen im Himmelreich. Wer sie aber tut und lehrt, der wird groß heißen im Reich des Himmels« (Mt 5,18f). Ich kenne kein klareres, flammenderes Bekenntnis zur Tora und ihrer ewigen Gültigkeit als diese Anfangsworte der Bergpredigt.

Diese Tatsache ist auch von der Französischen Bischofskonferenz anerkannt worden, die in ihrer Erklärung über die »Haltung der Christen zum Judentum« (16. April 1973) sagt: »Man darf nicht vergessen, daß Jesus, geboren als jüdischer

Mensch von seiner Mutter, der Jungfrau Maria, durch seinen Gehorsam gegenüber der Tora und durch sein Gebet seine Aufgabe im Rahmen des Bundesvolkes erfüllt hat.« Wer also Jesus zum Toraverächter oder Gesetzesbrecher umfunktionieren will, der wird die volle Beweislast selber tragen müssen.

Wo Erlösung durch Gnade die Mitte der Heilsgeschichte darstellt, wie es im Christentum der Fall ist, muß Liebe der Gipfel aller Sittlichkeit sein. Wo jedoch der Mensch als freier Partner Gottes zur verantwortlichen Wahl zwischen Gut und Böse verurteilt bleibt, müssen Liebe und Gerechtigkeit vereint sein. Der Jude weiß: Liebe ohne Gerechtigkeit führt zur Anarchie, so wie Gerechtigkeit ohne Liebe zur Tyrannei führt. Weder »billige Gnadenliebe«, wie Dietrich Bonhoeffer sagt, will der Gott Israels, noch übermenschliche Gerechtigkeit, sondern *zedaka* – dieses urhebräische Wort bringt *beide* Eigenschaften zugleich zum Ausdruck, indem es Güte und Gerechtigkeit zur höheren Einheit verschmilzt. Denn nur die Harmonie der beiden entspricht dem jüdischen Weltbild eines gerechten Schöpfers und einer mündigen Menschheit.

Diese *zedaka* entspricht weder der griechischen *dikaiosynē* noch der römischen *justitia,* die zu wissenschaftlichen Fachausdrücken geworden sind. Was bei der Übersetzung verlorenging, war die Stimme des göttlichen Heilswillens, die unüberhörbar im Prophetenschrei nach Gerechtigkeit mitschwingt, und das Bewußtsein, daß mein Recht im Rahmen der *zedaka* immer das Recht des Nächsten mit einschließt.

Wenn Abraham es wagt, im Streitgespräch mit Gott um Sodom und Gomorra seinem Schöpfer vorzuwerfen: »Willst Du den Gerechten mit dem Gottlosen umbringen? ... sollte der Richter aller Welt nicht gerecht richten?« (Gen 18,23ff), so denkt er weder an Gerichtsbarkeit noch an Rechtsprechung, sondern an diese Harmonie von richterlicher Barmherzigkeit und Recht-schaffender Liebe, die zum Kernstück der jüdischen *Imitatio Dei* gehört. Sie ist fest verankert in der hebräischen Glaubenswahrheit, daß Gott der Gerechte ist – der *zaddik,* wie er in der Bibel heißt –, der selbst diese *zedaka* übt und sie dem Menschen, als Träger seines Ebenbildes, zur Daseinsaufgabe setzt. Denn schließlich und endlich ist das ganze Spektrum der ethischen Grundwerte in dieser so verstandenen Gerechtigkeit mit einbegriffen.

Zwei Züge charakterisieren diese hebräische *zedaka:* aus griechisch-römischer Sicht ist sie im Grunde ungerecht, denn sie macht die Schuldigkeit gegenüber den Bedürftigen zum Prüfstein des gelebten Glaubens – ja, sie vereint das Soziale mit dem Religiösen, indem sie in den Randsiedlern der Gesellschaft diejenigen Glieder der Menschheitsfamilie anerkennt, denen Gottes Fürsorge und Vorliebe gilt. *Zedaka* bezeichnet daher all unser Wohltun, vom Almosengeben über den Krankenbesuch bis hin zur aufopfernden Selbsthingabe dem Nächsten in all seinem Anders-Sein zuliebe, der unter Gott unser Bruder ist. Nicht um Großzügigkeit noch um herablassende Mildtätigkeit geht es hier, sondern um die Erfüllung einer Pflicht, die unserem Bruder gebührt als rechtmäßiger Anteil an der Fülle der unverdienten Gaben, mit denen Gott seine Welt gesegnet hat.

Solch eine Pflicht kann weder im bloßen Wohlwollen noch im müßigen Lippendienst ausmünden. Sie muß vielmehr getan werden, tagtäglich, stets von neuem und mit einer unermüdlichen Entdeckerfreude, die keinen Status quo gutzuheißen bereit ist. Das ist die jüdische Keimzelle der heiligen Unzufriedenheit, der treibende Sauerteig in der menschlichen Gesellschaft, der seit dem Sinai keine Ruhe gibt, sondern mit messianischem Eifer vorwärtsdrängt – hin zum Reich Gottes auf Erden, in dem endlich die höhere Gerechtigkeit ihre Vollendung finden soll. Der Vorbereitung dieser Gottesherrschaft gilt die gesamte rabbinische Rechtslehre. Es handelt sich in der Rechtsordnung des Judentums um nichts anderes als um eine genaue Anwendung der Nächstenliebe in allen Bereichen des öffentlichen Lebens – vom Mieterschutz über das Schmerzensgeld und die Nachlese auf dem Feld bis zur Stundung von Schulden im Krankheitsfall.

Da diese Nächstenliebe kein abstraktes Ideal bleibt, in dessen Namen man Wasser predigte, um selbst Wein zu trinken, konnte es im Judentum nie zu Ketzervernichtungen, Inquisitionsfolter oder Hexenverbrennungen kommen. Heißt es doch bei den äußerst seltenen Todesurteilen im Talmud ausdrücklich: »Wähle für ihn den leichtesten Tod – denn es steht geschrieben: ›Liebe deinen Nächsten wie dich selbst!‹ Auch wenn er zum Tode verurteilt ist, bleibt er bis zum letzten Atemzug dein Nächster.«
Kein Wunder, daß ein Gerichtshof, der in Jerusalem zu Jesu Zeiten *einmal* in sieben Jahren ein Todesurteil fällte, als »mörderisch« verschrien wurde! Denn ein Angeklagter durfte nicht aufgrund seines eigenen Geständnisses verurteilt werden; nur zwei unabhängig voneinander verhörte Zeugen, deren Aussagen in allen Einzelheiten übereinstimmten, wurden als Belastungszeugen zugelassen – und falls alle Richter bei Kapitalverbrechen den Angeklagten schuldig sprachen, wurde er oft freigelassen, weil der Verdacht bestand, die Richter könnten voreingenommen sein.
All die Hunderte von Bestimmungen zum Schutz der Armen, Witwen, Waisen und Fremdlinge, denen wir in der Bibel und im Talmud auf Schritt und Tritt begegnen, dienen nur der eindeutigen, über jede Willkür erhabenen Konkretisierung der sozialen Gerechtigkeit – oder, in den Worten Hillels des Weisen: »Was dir unlieb ist, das man dir tue, das tu auch deinem Nächsten nicht! In diesem Grundsatz ist das ganze jüdische Gesetz enthalten. Alles andere ist Kommentar dazu.«
Dieses Verständnis des ganzen Lehrgutes als eines »Kommentars zur Nächstenliebe« hat die Tora nicht nur vor Versteinerung bewahrt, sondern macht ihre Erfüllung zur wahren »Freude am Gesetz«, wie ein häufiger Ausdruck aus dem Talmud lautet. Gemeint damit ist der freudige Aufschwung zu Gott beim Studium und bei der Ausübung der Gebote. Nichts anderes hat der Psalmist im Sinn, wenn er zu Gott spricht: »Gesänge sind mir Deine Gesetze, Herr!« (Ps 119,33). Nichts anderes meint Israel Baal Schem Tow, der Begründer des Chassidismus, wenn er sagt: »Die Trauer zieht die Seele des

Menschen herab und entfernt sie von Gott; die Freude hingegen hebt sie zu ihrem Schöpfer empor.« Was »Freude am Gesetz« für den frommen Juden bedeutet, soll ein einziges Beispiel zu erhellen versuchen: Im 5. Buche Mose (Dtn 24,19) wird verboten, bei der Ernte aufs Feld zurückzukehren, um eine vergessene Garbe zu holen, denn sie, wie auch das Fallobst und die Ecken aller Felder, gehören ja den Armen und Bedürftigen. Dieses Gebot heißt *mitzwat ha-schickcha,* die Satzung des Vergessens, die niemand zu erfüllen vermag, wenn er sich erinnert und daran denkt. Als ein Chassid einmal einen Haufen von Garben unwissentlich zurückließ und sein Sohn ihn darauf aufmerksam machte, weinte er vor Aufregung und veranstaltete alsbald eine große Feier, zu der er all seine Nachbarn einlud. »Weshalb freust du dich so sehr?« fragten seine Freunde, worauf er antwortete: »Bis heute habe ich alle Gebote des Herrn gewissenhaft erfüllt – aber dieses eine ist mir verwehrt geblieben, weil ich stets an die Tora gedacht habe. Erst jetzt erging an mich die Gnade, auch aus Vergeßlichkeit dem Herrn der Welt dienen zu dürfen.«

Dieses innige Ja zum Leben und seiner gottgegebenen Gesetzlichkeit findet seinen sprechendsten Ausdruck am Fest der Torafreude, an dem alljährlich der Zyklus der gottesdienstlichen Bibellesungen beendet wird – um sofort wieder neu begonnen zu werden.

»Fortan ist kein Prophet in Israel mehr aufgestanden wie Moses, mit dem der Herr von Angesicht zu Angesicht verkehrt hatte ... und bei den Erweisen gewaltiger Macht und all den furchtbaren und großen Taten, die Moses vor den Augen ganz Israels vollbrachte.«

Kaum ist dieser letzte Satz des 5. Buches Mose in der Synagoge ausgeklungen, beginnt schon der Vorleser, im vollen Bewußtsein der Ehre, die ihm damit zuteil wird, mit den Anfangsworten aus Genesis: »Am Anfang schuf Gott Himmel und Erde ...«

Bei den Lesungen wird darauf geachtet, daß jedes Mitglied der Gemeinde zumindest zu einem der Gottesworte öffentlich aufgerufen wird, um so jeden einzelnen an die Schrift zu binden, deren Ewigkeit durch die pausenlose Verknüpfung von Anfang und Ende symbolisch vergegenwärtigt wird. Dem Fest folgen fröhliche Umzüge mit den Tora-Rollen, die seit Jahren in Jerusalem und Tel Aviv auch auf offener Straße durchgeführt werden, um die Botschaft von *Simchat Tora,* der Freude an Gottes Weisung, über diesen einen Tag hinaus auch jenseits des Gotteshauses in die Welt von morgen hineinzutragen.

Das Hohelied Salomos: Die hebräische Liebesethik

»Das Lied der Lieder von Salomo:
Er küsse mich mit dem Kusse seines Mundes.
Denn süßer als Wein ist deine Liebe!
Köstlich der Duft deiner Salben,
Dein Name ist hingegossenes Salböl,
Darum lieben dich die Mädchen ...
Herzlich lieben sie dich ...«

So beginnt das Hohelied der Liebe, das wohl das umstrittenste Buch der Hebräischen Bibel ist. Um seine knappen vier Seiten entbrannte ein rabbinisches Streitgespräch, das fast 400 Jahre währte und bis heute so manche Ausleger in Verlegenheit bringt.

Inhaltlich und sprachlich ist dieses Hochzeitslied mit acht Kapiteln ein Außenseiter in der ganzen biblischen Landschaft. Wer behauptet, es gäbe keinen Humor in der Bibel, möge dieses Meisterwerk der Liebesdichtung lesen – wie es in bukolischen Dialogen, ironischen Gleichnissen und neckischen Lockliedern den Weg zur Brautschaft beschreibt: die erste Begegnung der Liebenden, ihr Wechsellob, das die Spannung zwischen den Geschlechtern reizvoll erhöht; den Werdegang der Liebe vom zarten Frühling über den Austausch der Herzen bis zur Reife der Vermählung und der Heimholung der Braut, um schließlich in einem mächtigen Preisgesang der Liebestreue zu enden.

Doch nicht von einem intimen Stelldichein zu zweit ist hier die Rede, sondern von einer bräutlich-ehelichen Liebe, an der auch die Familien und Freunde beteiligt sind. So treten die Brüder der Braut, die Mütter der Brautleute und die Gäste auf, die an der Hochzeitsfeier teilnehmen. Im Hohenlied kommt der Liebesfunken von Gott, aber seine Anfachung und Erfüllung ist Menschensache. Die Liebe zwischen Mann und Frau wird hier als die große Kunst des menschlichen Miteinanders besungen – keineswegs als Mittel zur Fruchtbarkeit und zur Fortpflanzung, sondern als sinnvoller Selbstzweck, der in Schönheit, Lust und Spiel den beiden Antipoden der Sexualität zur vertieften Menschwerdung verhilft.

Dagegen hatten auch die strengsten unter den Schriftgelehrten nichts einzuwenden. Doch was haben Schelmenlieder, Spiele und Sinnlichkeit mit dem Gotteswort zu tun? so fragten einige der Talmudväter. Und der Name Gottes kommt nur ein einziges Mal darin vor! Ihre Gegner antworteten darauf: Es ist das erhabenste aller Loblieder – wenn man es nur richtig zu lesen vermag – und im Buch Esther fehlt der Name Gottes überhaupt! Aber was suchen Dinge wie »Rundungen der Hüften«, »Brüste wie Tauben« und »Schenkel wie Marmorsäulen« in der Heiligen Schrift, wollten die Anfechter der Kanonizität nun wissen. Nur Kleingläubigkeit, die sich an den Wortsinn klammert, kann die Sinntiefe dieser Herrlichkeit übersehen! So erwiderten die Scharfsinnigen – womit das *Schir-ha-Schirim* (Lied der Lieder), wie es im Urtext heißt, zum klassischen Prüfstein für die Scheidung der Geister wurde.

Erst kamen die keuschen Verneiner, die ihm die unumwundene Beschreibung der Leiblichkeit nicht verzeihen konnten. Dann kamen die Historiker, die feststellten, daß der »Sitz im Leben« dieser Poesie in den Hochzeitsfeiern judäischer Bauern zu finden ist, wobei das Brautpaar als König und Königin auf der geschmückten Dreschtafel saß, mit ihren Gästen aßen, tranken und scherzten und von ihnen in Tanzliedern besungen wurden. Andere Forscher erinnerten an den uralten

Brauch der »Töchter Jerusalems« (Hld 1,5), in den Weinbergen zur Zeit des 15. Aws und des Versöhnungstages zu tanzen, um die jungen Männer der Stadt zur Brautschau zu locken, wobei sie sangen:

»Ihr Töchter Jerusalems, kommt heraus
Und schaut, ihr Töchter Zions,
König Salomo mit der Krone!
Damit hat ihn seine Mutter gekrönt
Am Tag seiner Hochzeit,
Dem Tag seiner Herzensfreuden« (Hld 3,11).

So wurden Teile des Liedes schon in vorexilischen Zeiten zur Volksliturgie, mit dem Zweck der Verherrlichung ehelicher Liebe.

Hierauf meldeten sich die Dichter zu Wort: Alles Große, was das Herz bewegt, hat sein eigenes Buch im Schrifttum der Bibel, sagten sie. So ist Hiob das Epos der Glaubensstärke; der Psalter ist das Buch der Zwiesprache mit Gott; die Weisheit hat ihre »Sprüche«; die Klagelieder singen von der Bußfertigkeit; und die Propheten verkörpern das Gewissen Israels. Aber wo bleibt die Liebe? Ihr gilt das Hohelied des weltweisen Königs, der tausend Frauen hatte. »Liebe?« fragten die Herren von der Besser-Wissenschaft mit gerümpfter Nase. »*Was* für eine Liebe?«

»Es gibt nur eine«, war die Antwort der Poeten. »Alle Zweiheit, die zur Einigung drängt, ist heilige Liebe, denn nur wenn Mann und Frau sich in himmlischer Heiligkeit finden, wird der Mensch – wie Gott selbst – eins genannt.«

Dies bestätigten die Sittenlehrer: Nicht nur Sinnenfreudigkeit kommt hier zu Wort, sagten sie, und ein kräftiges Ja zum Eros, sondern auch die Mahnung gegen Zügellosigkeit, das Beispiel der Eltern als Wegweiser zum wahren Glück; käufliche Liebe und Dirnentum wird verworfen; die Pflicht der Prüfung, die jeder Bindung vorausgehen muß, wird ebenso betont wie die göttliche Gesetzlichkeit, der alles Triebhafte untertan sein muß – ja, eine ganze »Heirats-Theologie« ist hier zu finden, die im unbändigen Schöpfungsoptimismus der unbefangenen Freude an Gottes Natur und im oft wiederholten Paradiesmotiv gipfelt, als wollte Gott gerade in der Ehe die ursprüngliche Harmonie dieser Welt wieder herstellen.

All dies jedoch genügte den Mystikern keineswegs. Die Gemeinschaft mit Gott kann nur in heiliger Stille erfahren werden, in ihrer Geheimnisfülle bleibt sie letztlich unsagbar, sagten sie. Um wenigstens andeutend von ihr zu stammeln, ist die Bildersprache des Hohenliedes die einzig angemessene Ausdrucksweise. Denn Liebe ist ja nicht nur die Mitte der Heiligen Schrift, sondern auch das Alpha und Omega aller Erfahrbarkeit Gottes. So sind sich manche Ausleger heute noch nicht darüber im klaren, ob Dantes »Vita Nuova« ein profanes Liebeslied ist – oder eine mystische Deutung der Kirche und ihres Heilands. Ebenso erging es dem Minnesang der Troubadours, die die Burgherrin in weiblich-leiblichen Tönen verherrlichten – nur um ein Menschenalter später zu erbaulichen Hymnen der Jungfrau Marias umgedeutet zu werden, ohne daß man auch nur ein einziges Wort in ihren Strophen ändern mußte.

Doch nicht um Umdeutung geht es den Rabbinen, sondern um die einfühlsame Enthüllung einer Vielschichtigkeit von Bedeutungsebenen, die nicht von spitzfindigen Gelehrten textwidrig herausgelesen werden, sondern die oft zwischen den Zeilen und hinter dem Wortlaut zu finden sind.

Entweder-oder, sagten die Griechen, die aus der Philosophie ihre Liebe zur Präzision gelernt hatten. Geht es hier um die Verkörperung himmlischer Liebe – oder um die Vergeistigung der leiblichen Triebe? Sowohl als auch, antworteten die Juden, denen die Bibel die Vieldeutigkeit aller Geschöpflichkeit beigebracht hatte.

Im 6. Kapitel des Liedes lesen wir:

> »Wer ist, die da erscheint wie das Morgenrot,
> Wie der Mond so schön,
> Strahlend rein wie die Sonne,
> Prächtig wie Himmelsbilder?« (Hld 6,10)

So heißt es in einem Verspaar, das die Exegeten dazu anregte, das Hohelied mit der Sonne in all ihrer wirksamen Mannigfaltigkeit zu vergleichen: Den Weisen bringt sie Licht und Erleuchtung; der Jugend verhilft sie zum Aufblühen und reift die Jungsaat heran; den Aufgeschlossenen weist sie den Weg zum Himmel; das Keimhafte erweckt sie zu vollem Leben; das Alter erwärmt sie mit Strahlen zärtlicher Erinnerung; die Dummen erhitzt sie zur Leidenschaft – und nur dem tierischen Tölpel treibt sie den Schweiß der geilen Gier auf die Stirn. So kann also dieses *Schir-ha-Schirim* in sechsfacher Lesung vorgetragen werden, ohne daß seine Sinntiefe auch nur annähernd erschöpft würde:

1. Als Hochzeitslied zweier Menschen, die die Liebe beflügelt;
2. Als Sehnsuchtslied der Seele, die zu Gott emporsteigen will;
3. Als Liebeslied Israels, dessen Begehren auf Gott gerichtet ist;
4. Als Gleichnis aller Entzweiung auf Erden, die ihre Heilung in der Einswerdung sucht;
5. Als Zwiegespräch zwischen Leib und Seele, die den Weg zur vollen Synthese erstreben;
6. Als messianischer Gesang des Erlösers und seiner Heilsgemeinde.

Erwägungen dieser Vielfalt mögen es gewesen sein, die Rabbi Akiba dazu brachten, mit Nachdruck zu erklären: »Alle Zeiten sind nicht dem Tage ebenbürtig, an dem Israel das Hohelied verliehen wurde; denn alle Schriften (des Kanons) sind heilig, aber das Hohelied ist das heiligste von allen.«[30] Daher schleuderte er den Bannfluch gegen all diejenigen, die es zum Profangesang entwürdigen oder »im Weinhaus als Trinklied trällern«[31]. Und er empfahl, es erst im Alter von 30 Jahren zu lesen. Aus demselben Grund wurde es von der Synagoge an den Rand der Liturgie geschoben – als Prophetenlesung am Sabbat der Halbfeiertage des Passafestes. Darum heißt es in der Peschitta-Übersetzung »die Weisheit aller Weisheit«, während der Targum es als »Lobgesang« bezeichnet, »die der

Prophet Salomo, der König Israels, an den Herrn der Welt gerichtet hat.«

Der Midrasch geht einen Schritt weiter und behauptet, Gott selbst habe das Hohelied verfaßt, denn es heißt ja in seiner Einleitung: »Lied der Lieder des Königs Salomo – aber das kann auch heißen: ›Der König, dem der Friede (Schalom) gehört‹.«

Die Wege der Auslegung gehen hier, wie nirgends sonst, bergauf und bergab, wobei der Willkür und der Phantasie Tür und Tor geöffnet werden. Ist doch die üppige Bildersprache besonders geeignet, mit wenigen Worten eine Fülle von Anregungen zu vermitteln. Um dem freien Geistesflug folgen zu können, muß man »schmecken«, wie die Hebräer sagen, mehr sich vorantasten, einfühlen und mitempfinden, als streng zerebral zerlegen oder rational erklären. Das gilt vor allem für die Mystik der Kabbalah, die sich in ihrem Hunger nach der Gottheit nicht mit den Worten vom Sinai begnügt, sondern zur Wolke über dem Berg emporsteigen will. In ihrer unentwegten Suche nach dem verborgenen Gott fanden die Meister der Kabbalah im Hohelied den Schlüssel zu einer Vielzahl von Geheimnissen, die den Uneingeweihten oft ekstatisch oder visionär anmuten muß. Von ihnen heißt es in der Offenbarung des Johannes:

»Niemand konnte das Lied erlernen als die 144000, die von der Erde losgekauft sind« (Offb 14,4). Zu diesen »Losgekauften« gehört z.B. Rabbi Simon, der im dritten Teil des Buches Sohar[32] folgendes über die Worte der Braut zu sagen hat: »Ich bin eine Lilie von Scharon, eine Rose der Tiefen!« (Hld 2,1) ... »Die Lilie von Scharon ist die Gemeinschaft Israels, die Lilie genannt wird, denn sie will in ihrer Anmut in den Garten Eden eingepflanzt werden. Scharon heißt sie, was von *schar* = singen abgeleitet wird, weil sie den König besingt und preist. Rose der Tiefen, weil sie in der Tiefe aller Dinge steht.

Was sind diese Tiefen? Dieselben wie im Psalmvers ›aus den Tiefen rufe ich Dich, oh Herr!‹ (Ps 130,1). Nachdem sie den König in Küssen sich verbunden hat, wird sie Rose genannt –

wie es heißt: seine Lippen wie Rosen (Hld 5,15). Rose der Tiefen, weil sie ihre Farben immer wieder wechselt – bald zum Guten, das weiß ist, bald zum Schlimmen, das rot ist; bald zum Gericht, bald zur Liebe.«

In ähnlicher Weise werden die Worte: »Köstlich ist der Duft deiner Salben« (Hld 1,3), auf die Gelehrsamkeit der Talmudschüler bezogen; »darum lieben dich die Mädchen«, heißt es im nächsten Vers, wobei »die Mädchen« – *alamot* auch »umgelesen« werden können zu *alumot:* die verborgenen Dinge; oder: *al – mot:* die Unsterblichkeit, was eine ganze Reihe von metaphysischen Deutungen ermöglicht.

»Braun bin ich, doch anmutig«, sagt das Mädchen hierauf (Hld 1,5) zu den »Töchtern Jerusalems«. Für Raschi, den größten Ausleger des Mittelalters, deutet dies auf eine Aussage Israels, daß es zwar durch die Sünde des goldenen Kalbes befleckt wurde, jedoch dies durch die Annahme der Tora am Sinai wettgemacht habe.

Daß solche mystische Hochdeutungen keineswegs eine Flucht aus der Welt in die Allegorie bedeuten, sondern todernst genommen wurden, soll ein kurzer Auszug aus den jüdischen Annalen der Massaker bei Beginn des 1. Kreuzzuges am 27. Mai 1096 in der Stadt Mainz bezeugen:

»Es war um die Mittagszeit, da rückte Emicho, der grimme Judenfeind, mit seinem ganzen Kriegsvolk vor die Stadt. Und nun öffneten ihnen die Städter das Tor ... Die ersten, auf die die Feinde trafen, als sie in den Hof eindrangen, waren einige der Frömmsten, unter ihnen Rabbi Jizchak Ben Mosche, ein großer Gelehrter ... Sie hatten es verschmäht, in die inneren Gemächer zu flüchten, um sich noch eine Stunde Lebens zu erkaufen. Vielmehr saßen sie da, in ihre Gebetmäntel gehüllt, das Urteil des Himmels in Liebe auf sich nehmend ... die Feinde überschütteten sie mit Steinen und Pfeilen und hieben sie dann mit den Schwertern nieder. Als nun die, so drinnen in den Gemächern waren, solche Taten der Frommen sahen und wie die Feinde über sie kamen, da schrien sie: ›Es ist das beste, unser Leben zum Opfer zu bringen!‹ Und die Frauen gürteten ihre Lenden mit Kraft und schlachteten zuerst ihre

Söhne und Töchter und dann sich selbst. Auch viele Männer faßten sich ein Herz und schlachteten ihre Frauen und Kinder. Zarte, sanfte Frauen schlachteten ihr Lieblingskind dahin ... Bräute und Bräutigame blickten durchs Fenster und riefen laut: Siehe auf uns, unser Gott, was wir tun um Deinen großen Namen zu heiligen ... Einer schlachtete; der andere ward geschlachtet; die Blutströme flossen zusammen ... Alle, alle wurden sie getötet, um der Einzigkeit des Erhabenen und furchtbaren Gottesnamens willen; elfhundert Opfer an einem Tag – heilige Märtyrer, die ihre Seelen an Gott auslieferten, eingedenk der Worte des Hohenliedes:

Lege mich wie ein Siegel auf dein Herz
Wie ein Siegel auf deinen Arm!
Denn stark wie der Tod ist die Liebe« (Hld 8,6).

Auch so wurde dieses Hohelied von gottesfürchtigen Juden gedeutet, gelebt und gesungen.
Reine Allegorie wurde jedoch selten angewandt, denn dazu ist das Gemälde in seiner Farbenpracht viel zu lebhaft und realistisch. Es ist ein Irrtum anzunehmen, daß dieses Gedicht der Umdeutung bedurfte, um seine »Anwesenheit« im hebräischen Kanon zu rechtfertigen. Sein religiöser Wert liegt gerade darin, daß es nicht vordergründig theologisch ist. Hier wird die Liebe zwischen Mann und Frau gefeiert, und gerade weil nicht unmittelbar von Gott die Rede ist, wird die Güte Gottes offenbar, wird Gottes Liebe an der Menschenliebe veranschaulicht.
Ja, aber wie wagt es denn der Verfasser, die Liebe Gottes in solch erotischen Begriffen auszudrücken? Die Antwort auf diese Frage steht bei den Propheten Israels, die sich nicht gescheut haben, die Beziehungen ihres Volkes mit seinem Schöpfer im Rahmen einer »Ehe-Symbolik« zu schildern. Da alles von Gott kommt, gibt es weder einen Riß zwischen Mensch und Natur sowie zwischen Leib und Geist, noch gar ein Mißtrauen gegen das »Fleisch«, das aller Liebe ihre irdische Dimension verleiht.
So kann *Jesaja* sagen: »Wie sich ein junger Mann mit einer

Jungfrau vermählt, so vermählt sich mit dir dein Erbauer; und wie sich ein Bräutigam freut über die Braut, so wird sich dein Gott über dich freuen« (Jes 62,5). Und noch eindeutiger: »... Man soll dich nicht mehr nennen die Vereinsamte, sondern: meine Lust ist in dir! Und dein Land ›die Vermählte‹, denn Gott hat an dir Seine Lust, und deine Erde wird zum Eheweib« (Jes 62,4).

In eben diesem Sinne heißt es bei *Jeremia:* »So sprach der Herr (zu Israel): Ich gedenke der Treue deiner Jugend, und der Liebe deiner Brautzeit, wie du mir folgtest in der Wüste, im Land, da man nicht sät« (Jer 2,2).

Ezechiel spricht von der Liebe Gottes in nicht weniger greifbaren Tönen: »So spricht der Herr ... Ich ging an dir vorüber und sah dich an, und siehe, es war die Zeit der Liebe für dich gekommen. Da breitete ich meinen Mantel über dich und bedeckte deine Blöße. Und ich schwor dir's und schloß mit dir einen Bund ..., daß du mein sein solltest ...« (Ez 16,8).

Bei *Hosea* sind seine eigene Ehe und das Ehesymbol des Gottesbundes mit Israel so eng verbunden, daß er Gott »Mann« und Israel »Frau« nennen kann (Hos 2,4) – ganz im Sinne von Gen 2,23, wo vom ersten Menschenpaar die Rede ist. Alle Phasen durchläuft dieses zweischichtige Eheschicksal: Von ihrer Geburt und Jugend, über die Trauung, die Leidenschaft, die Treulosigkeit, die Verführung, ja sogar die Prostitution, bis zur reuevollen Heimkehr, die der Untreue Israels und ihrer Zurückgewinnung durch Gott entsprechen.

Noch fehlt die Geschlechterliebe, die wiederum, wie die erste Vereinigung Adams und Evas, versprachlicht wird: »Ja, in Treue will Ich mich mit dir verloben, und du wirst den Herrn *erkennen«* (Hos 2,22). Ein und dieselbe Vokabel beschreibt in der Bibel die Erkenntnis Gottes und das liebevolle Erkennen einer Frau auf dem Weg alles Fleisches. Denn »kennen« ist im Hebräischen kein abstrakter Vernunftprozeß, sondern ein Brückenschlag zwischen Herz und Kopf, zwischen Gefühl und Verstand, wobei das *Greifen* der Nähe zum *Begreifen* wird, um dann zum gemeinsamen *Ergriffensein* zu führen. So ist im »Lieben« und »Kennen« letztlich dieselbe Urwahrheit,

die auf das Einswerden hinzielt, um die Vereinigung zweier Liebenden zur Quelle der tiefsten Erkenntnis zu machen.
Auch Maria denkt an dieses Liebes-Erkennen, wenn sie dem Engel, der ihr einen Sohn verheißt, die Frage stellt: »Wie wird das geschehen, da ich doch keinen Mann erkenne?« (Lk 1,34). Es ist eine gut jüdische Frage, die sich gegen jede Zumutung einer unnatürlichen Zeugung zur Wehr setzt.
Paulus meint wohl dieselbe Erkenntnis, wenn er im 1. Korintherbrief sagt: »Die Liebe hat Gefallen an der Wahrheit« (1 Kor 13,6) denn, wie die Rabbinen sagen: Aus Liebe schuf Gott die Welt – und jeder Teil seiner Schöpfung erhielt einen Funken jener unfaßbaren Gottesliebe, die die letzte Wahrheit aller Dinge in sich birgt.
Auch die Götter Griechenlands stiegen des öfteren aus Elysium herab, um sterbliche Frauen zu umarmen. Doch dies waren »olympische Seitensprünge«. Was in Israel als ein »Abhuren vom Wege Gottes« oder ein »Nachhuren nach fremden Göttern« verpönt wurde, schien in Athen der sicherste Weg zum Tempel des Pantheon zu sein. Denn um Ehebruch ging es letztlich in Athen, in Jerusalem hingegen um die Ideal-Ehe, die Mann und Frau in derselben Weise verbindet wie Gott mit Israel: »Ich will mich mit dir verloben für alle Ewigkeit«, sagt Gott zu seinem Volk in den Worten Hoseas: »Ich will mich mit dir verloben in Gerechtigkeit und Recht, in Gnade und Barmherzigkeit« (Hos 2,21), wobei Gottesbund und Ehebund mit demselben feierlichen Wort *b'rith* besiegelt werden.
Es mögen die lieblosen Liebeleien der griechischen Götterwelt gewesen sein, die die griechischen Kirchenväter später dazu brachten, die Liebe fein säuberlich dreizuteilen in: den *Eros,* der sowohl Sex und Leidenschaft als auch das Begehren nach der Seele des Geliebten bedeutet, die *Philia,* die Sympathie erweckt und zur Freundschaft aufruft, und die *Agape,* die sogenannte »reine« Liebe, die »ganz anders« ist und die, nach Paulus, »alles trägt, alles glaubt, alles hofft, alles duldet und nimmer aufhört« (1 Kor 13,7f).
All dies ist dem gläubigen Judentum wesensfremd geblieben.

Es hat die leibliche Liebe weder vergottet, wie es das Heidentum in seinen Fruchtbarkeitsriten und seiner Tempelprostitution öffentlich tat, noch hat es sie verteufelt, wie es die Gnosis und allzu viele der Schüler des Paulus getan haben. Die Hebräische Bibel hat sie »geerdet«, indem sie offen und ohne falsche Prüderie vom Eros als einer Macht spricht, die zu Höherem führt. In diesem Drang empor bleibt Eros jedoch der unverzichtbare »Startplatz« – auch für die leibfeindlichen Liebhaber der geistigen »Stratosphäre«.
Im dogmatisch gebundenen Christentum gibt es nur eine unbefleckte Empfängnis – im Judentum gibt es deren Hunderte täglich. Denn jede normale, in Liebe vollzogene Empfängnis ist »unbefleckt«, d.h. rein, lauter und gottgewollt. Das Judentum kennt keine Jungfrauengeburt, da der Adel seiner Großen keineswegs dadurch geschmälert wird, daß sie geschlechtlich gezeugt wurden und gynäkologisch zur Welt kamen. Es sieht auch in der Ehelosigkeit keine gottgefällige Enthaltsamkeit, die einen geistigen Wert darstellt. Der Hohepriester, der einst stellvertretend ganz Israel entsühnte, mußte verheiratet sein – was auch heute von jedem Rabbiner erwartet wird. Da jede Eheschließung als heilig verstanden wird – sie heißt auf Hebräisch *kidduschin,* was Anheiligung bedeutet –, tritt Gott in der rabbinischen Überlieferung als erster Brautführer bei Adam und Eva auf[33]; als Trauzeuge bei jeder Hochzeit (Mal 2,14) und als Ehestifter, denn jede glückliche Ehe gilt als eine Wundertat Gottes, die größer ist als das Spalten des Schilfmeeres[34].
In unserer Bejahung der Leiblichkeit haben wir nie das Urteil des Schöpfungsgottes vergessen, dessen »sehr gut« (Gen 1,31) am sechsten Tag auch die Geschlechtlichkeit miteinbezieht.
Das Judentum glaubt weder an ein dreistöckiges Weltbild, wie Rudolf Bultmann es nennt, das aus Himmel, Erde und Hölle besteht, noch an ein dreistöckiges Menschenbild, das, nach Sigmund Freud, aus einem animalischen Es, einem egoistischen Ich und einem moralischen »Über-Ich« zusammengeschneidert ist. Wir glauben an die eine Welt und an den

ganzen Menschen, der von dem einen Gott in einer Zweieinigkeit von Mann und Frau geschaffen wurde.
Und zu diesem Gesamtmenschen, der keine Spaltung kennt zwischen Fleisch und Geist noch eine Kluft zwischen Libido und Agape, gehört die All-einige *ahawa,* jene Liebesdynamik Gottes, die jeder griechischen Dreiteilung entgegensteht.
»Du sollst den Herrn, deinen Gott, lieben mit deiner ganzen Seele ...« (Dtn 6,4f). »Liebe deinen Nächsten wie dich selbst!« (Lev 19,18). »Und Jakob liebte Rachel« (Gen 29,18), wie Abraham einst Sarah liebte und Isaak seine Rebekka.
Gottesliebe, Nächstenliebe und Eheliebe kommen in derselben *ahawa* zum Ausdruck, die den Dreiklang aller Liebe unüberhörbar verdeutlicht. Im Hohelied heißt es von dieser Gottesmacht:

»Denn stark wie der Tod ist die Liebe,
Die Leidenschaft hart wie das Totenreich.
Ihre Gluten sind Feuergluten,
Eine gewaltige Flamme Gottes« (Hld 8,6).

Eine einzige Gottesflamme ist es, die da brennt: eine *Schalhewet-ja,* die in der nur-leiblichen Liebe dunkel glimmt und schwelt; die höher flackert in der Selbsthingabe an das geliebte Du, sei es nun der Ehepartner, der Freund oder das Kind – die aber hell auflodert in jener großen Gottesliebe, die bis zum Martyrium als *unio mystica* führen kann.
Ein und dasselbe Feuer ist es, verschieden ist nur sein Beginn. Kein Flickwerk aus drei Stoffarten ist diese *ahawa,* wohl aber eine Leiter, die es emporzusteigen gilt: Ausgangspunkt ist die Ich-Es-Beziehung, wo das Subjekt ein begehrenswertes Objekt zu besitzen versucht, um von hier aus zum Ich-Du-Verhältnis vorzustoßen, wo zwei Subjekte einander in Freiheit erkennen und in der wechselseitigen Hingabe und Annahme zur Selbstentfaltung gelangen. Zuletzt kommt die höchste Sprosse: die Ich-Du-Er-Beziehung, die im Schrifttum beider Bibelreligionen Gott sagen läßt: »Wo immer zwei sich liebend vereinen, dort wird mein Name geheiligt, und ich bin der Dritte im Bunde« (Midrasch zu Lev 19,18; Joh 13,1;

Mt 18,19f). Nur in dieser Drei-Einigkeit ist die welterhaltende Liebe in ihrer ganzen Fülle gegenwärtig, nur auf ihr ruht der Geist der Heiligkeit. In diesem rabbinischen Sinn sagt Jesus zu seinen Brüdern und Jüngern, den heutigen Partnern im jüdisch-christlichen Glaubensgespräch: »Wenn sich zwei von euch auf Erden einig sind, um irgend etwas zu erbitten, so wird es ihnen zuteil werden von meinem Vater im Himmel!« (Mt 18,19).

Das scheint auch die Quintessenz des Hohenliedes zu sein. Denn sein Leitmotiv ist eindeutig die Liebe; seine Grundstruktur ist der Dialog, und der Rhythmus der Worte deutet auf Wechselgesang. Mit einem Wort: Alles spricht für die Zwiesprache der Kontrastharmonie, deren beide Hälften einander zur Ergänzung bedürfen.

Und dennoch haben wir es, jeder auf seine Weise, getrennt, oft gegeneinander, Solo gesungen. Vielleicht sollten wir dieses Hohelied einmal zusammen zur Ehre Gottes als Duett versuchen?

Das Buch der Weisheit: Glauben für Skeptiker

Ein uraltes Gleichnis erzählt die Geschichte von drei Fröschen, die eines Tages in einen Eimer voller Milch gefallen waren.

»Die Lage ist aussichtslos«, so folgerte nach einigen Zögern der erste Frosch, zuckte resigniert mit den Achseln – und ertrank.

»Gott wird schon eingreifen; er läßt keinen seiner Frösche im Stich!« So sprach der zweite Frosch, faltete friedlich seine Vorderbeine – und ertrank.

Der dritte wußte weder ein noch aus, er hatte keine Ahnung, was er tun sollte, aber eine ganz unlogische Sicherheit erfüllte sein Herz mit unstillbarem Tatendurst. Und so strampelte er, völlig sinnlos, aber unentwegt – bis die Milch zu Butter wurde und er ohne Schwierigkeiten aus dem Eimer heil herausklettern konnte.

Diesem Trio von sinnbildlichen Fröschen entspricht im großen und ganzen die Dreizahl der Schulen unter den Bibellesern, die das Buch der Weisheit auszulegen versuchen.
Heinrich Heine nannte dieses König Salomo zugeschriebene Werk, dessen Titel Martin Luther mit »Prediger« verdeutscht hatte, »Das Hohelied der Skepsis« – ein Name, der nur einer oberflächlichen Lesung gerecht wird, die ihm lediglich die Nichtigkeit alles menschlichen Strebens zu entnehmen vermag.
Für Franz Delitzsch hingegen ist es »das Hohelied der Gottesfurcht«, was eher der traditionellen Gläubigkeit zu entsprechen scheint. Die meisten Deutungen bewegen sich zwischen diesen beiden extremen Bewertungen – je nachdem, ob sie den Verfasser für einen Optimisten oder für einen Pessimisten halten.
Irgendwo in der Mitte liegt die dritte Ansicht, die in dem Buch das Spätwerk eines welterfahrenen Realisten sehen will und es daher der sogenannten »Weisheitsliteratur« zurechnet, was aus jüdischer Sicht dem Anliegen seines Autors eindeutig widerspricht.
Denn: wer durch die dicken Schichten wesensfremder Übertragungen zu seinem Ursinn vorzustoßen vermag, wird bald gewahr, daß es hier nicht um Weisheit im alltäglichen Sinn des Wortes geht, sondern um einen heilsamen Dämpfer aller kleingläubigen Gescheitheit; nicht von Pessimismus und Weltentwertung ist hier die Rede, sondern vom Mutmachen in einer oft sinnlos erscheinenden Welt; nicht die Theologie ist der Schwerpunkt, sondern ganz im Gegenteil: mit einem radikalen Durchbruch durch allen Dogmatismus haben wir es hier zu tun, der alle zünftige »Gotteswisserei« verwirft, um Trost und Zuversicht einzig und allein aus dem Glauben an den verborgenen Gott und sein gütiges Heilshandeln zu schöpfen. Doch all dies widerspricht der landläufigen Meinung und bedarf daher noch des Nachweises aus dem Text – meist hinter dem Wortlaut und auch zwischen den Zeilen.
Zunächst stellt sich die formale Frage: Haben wir es über-

haupt mit einem wohlgeordneten Buch zu tun, das einen logisch fortschreitenden Gedankengang entfaltet, oder handelt es sich hier lediglich um eine Blütenlese von Sprüchen und Sentenzen, die mehr oder minder wahllos aneinandergereiht worden sind? Ist dies das Vermächtnis eines einsamen Grüblers, oder sind es die Eindrücke eines alten Königs aus dem Altertum, eine Art von Tagebuch, das ein Hof-Chronist zu führen hatte – oder steht auf diesen Seiten die Weltanschauung »eines Weisen, der immerfort das Volk Erkenntnis lehrte«, wie es im Schlußwort des Buches (12,9) zu lesen ist?
Es bedarf des aufmerksamen Lesers, um hinter der scheinbar losen Sammlung von Einzelsprüchen die Konturen einer großartig durchdachten Ganzheit zu erschauen.
»Eitelkeit der Eitelkeiten, alles ist eitel ...« Von diesem Leitwort im Prolog an, das uns immer wieder die Flüchtigkeit und Hinfälligkeit alles Irdischen einhämmert, bis hin zum letzten Abschnitt über die Jugend und das Alter, der zu den Kleinodien der Weltliteratur zählt, ist ein einziger Bogen gespannt, der nichts Geringeres umfaßt als den Gesamtbereich alles Menschlichen. Kein Zweifel: der Grundton klingt wie ein Seufzer der Enttäuschung und der Resignation, der schon im ersten Kapitel ertönt:

> »Ich, Kohelet, bin König über Israel in Jerusalem gewesen. Ich habe meinen Sinn darauf gerichtet,
> nach Weisheit zu suchen und zu forschen
> in Hinsicht auf alles, was unter dem Himmel geschieht.
> Das ist ein böses Geschäft, das Gott den Menschenkinder auferlegt hat,
> daß sie sich damit plagen sollen.
> Ich sah alles Tun an, das unter der Sonne getan wird:
> Siehe, alles das ist eitel und ein Haschen nach Wind.
> Was krumm ist, kann nicht gerade werden,
> was fehlt, kann man nicht mitzählen.
> Ich sprach bei mir selbst also:
> Was mich betrifft, siehe, so wurde ich an Weisheit immer größer

und übertraf alle, die vor mir über Jerusalem herrschten, und mein Sinn erfuhr viel Weisheit und Erkenntnis.
So wollte ich meinen Sinn darauf richten, Weisheit und Erkenntnis zu erkennen. Ich erkannte aber:
Auch dies ist ein Haschen nach Wind.
Denn bei viel Weisheit ist viel Kummer,
und mehrt man das Wissen, so mehrt man den Schmerz...
Ich sann mir aus, meinen Leib mit Wein zu laben doch so, daß mein Herz mit Weisheit alles leite,
und die Torheit in Angriff zu nehmen, bis ich sähe, was gut für die Menschenkinder sei, das sie es tun würden unter dem Himmel in ihren befristeten Lebenstagen. Ich nahm große Werke vor:
Ich baute mir Häuser, ich pflanzte mir Weinberge,
ich machte mir Gärten, und pflanzte darin allerlei Fruchtbäume...
Ich erwarb Sklaven und Mägde...
Auch Herden – Rinder und Kleinvieh...
Ich sammelte auch Silber und Gold
und den Besitz der Könige und den Reichtum der Provinzen... Als ich mich aber all meinem Tun zuwandte, das meine Hände getan hatten, und zur Mühe mit der ich mich abmühte, um es zu vollführen,
siehe da: Alles war eitel und ein Haschen nach Wind« (aus 1,12–2,26).

In seinem Weltschmerz geht Kohelet jetzt noch weiter. Mit Wucht und Eindringlichkeit erhebt er Protest sowohl gegen jeden leichten Lebensoptimismus als auch gegen die herkömmliche Religionsauffassung, die Glück und Unglück als Folgen der Schuld oder Unschuld des einzelnen erachtet. Ja, die Lebensrealität, die sich weigert, Beweise für eine ethische Weltordnung zu liefern, läßt den Prediger sogar sagen: »Es gibt Gerechte, die das trifft, was dem Tun der Frevler entspricht; und es gibt Frevler, die das trifft, was dem Tun der Gerechten entspricht« (8,14).
Die Gleichgültigkeit des Weltgeschehens gegenüber aller Sitt-

lichkeit bringt den Prediger – so scheint es – bis an den Rand der Verzweiflung. Wie anders sollte man denn seine folgenden Worte deuten: »Ein und dasselbe Geschick trifft alle: den Gerechten und den Frevler, den Reinen und den Unreinen, den, der opfert, und den, der nicht opfert. Wie dem Guten, so ergeht es dem Sünder – wie dem der schwört, so dem, der den Schwur scheut« (9,2).
Angesichts der Ungerechtigkeit, die überall zu walten scheint, und der Unsicherheit aller Zukunft, fragt Kohelet, ob es sich denn überhaupt lohnt, Weisheit zu suchen und fromm zu sein: »Wie das Geschick des Toren, so auch ich: es trifft mich! Warum habe ich dann so sehr der Weisheit nachgejagt?« (2,15). »Fürwahr, was für einen Vorzug hat denn der Weise vor dem Toren, welchen der Demütige, der mit den Menschen zu wandeln versteht?« (6,8).
Nach einer unvergeßlichen Schilderung der Übel dieser Welt, vom Unrecht bei Gericht über die Ausbeutung durch die Machthaber, die Härte des ewigen Konkurrenzkampfes, das Elend der Einsamkeit und den Wankelmut der Volksgunst, wünscht Kohelet, daß er gar nicht geboren wäre, und preist nur die Ungeborenen glücklich, denen das Gekrümmtsein des Lebens erspart bleibt. Schließlich schüttet er seine Bitterkeit aus in Worten, die kaum noch Raum für Hoffnung lassen:

> »Da verlor das Leben für mich seinen Reiz.
> Das Tun, das unter der Sonne getan wird,
> lastete auf mir als etwas Schlimmes.
> Denn alles ist Windhauch und Luftgespinst« (2,17).

Die Frage, die nun keinen Aufschub mehr duldet, lautet: Was sucht solch ein Buch, das alles auf Erden zu entwerten scheint, das 38mal alles Menschenbegehren als leeren Windhauch und nichtige Eitelkeit abschreibt, im Kanon der Heiligen Schrift?
Ein guter Beweis dafür, daß Kohelet schon in vorchristlichen Zeiten für biblisch gehalten wurde, ist die Tatsache, daß es auch unter den Schriftrollen von Qumran am Toten Meer vertreten ist.

Fest steht ebenso, daß das Buch, trotz einzelner rabbinischer Einwände, seit eh und je als Teil der Hebräischen Bibel gegolten hat.
Um den Widerspruch zwischen der angeblichen Skepsis des Buches einerseits und seiner Aufnahme in den hebräischen Kanon andererseits zu erhellen, muß geklärt werden, welchen Stellenwert diese Schrift im Gottesdienst der Synagoge einnimmt. Kohelet zählt zu den »fünf Festrollen« der jüdischen Bibel und wird alljährlich zur Zeit des Laubhüttenfestes im Herbst vorgelesen, wobei sich so manchem die Frage aufdrängt, was das Freudenfest der Obsternte und des Beginns der Weinlese mit dieser schwermütigen Schrift zu tun habe. Nur wer tiefer schürft und den Text zu hinterfragen vermag, wird bald der Zusammenhänge gewahr. Während der Woche der Freude an den Gaben Gottes, die er uns im Ertrag der guten Erde schenkt, wohnen Juden in offenen Laubhütten, deren Dach aus Zweigen und Blättern besteht – in Erinnerung an die armselige, unsichere Behausung während der 40 Jahre der israelitischen Wüstenwanderung. Wie einst zu Mose Zeiten, als unsere Vorväter, dem Wetter preisgegeben, unter freiem Himmel wohnen mußten, um sich bewußt zu werden, daß sie auf Gottes Schutz und Führung angewiesen sind, so gedenken auch wir zur Zeit der Freude an der Fülle des Erntesegens der Tatsache, daß es letztlich auf Erden keine Sicherheit geben kann, die nicht in Gott verankert ist. Kein Buch der Hebräischen Bibel ist geeigneter, uns diese Doppel-Lektion der Vergänglichkeit aller Menschenwerke und der Beständigkeit des göttlichen Beistandes besser beizubringen als die zwölf Kapitel des Kohelet.
Als der junge Salomo den Thron seines Vaters David bestieg, erbat er sich von Gott weder Reichtum noch Ehren, sondern »ein weises und verständiges Herz ..., damit er verstehen lerne, was Gut und Böse ist« (1 Kön 3,9f). Daß seine Bitte gewährt wurde, beweist dieses Buch, das zu Unrecht von manchen christlichen Wissenschaftlern als pessimistische »Weisheitsliteratur« abgetan wird. Denn gerade menschliche Weisheit, also Forschung, Philosophie und Naturwissenschaft,

wird hier als leere Eitelkeit, als »Haschen-nach-dem-Wind« verpönt, wenn es nicht auf gläubiger Einsicht und Vertrauen auf Gott beruht.

»Je mehr wir dieses Weltall zu begreifen beginnen«, so sagte unlängst ein weltberühmter Kernphysiker, »um so sinnloser stellt es sich uns dar.« Gerade dieses arrogante Halb-Wissen, das seine eigenen Grenzen nicht anerkennen will, ist die Zielscheibe der spöttischen Kritik des Predigers.

Was Kohelet uns sagen will, ist zweierlei: Ein Glaube, der sich weigert, sich der Wissenschaft zu stellen, läuft Gefahr in Aberglaube zu entarten – aber eine Wissenschaft, die meint, sie könne ohne Glauben auskommen, ist bereits unterwegs zum Größenwahn. Denn sobald die sogenannte »reine Vernunft« sich anmaßt, die Geheimnisse der Gottheit zu lüften, übernimmt sie sich und verdient kaum mehr den Namen Vernunft. In diesem Sinn ist Kohelet so manchem gottlosen Atomforscher voraus, wenn er auf die Frage nach dem Sinn des Lebens antwortet: »Gott tut alles fein zu Seiner Zeit und läßt ihr Herz sich ängsten, wie es wohl gehen solle in dieser Welt – denn der Mensch kann doch nicht erfassen das Werk, das Gott tut, weder Anfang noch Ende« (3,11).

In unseren Tagen haben Albert Einstein, Teller und Oppenheimer diese Einsicht ihres berühmten Vorfahren von neuem bekräftigt. In den Worten des Kohelet: »Wissen ist soviel wert wie Erbbesitz« (7,11), wenn es nicht zu Überheblichkeit, sondern zur Gottesfurcht hinführt. Aber auch der reichste Schatz an Wissenschaft taugt nur als Werkzeug für die mittleren Dinge auf Erden. Denn für die ersten und die letzten Dinge, für das Woher und das Wohin unseres Lebens bleibt das gläubige Herz die zuständige Instanz.

Das wiederholte Leitmotiv »alles ist nichtig« täuscht, wenn man es als Resignation, als Aufruf zum Nihilismus mißversteht. Das Gegenteil trifft zu: Es weist den Weg zur rechten Gotteserkenntnis, indem es davor warnt, das Herz an unnütze und vergängliche Dinge zu heften – anstatt die Gottesfurcht zum Anfang aller Weisheit zu machen. Für alle Wißbegierde aber gilt die zweifache Einsicht: Wissen ist (zwar) besser als

Waffen (9,18), aber: »Bei viel Weisheit ist viel Kummer« und – »wer Erkenntnis mehrt, der mehrt auch Leiden« (1,16–18).

Ebenso heißt es: »Es nimmt kein Ende mit dem vielen Büchermachen – und das viele Studieren ermüdet den Leib« (12,12). Mit anderen Worten: Es kann hienieden kein Wissen *von* Gott geben; kein lückenloses System der Dogmatik oder der Theologie, sondern lediglich ein Wissen *um* Gott und seine undurchschaubare Verfügungsgewalt. Dieses Wissen führt zu einer Denknot, die erst dann zur wahren Gottesliebe heranreift, wenn sie die unüberschreitbare Grenze, die allem menschlichen Wissensdurst gesetzt ist, freiwillig und freudig akzeptiert. Kohelet klingt häufig wie ein Ausbruch aus einer starren dogmatischen Weltanschauung – ein Durchbruch zu einer freien, nüchternen Sicht, die alle Wirklichkeit zusammenschaut, um nur einen Glaubenssatz gelten zu lassen: Gott bleibt und handelt souverän, er läßt sich nicht erforschen!

Das kann nur die Kleingläubigen mutlos machen, denn gemeint sind diese Einsichten als heilsamer Dämpfer für jedwede Arroganz der Reichen, für den Hochmut der Machthaber und den Stolz der Beamtenschaft, die alle daran erinnert werden, daß irdische Güter nur »Windhauch und Luftgespinst« sind, denn »wie der Mensch aus dem Leib seiner Mutter geglitten ist – so nackt wie er kam, muß er wieder gehen« (5,14).

Wie modern klingt auch die Einsicht, die der Nutzlosigkeit des Reichtums die Schaffensfreude gegenüberstellt:

»Süß ist der Schlaf des Arbeiters, ob er nun wenig oder viel zu essen hat,
dem Reichen aber raubt sein voller Bauch
die Ruhe des Schlafs« (5,11).

»Eitelkeit der Eitelkeiten – alles ist eitel!« So werden die Oberflächlichen gemahnt, die nicht bereit sind, den Text ein zweites und ein drittes Mal zu lesen, um seinen ganzen Sinn auszuloten. Wer tiefer schürft, wird bald gewahr, daß nur das Leben des Ungläubigen hier als »Windhauch« verurteilt wird – ein Leben, das sich nicht auf Gottes Güte verlassen will, das sich anderen Menschen verschließt, um sein fadenscheiniges Glück in der Habgier zu suchen. Gegen die »Gottlosen«, die »Gotteswisser« und die »Grübler« zieht Kohelet zu Felde; nicht aber gegen diejenigen, »die sich freuen an ihrer Arbeit«. Die »Gabe Gottes ist es«, Anteil zu nehmen an der Gestaltung dieser Welt – und sei der Beitrag dazu auch noch so bescheiden. Für die Tatkräftigen gilt der Spruch: »Ein solcher denkt nicht viel über die Tage seines Lebens nach, denn Gott hält ihn beschäftigt durch die Freude seines Herzens« (5,19).

In diesem Sinn pflegen Juden während des Laubhüttenfestes Kranke und Trauernde zu besuchen, Mildtätigkeit zu üben und den Armen Almosen zu geben – denn durch das ganze Buch läuft wie ein roter Faden der Einklang, der das Tun des Menschen mit dem gütigen Heilswillen Gottes verbindet.

Was zu tun und was zu lassen sei – diese Frage ist für Kohelet leicht beantwortet: »Wer Gott fürchtet, wird sich in jedem Fall richtig verhalten« (7,18).

Doch nicht nur Weisheit und Erkenntnis wird dem Leser geboten; auch Poesie und Dichtung kommen keineswegs zu kurz. »Jede Übersetzung übt Ersetzung«, lehrte Martin Buber, der selbst jahrelang mit der Verdeutschung des Kohelet zu ringen hatte. Als Kostprobe möge hier der Abschnitt über »Jugend und Alter« (Kap. 11 u. 12) dienen, dessen Schönheit auch die Übertragung durchleuchtet. Das Altwerden wird durch Allegorien umschrieben, »die Wächter des Hauses« sind als Hände zu verstehen, »die starken Männer« sind die Beine, die »Mahlmägde« die Zähne, die, »die durch die Fenster schauen«, sind die Augen, und »die Doppeltore der Gasse« entsprechen den Ohren:

»Wahrlich: Süß ist das Licht,
und schön für die Augen, die Sonne zu sehen.
Ja, wenn der Mensch viele Jahre lebt,
freut er sich an ihnen allen
doch soll er daran denken,
daß der dunklen Tage viele sein werden:

alles, was kommt, ist eitel.
Freue dich, Jüngling, in deiner Jugend . . .,
ehe die bösen Tage kommen,
und die Jahre sich nahen, von denen du sagst:
Sie gefallen mir nicht!
Ehe das Licht der Sonne sich verfinstert,
ehe der silberne Strick zerreißt,
und die goldene Schale zerbricht,
und der Krug an der Quelle zerschellt,
und das Schöpfrad zerbrochen in den Brunnen fällt
zu der Zeit, da die Wächter des Hauses zittern
und die starken Männer sich krümmen
und die Mahlmägde müßig sind,
weil sie wenige geworden, und dunkel werden, die an den Fenstern schauen,
und die Doppeltore der Gasse geschlossen werden,
während die Stimme der Mühle leise wird.
Ja, man wacht schon zur Zeit des Vogelgezwitschers auf,
aber alle Singvögel sind gedämpft;
auch fürchtet man sich vor der Anhöhe
und Schrecken ist auf dem Weg . . . denn der Mensch muß in sein ewiges Haus,
und auf der Gasse gehen die Klagenden umher,
und der Staub kehrt zur Erde zurück,
wie er gewesen ist.
Aber der Odem kehrt zu Gott zurück, der ihn gegeben hat.«

Und dennoch sind etliche Bibelforscher der Meinung, Kohelet enthalte ketzerische Stellen, die den Glauben Lügen strafen.
»Was hat der Mensch für Gewinn von all seiner Mühe, mit der er sich unter der Sonne abmüht?« (1,3). So lautet die Kardinalfrage, gleich zu Anfang des Buches, die nach eingehender Erörterung kategorisch verneint wird: »Es gibt keinen Gewinn unter der Sonne« (2,11). Doch ist diese Nichtig-Sprechung keineswegs allumfassend, sondern gilt nur unse-

rem vergänglichen Diesseits und seiner Zeit-Gebundenheit. In den Worten des Predigers: »Jetzt erkannte ich: Alles, was Gott tut, geschieht für die Ewigkeit ... man kann ihm nichts hinzufügen und davon abschneiden« (3,14).
Schadenfreude und Bosheit, Ungerechtigkeit und Unterdrükkung, das Gedeihen der Sünder und die Leiden der Gerechten – all diese Übel der Welt haben ihre Zeit, die gezählt ist und bald abläuft, worauf Gott »jenseits der Sonne«, wie die Rabbinen es auslegen, Gerechtigkeit üben wird.
»Gott ist es, der den Schuldigen und den Unschuldigen richtet; denn für jedes Geschehen gibt es eine bestimmte Zeit, für jedes Tun einen Ort« (3,17). Diese »Zeit« wird von den Schriftgelehrten als das ewige Leben verstanden, und der »Ort« gilt seit undenklichen Zeiten als die kommende Welt, die jenseits des Grabes beginnt.
Nicht weniger ketzerisch mag folgender Satz aus Kap. 2 anmuten, der seit langem die Theologen befremdet: »Wer weiß, ob der Odem des Menschen wirklich nach oben steigt, während der Odem der Tiere ins Erdreich hinabsinkt?« (3,21). Da der Odem in der Bibelsprache als identisch mit der Seele gilt, kann der flüchtige Leser hieraus schließen, daß Kohelet nicht an die Unsterblichkeit der Menschenseele glaubt. Nur eine sprachliche Analyse, die die Anfangsworte »wer weiß« näher unter die Lupe nimmt, wird des wahren Sinnes gewahr. Mit den Worten »wer weiß« beginnen in der Hebräischen Bibel acht rhetorische Fragen – im 2. Buch Samuel, im Psalm 90, im Propheten Joel und im Buch Jona – um nur einige zu nennen – die, genau gesehen, gar keine Fragen sind, sondern Umschreibungen der göttlichen Vorsehung, deren unerforschliche Wege mit einem demütigen Fragezeichen angedeutet werden. Kohelet sagt uns, daß die Seele des Menschen Ewigkeitswert besitzt und nach dem leiblichen Tod zu Gott emporsteigt. Dies kann, wie alle Glaubenswahrheiten, nicht konkret bewiesen werden. Daß aber der Prediger in der Tat uns genau dies sagen will, zeigt die Stelle kurz vor dem Ende seines Buches, wo es heißt:

»Der Staub kehrt zurück zur Erde, von der er kam, und der Odem zu Gott, der ihn gegeben hat« (12,7).

Schon auf der ersten Seite sagt Kohelet: »Was gewesen ist, das wird sein; was man getan hat, wird man wieder tun, denn es gibt nichts Neues unter der Sonne« (1,9). Auf den ersten Blick mag dies wie ein leicht widerlegbarer Zynismus klingen; jedes Kind weiß doch, daß der wissenschaftliche Fortschritt in unserem Jahrhundert eine unübersehbare Fülle von Neuheiten gebracht hat. Doch auch hier liegt die wahre Bedeutsamkeit nicht an der Oberfläche, sondern in der Tiefe. So legen heute einige Forscher diesen Satz in einem wissenschaftlichen Sinn aus, der den modernsten Einsichten der Kernphysik entspricht: Die Summe aller Massen und Energien, die sich in der Welt befinden, ändert sich nicht. Niemand kann sie auch nur um ein einziges Gramm vermehren oder vermindern. Anders gesagt: Im Bereich der Naturwissenschaften gilt das Gesetz der Unzerstörbarkeit alles Vorhandenen – eine Binsenwahrheit, die man auch in den Worten Kohelets ausdrücken kann: »Es gibt nichts Neues unter der Sonne.«
Man kann diesen Satz aber auch auf das Los des Menschen allgemein anwenden: Von Kohelets Zeiten bis auf den heutigen Tag hat sich nichts Wesentliches an der Weise geändert, wie wir zur Welt kommen, wie wir wachsen und heranreifen – um letztlich, wie der Prediger sagt, »als Staub zur Erde zurückzukehren, von der wir gekommen sind, während der Odem zu Gott zurückkehrt, der ihn gegeben hat« (12,7).
Drei Ergebnisse krönen die Durchforschung unseres Daseins auf Erden, der Kohelet sein Buch gewidmet hat:
- Kein Nachsinnen kann dem Sinn des Lebens auf die Spur kommen;
- Gott allein bestimmt alle Widerfahrnisse auf Erden;
- kein Mensch vermag das Werk Gottes zu ergründen.

Nach 3000 Jahren Fortschritt, Technik und Wissenschaft hat keine dieser Wahrheiten auch nur ein Jota von ihrer Aktualität eingebüßt.

Die dreifache Botschaft des Kohelet an unsere Generation ist aktueller denn je:
1. Seine Schrift erinnert an die Souveränität Gottes und bildet so ein Gegengewicht zu aller menschlichen Einengung der universalen Vaterschaft Gottes.
2. Indem Kohelet uns die Hilflosigkeit und Schwächen des Menschseins ins Gedächtnis ruft, macht er alle Vergötzung von Menschen oder Menschenwerken lächerlich.
3. Kohelet macht uns die ungerechte Weltordnung schmerzhaft deutlich, aber Zweifel und Anfechtungen vermögen den echten Glauben zu stählen. Hier wird die Sinnfrage unverblümt gegen alle konventionelle Verkündigung gestellt – um endgültig klarzumachen, daß auch die erhabenste Ideologie kein Ersatz für Gott sein kann.
So ist also die »Schriftrolle des Predigers« ein Hoheslied der Hoffnung, pessimistisch gegenüber aller menschlichen Weisheit, realistisch in seiner Welteinschätzung, die keine der Mängel und Laster unseres Daseins übersieht, optimistisch in seiner gläubigen Lebensbejahung.
Diese Glaubensgewißheit wird im letzten Spruch noch einmal deutlich: »Fürchte Gott und achte auf Seine Gebote; das ist alles, was der Mensch hienieden braucht« (12,13).
Anders gesagt: Aller Sünde und Ungewißheit zum Trotz bleibt Gott der Gott der Treue und der beständige Behüter, der unserem Leben seinen Sinn verleiht. Unser Gott ist ein Gott der Verborgenheit, doch gerade diese Verborgenheit, sobald man sie annimmt und sich ihr preisgibt, erschließt jene Geborgenheit, die nur die gläubige Zuversicht zu schenken vermag.

Anmerkungen

1 Bereschit Rabba I,14
2 C. Amery, Das Ende der Vorsehung, Reinbek 1974
3 Ex Rabba 18
4 S Lev 25,42

[4a] S Lev 25,42
[5] Ein Ausspruch Amsdorf, eines Zeitgenossen Luthers, in Hutterus Redivivus, 308
[6] J. Arnaud, The Glorious Recovery by the Vaudois of the Valleys, London 1827, 41–63
[7] D.S.Schaff, John Hus, New York 1915, 293ff
[8] F.H.Luetzow, Master John Hus, London 1909, 35–39; D.S.Schaff, a.a.O. 296
[9] S.M.Jackson, Huldreich Zwingli, New York 1901, 225ff
[10] De trinitatis erroribus libri septem per Michaelem Serveto, Hagenau 1531, 15ff
[11] K. Löffler, Die Wiedertäufer zu Münster, Jena 1923,84
[12] J.G.Dow, Hebrew and Puritan in JQR III, 50–84; T.Carlyle, Oliver Cromwell's Letters and Speeches, ed. Tauchnitz II, 133ff
[13] W.Sombarth, Jews and modern Capitalism, London 1930, 248–251
[14] J.G.Dow, a.a.O. 77f; Louis I. Newman and Richard B.Morris, The Jewish Tradition at the Birth of America, New York 1921,480ff
[15] Mechilta zu Ex 14,13 und Sota 37a, wo es heißt: »In jener Stunde verweilte Mosche lange im Gebete, und der Heilige, gepriesen sei Er, sprach zu ihm: Meine geliebten Kinder ertrinken im Meer – und Du vergeudest Zeit vor Mir im langen Gebet?« Auch Sanh 39b
[16] Tanchuma B Ki Tissa 12; Ex Rabba 32; Num Rabba 16
[17] J.Jeremias, Neutestamentlich Theologie, Teil I, Gütersloh 1971,203
[18] H.Braun, Jesus. Der Mann aus Nazareth und seine Zeit, Stuttgart ^{3}1972,26
[19] H.Schlier, Die Zeit der Kirche, Freiburg 1972, 46,239f
[20] A.Schlatter, Die Geschichte des Christus, Stuttgart ^{3}1977,364,444
[21] Ausgabe 1963, S. 20, Fußnote zu Mt 5,39
[22] Baba Kama 83b u. Ketubot 38a
[23] a.a.O. 115
[24] Mechilta zu Ex 31,13
[25] Baba Mezia 30b
[26] H. Rauschning, Gespräche mit Hitler, Wien 1973
[27] Chagiga 12b
[28] J.Moltmann, Kirche in der Kraft des Geistes. Ein Beitrag zur messianischen Ekklesiologie, München 1975,169
[29] Weimarer Ausgabe der Werke Luthers Bd. II, 528
[30] M.Jadaim III,5
[31] Tos. Sanhedrin
[32] Sohar III, 107a
[33] Ben Rabba 8,8
[34] Pesiqta 11b

Krieg und Friede im jüdischen Denken

Friede und Gottesherrschaft

Da das Vokabular der Hebräischen Bibel nur 7704 Wörter umfaßt, besitzen die meisten von ihnen eine vielschichtige Bedeutungsbreite, die sich gegen jedwede vereinheitlichende Übersetzung stemmt. Genauso wie *ruach,* das 377mal vorkommt, Hauch, Atem, Wind, Geist, Gewissen oder Gesinnung bedeuten kann, heißt *näfäsch,* das 755mal erscheint, nicht nur »Seele«, sondern auch: Atem, Leben, Verlangen, Empfinden, Mensch, Wille – um nur die wichtigsten Bedeutungen zu nennen.

Ähnlich ist es mit dem deutschen Wort »Friede«, das weder mit Schalom deckungsgleich ist, noch innerhalb des Wortfeldes des Schalom ganz »auf seine Rechnung kommt«, da hebräische Schlüsselbegriffe häufig überlappen. Während einerseits Schalom sein Heil-Wohl nicht immer friedlich erwirken muß (z. B. Jer 28,9; 2 Sam 11,7), die berühmte Friedensvision Jesajas (2,2–4) hingegen ohne das Wort Schalom auskommt, schwingen andererseits in den drei göttlichen Tugenden *chessed* (Huld, Gnade, Bundestreue usw.), *zedek* (Recht, Gerechtigkeit usw.) und *emeth* (Wahrheit, Treue, Zuverlässigkeit usw.) einige der Grundkomponenten von Frieden mit. *Beracha* (Segen) heißt nicht nur: Mit irdischen Glücksgütern versehen, sondern auch: Von Gott geführt werden und seinen Schutz genießen, was mit dem Gewähren des Schalom weitgehend gleichbedeutend ist. Ebenso ist *berith* (Bund, Verheißung, Bündnis usw.) fast ausnahmslos gedanklich mit *schalom* verbunden.

Um dem semantischen Dilemma näherzukommen, müssen wir mit dem Verbalstamm *sch-l-m* beginnen, denn, wie schon Johann Gottfried Herder wußte, zentriert sich im Hebräischen alles um das Zeitwort, aus dem die meisten Hauptwörter, ja sogar das Tetragramm des Gottesnamens hergeleitet werden: »Die Sprache der Bibel ist gleichsam ein Meer von Wellen, wo Handlung um Handlung rauscht.« So heißt also »Schalem« im Qal: Ganz, voll, genügend oder vollkommen sein; im Partizip: wohlbehalten oder unversehrt (Gen 33,18); mit jemandem »schalem« sein (Gen 34,21; 1 Kön 8,61) heißt, ihm die Treue bewahren – also nicht heimlich uneins werden – und »schallem« im Pi'el heißt: bezahlen, ersetzen, ahnden, vergelten (Ex 21,33ff; Dt 32,41; 1 Sam 24,20; Ruth 2,12; Ps 137,8 usw.) – eine Erfahrung, die Israel gelehrt hat, daß nichts in der Theologie stimmen kann, was nicht zuerst menschlich und historisch erprobt ist. Die ganze Hebräische Bibel ist im Grunde die unvollendete Geschichte der Wechselbeziehungen zwischen dem souveränen Gott und seiner freien Menschheit. Was die beiden Freiheiten verbindet, ist die unverdiente Gnadenliebe Gottes und die ungezwungene, langsam dämmernde Gegenliebe der Adamskinder für ihren Schöpfer – eine Doppelliebe, die Schalom erwirkt. Diese Liebe lebt uns Gott in seiner *imitatio hominis* vor. Fünfmal heißt es im rabbinischen Schrifttum: »Willst du wissen, daß alle Wege Gottes Liebe sind? (Ps 25). Im Anfang der Tora hat Er eine Braut geschmückt (Gen 2,22); an ihrem Ende steht Liebe, denn Er hat einen Toten begraben und in ihrer Mitte hat Er einen Kranken besucht (Gen 18,1).«[1]

Die Zukunftserwartung, die keimhaft schon auf der ersten Bibelseite beginnt, ist für das zeitgenössische Altertum nicht weniger revolutionär als die jüdische Idee der *creatio ex nihilo*. Die mythologischen Kosmogonien Ägyptens, Assyriens und Babyloniens kennen zwar einen vom Himmel herabgestiegenen Anfang ihrer Monarchien, aber kein Ende, da das Weltbild des vor-biblischen Orients von einem Kreislaufdenken beherrscht ist, das kein Neues, kein Abweichen vom endlosen Karussell der sinnlosen Wiederholung kennt. So wie der Sonnen-Gott alltäglich aufgeht, den Zenit erklimmt, um dann plangemäß wieder unterzugehen, so steigt das Jahr; wie die Fluten des Nils und des Euphrats nach voraussehbarer Regelmäßigkeit – um ebenso regelmäßig wieder zu sinken. Und von Sonne, Mond und Überschwemmungen her zieht die antike Logik ihre kosmische Schlußfolgerung: Die Weltzeitalter rollen in gewaltigen Zyklen – vom Chaos zum Kosmos und wiederum zum Chaos zurück (so wie Hesiod die Äonen vom Goldenen Zeitalter über das Silberne zum Eisernen herabsteigen läßt), um dann wieder ziellos, grundlos und sinnlos im Urzustand zu münden.

»Am Anfang schuf Gott Himmel und Erde ... Sonne, Mond und Sterne ...« Mit einem Satz wird das Pan-Theon der Natur-Gottheiten entmythologisiert, der Kosmos als Gottes-Ordnung proklamiert, die Evolution als schrittweise Emporentfaltung alles irdischen Lebens wird im unsterblichen Gleichnis von der siebentägigen Schöpfungswoche vorausgedeutet, um den Erdbewohnern einen ursächlichen Anfang, ein zielbewußtes Weiterleben und ein hoffnungsvolles Ende zu schenken.

Es ward Licht.

Das Buch vom Anfang war das Ende der primitiven Schrekkensträume aller Dunkelzeiten, das Chaos und Sinnlosigkeit durch eine Lebensdeutung ersetzt, die binnen einem Jahrtausend die Erde erobert. Vor allem entmachtet es ein Menschenbild, das allzu lange Menschen zu Göttern erheben und zu Sklaven entmenschen konnte. Der Krönungsformel der altorientalischen Dynastien: »Der König ist Gott«, setzte es seine biblische Antithese entgegen: »Gott ist der König.« Indem Israel die Kaiser-Vergottung seiner Umwelt durch ein Weltkönigtum Gottes ersetzt, zerstört es den absoluten Machtanspruch aller heidnischen Herrscherideologien und gibt ihrer apotheotischen Grundlage durch eine zweite Umdeutung den Gnadenstoß. Soweit die antiken Monarchen sich nicht selbst als Gottheiten anbeten ließen, galten sie als einzigartige Ebenbilder nationaler Gottheiten, die aufgrund himmlischer Machterteilung ihre Völker vollmächtig regierten. Absolutes Herrschertum wurde dadurch nicht nur maximiert, sondern jedwede Rebellion, alles menschliche Aufbegehren wurde auch zur Blasphemie verteufelt.

Der Genesisbericht bedient sich desselben Sprachbildes, um

König und Untertan schlagartig zu nivellieren, indem er »den Menschen« – alle und jeden – zum »Ebenbild Gottes« adelt. Um diese Revolution in der menschlichen Selbsterkenntnis gebührlich einzuhämmern, wird ihr in Ps 8 ein Manifest gegeben: »Du (Gott) machst ihn (den Menschen) wenig geringer als die Himmelswesen; und mit Ehre und Hoheit krönst Du ihn. Du setzest ihn zum Herrscher über deiner Hände Werk« (Ps 8,6–7). Diese geschöpfliche Gleichheit der universalen Menschenwürde entsakralisiert alle Menschenmacht, macht sowohl bei Saul wie bei David das ganze Volk – unter Gott – zum König-machenden Subjekt, reduziert alle sterblichen Machthaber zu fehlbaren Adamssöhnen und gibt dem Auserwählungsbewußtsein Israels den Drang einer emanzipatorischen Weltmission.

Der Grundgedanke der Gottesherrschaft hat also zwei Dimensionen: Die vertikale, die ihn allein als Herrn alles Lebens anerkennt, und die horizontale, die alle Macht auf Erden relativiert – trotz Salbung und kultischer Funktion der Könige Israels –, um so die religiöse Grundlage für eine weltweite Ökumene aller Gotteskinder zu legen.

Und so versuchte Israel jahrhundertelang ohne Könige auszukommen, indem es sich mit Richtern und Charismatikern zu Notzeiten begnügte, deren Macht beschränkt und befristet wurde. Wie man in Israel über Königsideologien dachte, kommt vielleicht am klarsten in der Jotam-Fabel zum Ausdruck, die zu den bissigsten politischen Satiren der Weltliteratur gehört (Ri 9,5–21). Was sie als Ideal-Schalom impliziert, ist eine an-archische Theokratie, in der es keine Unfreiheit geben kann, da alle produktiven Menschen in einer Gemeinschaft zusammenwirken, über die niemand zu walten braucht – niemand, nur Gott allein. Als Israel sich endlich unter dem Druck der Nachbarvölker für eine Monarchie entscheidet, wird dieser Entschluß eindeutig als Assimilation an die Heidenwelt angeprangert (1 Sam 8,5) und teilweise als militärische Notwendigkeit entschuldigt (1 Sam 8,20), aber schließlich unbarmherzig als Abfall von Gottes Alleinherrschaft verurteilt (1 Sam 8,7f).

Durch zwei Satzungen wurde alle Herrschaft in Israel eingeschränkt: Das Verbot der Fremdherrschaft (Dtn 17,14ff) im sogenannten Königsgesetz – und das Gebot der Tora-Treue (Dtn 17,18–20), das alle Regenten zeitlebens der prophetischen Maßregelung und der Kritik anhand des Bibelethos unterwarf.

»Du bist der Mann, der Arme beraubt und Ehebruch begeht ... Warum hast du das Wort des Herrn verachtet?« (2 Sam 12,7ff). Wenn sich sogar König David solche theopolitischen Kampfansagen öffentlich vom Propheten Nathan gefallen lassen muß, werden aller monarchischen Herrschsucht und Habgier klare moralische Grenzen gesetzt.

Aus Gen 1,27 lesen die Talmudväter sowohl die Heiligkeit des Menschenlebens als auch die Nichtigkeit aller aristokratischen Überheblichkeit, die Unfrieden stiftet: »Der Mensch wurde deshalb als Einzelner erschaffen, um dich zu lehren, daß, wenn jemand eine Seele vernichtet, es ihm angerechnet wird, als hätte er die ganze Welt vernichtet; wenn aber jemand eine Seele errettet, der ist, als hätte er die ganze Welt errettet. Ferner auch um des Friedens willen, damit keiner zu seinem Nächsten sage: mein Ahn war größer als deiner ...«[2]

Daß der Glauben an die Einheit Gottes die Gleichheit aller Menschen zur Folge hat, ist im jüdischen Denken genauso selbstverständlich, wie daß die Vaterschaft Gottes alle Menschen zu Brüdern machen muß – ob sie es nun wollen oder nicht: »Haben wir nicht alle *einen* Vater? Hat uns nicht *ein* Gott geschaffen?«, fragt Maleachi (2,10) gut rhetorisch.

So wird jeder Mord zum Brudermord (Gen 9,5: *Isch-et-achiv*), was alle Tötung von Menschen zur Gewalttat, ja zur Vernichtung des Ebenbildes Gottes macht, für deren Ahndung Gott selbst Sorge trägt (Gen 9,6). Und da Nächstenliebe, im globalen Sinne – das Gebot in Lev 19,18 wurde schon lange vor Jesus gegeben – auch die klassischen Feinde Israels umschließt (Dtn 23,8), wurde kein Krieg in Israel »heilig« gesprochen[3].

Der Prüfstein jüdischer Minimierung aller Unfreiheit ist in der Einstellung zum Sklavenwesen zu finden, das zu den

Grundsäulen aller antiken Herrschaftsstrukturen gehörte. Drei Beispiele mögen hier das humanitäre Novum in der Gesetzgebung Israels beleuchten. Im *Codex Hammurabi,* der vom Babylon des 20. vorchristlichen Jahrhunderts aus die meisten *corpora juridica* des Altertums entscheidend beeinflußte, galt ein Sklave, ähnlich dem Vieh, als rechtloses Besitztum seines Herrn. Wer ihm zur Flucht verhalf, hatte mit der Todesstrafe zu rechnen. Die Bibel hingegen befiehlt: »Du sollst den Sklaven nicht seinem Herrn ausliefern, wenn er vor ihm zu dir geflüchtet ist. Er soll bei dir bleiben an dem Ort, den er erwählt, in einer deiner Städte, wo es ihm gefällt. Du sollst ihn nicht bedrücken!« (Dtn 23,16f). In einer Zeit, in der Sklaven als Vermögensstücke galten, heißt es im rabbinischen Recht: »Wenn ein Sklave aus der Gefangenschaft entflieht, so wird er frei; und noch mehr: man zwinge seinen Herrn, ihm einen Freilassungsbrief zu schreiben.«[4] »Wenn jemand seinen Sklaven preisgibt, so wird er frei und benötigt keinen Freilassungsbrief.«[5] »Wenn jemand seinen Sklaven dem Tempel weiht, so wird er frei.«[6] »Wenn ein Sklave in Gegenwart seines Herrn eine Freie heiratet, so wird er frei.«[7] »Wenn jemand einen seiner Sklaven verpfändet und er ihn freigelassen hat, so ist zwar der Sklave zu nichts verpflichtet, jedoch haben die Weisen angeordnet, daß man seinen Herrn zwinge, ihn zum Freien zu machen.«[8] »Wenn jemand all seine Güter seinem Sklaven verschrieben hat, so wird er frei.«[9] »Wenn er (der Herr) ihm (seinem Sklaven) einen Zahn ausgeschlagen und ein Auge geblendet hat, so wird er frei wegen des Zahnes, und er zahle ihm Schadenersatz für das Auge.«[10] »Wenn jemand einen Sklaven an Nicht-Juden oder ins Ausland verkauft hat, so wird er frei.«[11]

Charakteristisch für die Einstellung der Rabbinen, die Streitsachen prinzipiell zugunsten der Schwachen, der Armen und der Unfreien entschieden, ist folgender Grenzfall: »Ein Halbsklave diene, wie die Schule Hillels sagt, einen Tag seinem Herrn und einen Tag sich selber. Die Schule Schammais erwiderte: Ihr habt allerdings Vorsorge für seinen Herrn getroffen, nicht aber für ihn. Eine Sklavin heiraten darf er nicht, da er zur Hälfte Freier ist; eine Freie heiraten darf er ebenfalls nicht, da er zur Hälfte Sklave ist; die Heirat ganz unterlassen darf er ebenfalls nicht, da ja die Welt zur Fortpflanzung erschaffen worden ist, wie es heißt: ›Nicht zur Einöde hat er sie erschaffen, sondern auf daß sie bewohnt werde‹ (Jes 45,18). Als Vorsorge zwinge man daher seinen Herrn, ihn zum Freien zu machen ... Darauf trat die Schule Hillels zurück und lehrte wie die Schule Schammais.«[12]

Der *Codex Hammurabi* endet mit der Satzung, laut der einem Sklaven, der in die Freiheit fliehen wollte, ein Ohr abgehauen wurde; der Zivilcodex Mose hingegen beginnt (Ex 21,2–6) mit dem Fall eines Sklaven, dessen Ohr durchbohrt werden soll – wenn er sich weigert, nach sechsjähriger Knechtschaft befreit zu werden: »Spricht aber der Sklave: Ich habe meinen Herrn lieb, und mein Weib und Kind, ich will nicht frei werden, so bringe ihn sein Herr vor Gott und stelle ihn an die Tür, oder den Pfosten, und durchbohre mit einem Pfriem sein Ohr, und er sei sein Sklave für immer« (Ex 21,5f). Warum ausgerechnet sein Ohr, fragt die jüdische Überlieferung? »Weil er vom Berge Sinai gehört hat: ›Mir (Gott) sind die Kinder Israel Knechte, meine Knechte sind sie‹ (Lev 25,55) – trotzdem hat er das Joch des Himmels von sich geworfen, und das Menschenjoch zum Herrn über sich gemacht. Deshalb sagt die Schrift: Es komme das Ohr und werde durchbohrt, weil es nicht gehalten hat, was es gehört hat.«[13] Kein Wunder, daß es schon zu Ende des ersten Jahrhunderts heißt: »Wenn jemand einen hebräischen Sklaven kauft, so ist es ebenso, als würde er einen Herrn über sich kaufen.«[14]

Die Hebräische Bibel beginnt eindeutig »katholisch« mit der Urgeschichte; sie gibt der Volksgeschichte Israels einen »protestantischen« Anfang – mit dem tatkräftigen Protest des Buches Exodus gegen Tyrannei und Versklavung –, um mit der Vision einer weltweiten Ökumene aller Menschenkinder auszuklingen. »Am Anfang« schuf Gott die Welt – *eine einzige Welt,* wie der Begriff Universum betont, die heute endlich zu verstehen beginnt, daß sie vor der Wahl steht: Eine Welt – oder keine. Wer »Am Anfang« sagt, hat die Zukunft im Sinn, denn, wie ein altes Gleichnis lehrt: »In der Schöpfung schon lag die Idee vom Messias.«[15]

Für Juden ist diese Welt keine »gefallene Schöpfung«, sondern das Liebeswerk Gottes, das er sechsmal »gut« geheißen hat, und dem er die Treue hält. Es ist der Ausgangspunkt, der Schauplatz und die Vorbedingung aller Offenbarungen und des erlösenden Gottesreiches, das diese Schöpfung einst vollenden soll. »Ich habe euer Joch gebrochen und habe euch aufrecht wandeln lassen« (Lev 26,13). So lautet die Göttliche Befreiungsbotschaft aus aller Gewaltherrschaft, die als Vorbedingung der endzeitlichen Gottesherrschaft gilt. Was Urzeit und Endzeit verbindet, ist jener Bogen des Schalom, der sowohl als Name Gottes[16] als auch als Name des Messias gilt[17]. »Groß ist der Friede, denn er wiegt das ganze Schöpfungswerk auf«[18], heißt es, was wie eine Anspielung auf unsere atomare Selbstzerstörungsmacht klingt – und: »Das ist der Friede der (messianischen) Königsherrschaft des Hauses David«[19] – was die Verheißung des Endheils bestätigt.

Aus unserem Geschaffensein entspringt die Pflicht, weiterzuschaffen, denn schon am dritten Tage *schuf nicht* Gott die Fauna, sondern er sprach: »Es lasse die Erde aufgehen Gras und Kraut . . .« (Gen 1,11), woraus die Talmudväter den Auftrag der fortschreitenden Mitschöpfung sehen – um so mehr, als Gott den Menschen beauftragte, »sich die Erde untertan zu machen« (Gen 1,28), um sie zu »bebauen und zu bewahren« (Gen 2,15). Aus diesem Schöpfungsauftrag schöpft das Judentum sowohl die heilige Unzufriedenheit, die alles Noch-nicht-Vollkommene verwirft, als auch den Mut zur unermüdlichen Weltverbesserung. Da alles von Gott kommt, gibt es keinen Riß zwischen Natur und Kultur, zwischen Leib und Geist, noch Mißtrauen zum Rohstoff, zum »Fleisch« oder zum »Buchstaben«, der angeblich tötet. Alles ist Teil eines Gott-gewollten Ganzen; nichts ist in sich selbst verächtlich, denn Menschenwille und Geisteskraft können und sollen diese Welt Gottes heiligen.

So unvollendet, aber vollendbar – so unbefriedet, aber befriedbar sieht das Judentum unsere Welt.

Das Menschenbild der Bibel ist illusionslos, aber hoffnungsvoll. Der erste Mensch, der einen Bruder hatte, schlug ihn tot; und Brudermord hat seit Kains Zeiten noch nicht aufgehört. Dennoch verleiht Gott demselben Kain ein Schutzzeichen, »daß ihn niemand erschlüge, der ihn fände« (Gen 4,15). »Das Dichten und Trachten des Menschenherzens ist böse von Jugend auf« (Gen 8,22), und »vor der Türe lauert die Sünde, die nach dir giert« (Gen 4,7), heißt es – aber auch: »Du sollst Herr werden über sie!«, und jede Generation hatte ihre Glaubenshelden und Gerechten, die diese von Gott gegebene Macht der Sündenbezwingung bewiesen haben. Die Weisen Israels haben Gut und Böse nicht zu Engeln und Teufeln extravertiert, noch Prügelknaben in der Hölle für eigene Verfehlungen gesucht. Nicht der Böse, sondern das Böse im eigenen Herzen treibt zum Neid, zum Haß und zum Krieg. »Leben und Tod habe *ich* euch vorgelegt, Segen und Fluch. So erwähle nun das Leben, auf daß du am Leben bleibest, du und deine Nachkommen.« Hier steht die Urkunde unserer Mündigkeit (Dtn 30,19). Nach Auschwitz oder zum Gottesreich; zum Weltfrieden oder zum letzten Weltkrieg – beide Wege stehen der Menschheit offen, die verurteilt wurde, frei zu sein und die jeden Tag neu wählen muß zwischen Fluch und Segen.

So ist der Friede, aus rabbinischer Sicht, die Frucht eines lebenslänglichen Kampfes zwischen dem guten und dem bösen Trieb, der keinem von uns erspart bleibt.

»Wer ist ein Held?« fragt Ben-Soma, ein Zeitgenosse Rabbi Akibas, und antwortet: »Wer seinen Trieb bezwingt«[20], wobei »bezwingen« keineswegs »besiegen« heißen muß, sondern eher verwandeln oder sublimieren im Sinne einer »Tiefenpsychologie«, die fast zwei Jahrtausende älter ist als Sigmund Freud: »Wenn du frägst: Weshalb hat Gott den bösen Trieb erschaffen und wer kann ihn gut machen, so sagt der Ewige: Du selbst machst ihn böse. Als Kind hast du ja nicht gesündigt . . . Wendest du ein: Der Mensch kann sich nicht vor sich selber schützen, so sagt der Ewige: Es gibt viel härtere und bitterere Dinge auf Erden als der böse Trieb, und ihr macht sie süß. Solltest du den dir überantworteten Trieb nicht versüßen können?«[21]

Ein kühner Midrasch sieht gerade in dieser »Versüßung« des Aggressionstriebes die göttliche Herausforderung an den Menschen. »Rabbi Samuel sagte: Und siehe es war gut (Gen 1,25) – hiermit ist der gute Trieb gemeint. ›Und siehe, es war sehr gut‹ (Gen 1,31) – das meint den bösen Trieb. Ist denn dieser ›sehr gut?‹ Da staune ich! Es will dich aber lehren, daß ohne bösen Trieb keiner ein Haus erbaut, eine Frau ehelicht, Kinder gezeugt oder Handel getrieben hätte.«[22] Anders gesagt: Der sogenannte »böse Trieb« ist wesenhaft zweideutig – lebensfördernd oder lebenshemmend, er kann zum Fortschritt führen oder zum Fort-Schritt, weg von Gottes Schöpfungsordnung, zurück zum *Tohu-wa-bohu* vor dem Weltenanfang.

In den Worten Walter Hollitschers, eines modernen Aggressionsforschers: »Die Aggression steht ganz im Dienste des Lebens. Überhaupt hat sie zunächst gar nichts mit Sadismus und Deduktion zu tun. Jede Lebensäußerung ist aktiv und zielgerichtet aggressiv, im Sinne vom *ad-gredi,* sich an etwas machen, sich an jemanden wenden.«[23]

Noch deutlicher sagt Konrad Lorenz, wozu die »böse« Aggression gut sein kann: »Überblicken wir dies alles in umfassender Zusammenschau, so erscheint uns die intraspezifische Aggression durchaus nicht als der Teufel, als das vernichtende Prinzip, ja nicht einmal als ›Teil von jener Kraft, die stets das Böse will und stets das Gute schafft‹, sondern ganz eindeutig als Teil der system- und lebenserhaltenden Organisation aller Wesen, der zwar, wie alles Irdische, in Fehlfunktionen verfallen und Leben vernichten kann, der aber doch vom großen Geschehen des organischen Werdens zum Guten bestimmt ist.«[24]

So scheitert die erste Menschheit an der Selbstentzweiung, die sie von Gott und dem Adel ihres Menschentums entfernt. Auch die zweite Menschheit, die Gott nach der Sintflut aus

Noah auferstehen ließ, scheitert – diesmal am Einheitswillen, der gegen Gott gerichtet ist: »um einen Turm zu bauen, dessen Spitze bis an den Himmel reiche« (Gen 11,4). Jüdische Legenden beschreiben die fiebrige Hast der Baumeister: Wenn ein Mann beim Turmbau ums Leben kam, beobachtete es keiner. Wenn jedoch ein Ziegel fiel und zerbrach, herrschte Trauer und viele weinten – eine lakonische Feststellung der Bande zwischen Gottlosigkeit und Unmenschlichkeit, die alle heidnisch-selbstherrlichen Gesellschaften kennzeichnet – vom frühen Altertum bis zu unseren Tagen.

»Alle Erde«, heißt es am Anfang der Erzählung vom Turmbau, womit das noch »einige« Erdenvolk gemeint ist (Gen 11,1). »Alle Erde« im gleichen Sinn heißt es am Schluß des ersten Absatzes, da die Bauarbeit ein Ende nahm. »Alle Erde« heißt es zum drittenmal, um Gottes Eingreifen zu bezeichnen, als *Er* die hochmütigen Babel-Erbauer in vielsprachige Stämme spaltet und über den ganzen Erdboden zerstreut. So ist also die menschliche Zerklüftung in hunderte von nationalen Separatismen die Straffolge für eine übermütige Hybris, die ohne Gott fertig zu werden glaubt. Nicht zerstört wurden sie vom Gott der Barmherzigkeit, sondern lediglich »zerstreut« – als Antithese ihrer ursprünglichen Einheit.

So tief schmerzt dieses Heimweh nach der verspielten Ur-Einheit, daß sogar selbst-entjudete Juden (und Ex-Juden) in ihrem Namen weltweite Selbsterlösungsbewegungen, Ideologien und Revolutionen aus dem Boden gestampft haben. Auch heute errichten ihr die Himmelsstürmer Wolkenkratzer auf »aller Erde«, doch weder Wortschwall noch Eisenbeton kann den Abgrund überbrücken, der zwischen solch Gottloser Scheineinheit (United States, Union of SSR, United Nations usw.) und der Friedenseintracht der biblischen Endzeitvision gähnt:

> »Geschehen wird's in den letzten Tagen;
> da werden strömen zu Ihm alle Weltvölker,
> hingehen Nationen in Menge ...

Richten wird Er dann zwischen den Weltvölkern,
ausgleichen unter der Nationenmenge,
ihre Schwerter werden sie zu Pflugscharen umschmieden,
ihre Speere zu Winzerhippen.
Nicht erhebt mehr Volk gegen Volk das Schwert,
noch lernen sie fürder den Krieg« (Jes 2,2–4).

Hier wird weder die Realität des Krieges totgeschwiegen, noch ein utopisches »Seid-umschlungen-Millionen!« angestimmt, sondern nüchtern die Möglichkeit eines internationalen Ausgleichs unter Gott angedeutet – wobei das »Umschmieden« von Schwertern zu Pflugscharen keineswegs eine Stilblüte ist, sondern – wie archäologische Funde bewiesen haben – eine landläufige Gepflogenheit der mittleren Eisenzeit war, die der vorexilischen Monarchie in Israel historisch entspricht.

Nach einer langen Kette menschlichen Versagens und Unheils (Gen 2–11) kommt es ganz unverdient und unverhofft zum Neubeginn, indem Gottes Verheißung an den Sohn eines mesopotamischen Götzendieners ergeht. In der Völkertafel, mit der die Urgeschichte ausklingt (Gen 10), ist weder von Abraham noch von Israel die Rede. Ihr Stammbaum liegt völlig inmitten der siebzig Weltnationen verborgen, von denen sie nichts – auch keine andeutende Erwähnung – trennen oder auszeichnen soll. Nur im obskuren Namen des unbekannten Arpachschad liegt der Keim künftiger Erwählung, die weder der Abstammung noch den Verdiensten zu verdanken ist, sondern einzig und allein der Gnadenliebe Gottes.

Der dritte Versuch, Schalom zu erwirken, konnte nicht mehr von der »verwirrten« (Gen 11,9) Menschheit ausgehen. Damit die Vielheit der gespaltenen Völker den Weg zur Einsicht und zur Eintracht finde, soll ihr an einem Modell gezeigt werden, wie sich ein Lebensweg vor und mit Gott innerhalb eines Volkes verwirklichen läßt. Dazu taugte jedoch keines der nachsintflutlichen »Normalvölker«, die den hochmütigen

Turmbau noch im Herzen trugen. Es bedurfte eines völlig Neuen, der herausgeführt werden mußte aus all seinen kreatürlichen Bindungen mit der heidnischen Umwelt: »Da sprach Gott zu Abraham: ›Geh heraus aus deinem Lande, und heraus aus deiner Verwandtschaft und heraus aus deinem Vaterhause!‹ « (Gen 12,1).
Nichts weniger als eine innere Loslösung von allem Vertrauten, ein Bruch mit Tradition und Vorfahren und ein freiwilliges Durchschneiden aller Bande wird hier verlangt. Warum? Um sein Leben lang ein Fremdling zu werden, ohne Erbrecht, Boden oder Bleibe, stetig unterwegs. Abraham, »der Hebräer«, wurde er benannt – *Ha-Iwri* (Gen 14,13), was soviel wie »der von drüben«, der Mann des Überganges, der Wanderer zwischen zwei Welten bedeuten kann. Der Grenzgänger, der Heim und Heimat verläßt, ohne zurückzuschauen, um durch die Wüste dem Ruf Gottes zu folgen[25]. Mit ihm beginnt die Geschichte Israels, die seine Nachkommen mit jener Zuversicht beseelt, die kein Heute gutheißen, keinen *Status quo* heiligsprechen kann, solange noch ein Abgrund zwischen der Verheißung von Morgen und der gestrigen Wirklichkeit klafft.
Hier und jetzt ist der Standort der Nachfahren Abrahams, die wie er mit beiden Füßen fest auf dieser Erde stehen, jedoch kein Stück Erde wird zum ewigen Stammsitz, sondern dient lediglich, wie Ägypten (Gen 12,10), Bethel (Gen 13,3) und Mamre (Gen 13,8) als zeitweilige Raststätte, um stets neu aufzubrechen zum Exodus der Weltveredlung und zur Eroberung der verheißenen Zukunft.
Ein schier unendlicher Kranz von Tugenden und Legenden wird um die Gestalt Abrahams im jüdischen Glaubensgut gewoben: Er ist nicht nur der erste Proselyt, nach dem alle Proselyten die »Söhne Abrahams« benannt werden, sondern auch der erste Missionar; er ist das Modell der Friedfertigkeit und Bescheidenheit; seine väterliche Fürsorge für Isaak wird nicht weniger gelobt als sein Gerechtigkeitssinn gegenüber den Bewohnern Sodoms und Gomorras; er ist der Träger der Verheißung und »der Freund Gottes« (Jes 41,8 und

2 Chron 20,7), mit dem der Schöpfer einen Bund schließt; als der im Glauben Geprüfte ist er der »Vater des Glaubens« und ein Vorbild des Gehorsams, ja, mit ihm beginnt die eigentliche Hoffnung Israels. Denn wer ist wie Abraham ein lebendiges Symbol der unverwüstlichen Hoffnung auf ein noch ungeborenes Volk und ein verheißenes, aber noch lange nicht gegebenes Land? – Jedoch vor allem und hauptsächlich ist dieser Völkervater der Empfänger des ökumenischen Gottessegens, der durch ihn und seine Nachkommen für die ganze Menschheit bestimmt ist. So heißt es also fünfmal im 1. Buch Mose, daß er selbst sowie sein Name »allen Geschlechtern des Erdbodens« zum Segen gereichen werde (Gen 12,3; 18,18; 22,18; 26,4 und 28,14). Der fünfmalige Doppelsegen ist sowohl auf leibliche Nachkommenschaft bezogen als auch auf die universale Segenskraft, die von ihm aus auf seine ganze Umwelt ausgehen soll. In allen fünf Segenssprüchen ist die verheißene Volkswerdung und Landnahme nur ein Mittel, ein Werkzeug zum Endzweck. Eines Volkes bedarf es, gesegneter Vaterschaft, um die nach Sündenfall, Sintflut und Turmbau neu erstandene Menschheit zu einem höheren, edleren Menschentum zu führen. Gott schließt mit Abraham einen dreifachen Bund (Gen 17,2; 17,4 und 17,5–6) – mit ihm persönlich; mit seiner leiblichen Nachkommenschaft, die bestimmt ist, sich in Israel und die arabische Welt zu teilen mit der Glaubensnachkommenschaft, die dank Abraham einst unter die Fittiche der göttlichen Vorsehung kommen soll. Daß diese Dreiheit unzertrennlich ist, beweist die Einheit des nun zu schließenden Bundes, der einen gemeinsamen Völkervater hat, und die Einzigkeit der Quelle, aus der alle – Israel, Araber und die zu bekehrende Heidenwelt – ihren Segen schöpfen sollen. Es kann also für das Judentum nicht belanglos bleiben, daß sich seine beiden »Tochterreligionen« auf Abraham als Urheber ihres Glaubens berufen – in unmittelbarer Anlehnung an seinen Bibelbund und die Verheißungen, mit denen die Vätergeschichte Israels beginnt. Nicht weniger als 72mal erscheint er im Neuen Testament und über 60mal im Koran – als Vorahne Jesu, als geistiger »Vater aller Gläu-

bigen«, als Empfänger weltweiter Verheißungen, und nicht zuletzt als Vorbild des bedingungslosen, beispielhaften Glaubens. So wird Abraham im Römerbrief »unser Stammvater« (Röm 4,1) und in bezug auf Gen 17,5 »der Vater unser aller« (Röm 4,16) genannt. Gal 4,22 mahnt: »Es steht doch geschrieben, daß Abraham zwei Söhne hatte«, und Lk 16,22 erinnert die Christen daran, daß in der jüdischen Tradition die Gerechten nach ihrem Hinscheiden »in Abrahams Schoß getragen werden«. Nicht zuletzt beschreibt Mt 8,11 aus Jesu Mund die messianische Hoffnung der rabbinischen Orthodoxie: »Viele werden von Ost und West kommen, um mit Abraham im Himmelreich zu Tisch zu liegen.«
Nicht weniger bibelbezogen ist der Koran, dessen Autor Abraham als den Begründer der reinen Urreligion betrachtet, die von den Muslims unverfälscht bewahrt worden ist: »Denn siehe, Gott hat Abraham zum Führer der Menschheit bestimmt« (Sure II,124ff). »In der Tat, diejenigen Menschen, die Abraham folgen, haben den besten Anspruch an ihn« (Sure III,68). »Gott spricht die Wahrheit: Folget also dem Glauben Abrahams, des Rechtschaffenen.« (Sure III,95) »Wer ist besser im Glauben als jener, der sich Gott unterwirft, den Menschen Gutes tut und der Überlieferung Abrahams, des Rechtschaffenen folgt« (Sure IV,125). Kein Wort aus diesen Suren des Koran könnte den geringsten rabbinischen Widerspruch hervorrufen.
Was den Islam betrifft, so geht seine Selbstbenennung auf Gen 17,1 in der Übersetzung des Targum Onkelos zurück: Dort wird Abraham von Gott aufgerufen, »schelim« (vollkommen) zu sein, was von Mohammed in Sure II,125 in folgenden Worten ausgelegt wird: »Gott sagte zu Abraham: Unterwerfe dich (auf Arabisch: asslim l'Allah!)!« Und in einer anderen Stelle: »Dies ist die Religion eures Vaters Abraham. Er nannte euch Muslimim, das heißt: die sich Gott unterwerfen« (Sure XXII,77).
So ist also Abraham nicht nur der Stammvater Israels, sondern auch der geistige Urahne aller Christen und der erste Muslim des Korans. Ist es bloßer Zufall, daß das aramäische

»schelim« und das arabische Islam (asslim, muslim usw.) stammverwandt sind mit jenem Schalom, der das Herzstück des Gottessegens (Lev 26,6) wie auch die Krönung des von Gott befohlenen Priestersegens (Num 6,26) darstellt? – Und mag in der Dreiheit der abrahamitischen Religionsfamilie – Judentum, Christentum und Islam – nicht der (anfängliche) Segen zu sehen sein, durch den dieser erste Glaubensheld allen Menschen den Schalom Gottes vorzuleben und zu vermitteln bestimmt war? – So verwirklicht sich der göttliche Imperativ: »Werde ein Segen!« (Gen 12,2), der einst nicht nur an Abraham, sondern wie ein Befehl an die Weltgeschichte erging, im schrittweisen Zum-Glauben-Kommen »aller Geschlechter auf Erden«.

Dem realistischen Menschenbild der Hebräischen Bibel entspricht ihr Anspruch an ihr Volk: »Die Tora spricht in der Sprache der Menschen.«[26] Dieser Leitsatz bedeutet nicht nur, daß Anthropomorphismen nicht wörtlich genommen werden dürfen, sondern auch, daß die Sehnsucht nach dem Absoluten mit Kompromissen gezügelt werden muß, um eine Brücke zwischen Vision und Wirklichkeit zu schlagen. Jedwede Utopie hienieden wird sorgfältig vermieden, und alle Wunschträume werden pragmatisch geerdet. Indem sie die Schwächen aller Adamssöhne berücksichtigt, verzichtet die Hebräische Bibel wohlweislich darauf, den Gläubigen eine engelhafte Ethik aufzuerlegen. Liebe deinen Nächsten und den Fremdling – wie dich selbst, aber nicht deinen Feind! Vertraue ganz auf Gott, und sorge dennoch für den morgigen Tag, denn nur die Vögel des Himmels und die Lilien auf dem Felde können sich den Luxus der Sorglosigkeit erlauben. Halte die Zehn Gebote, aber wisse zugleich, daß dich ein verstohlener Blick ebenso wenig zum Ehebrecher macht wie ein ärgerliches Wort zum Mörder. Ebenso gibt es für eine Welt, in der Gott Frevel, Haß, Neid und Gottlosigkeit gedeihen läßt, kein Patent-Rezept für den Völkerfrieden.

»Alle Gebote sind zu erfüllen, wenn sich die entsprechende Gelegenheit bietet. Nicht so der Friede, ihn sollst du aufsuchen und ihm nachjagen!«[27] Vom Toten verabschiedet man sich mit den Worten: »Geh hin *in* Frieden!«, wie einst dem Abraham für seinen Lebensabend verheißen wurde (Gen 15,15); zum Lebenden jedoch sagt man beim Abschied: »Geh hin *zum* Frieden!«, wie Jitro einst zu Moses sagte (Ex 4,18). Zum Frieden gehen oder ihm nachjagen heißt ein Stück »Frieden machen« (Jes 27,5 und Jos 9,15), wie auch Jesus gut hebräisch sagt (Mt 5,9); denn um ein Schöpfen geht es, wie bei Gott, der Sonne, Mond und Sterne »machte« (Gen 1,16).

Ist der Friede machbar?

Nach Ansicht der Rabbinen ist er nie endgültig gesichert, keineswegs vollendbar, noch ohne Gottes Segen zu erlangen; aber für die Friedensstifter gilt das Talmudwort: »Nicht dir obliegt es, das Werk zu vollenden; du bist aber auch nicht frei, dich ihm zu entziehen.«[28] Mit anderen Worten: Die Friedenstaktik der Talmudväter ist eine Theopolitik der kleinen Schritte: Konfliktvorbeugung, Konfliktentschärfung, Konfliktschrumpfung, friedlich mit Konflikten leben. So heißt es zum Beispiel in einer Debatte, ob man am Sabbat Waffen tragen dürfe: »Man soll (am Sabbat) nicht ausgehen mit einem Schwert oder mit einem Bogen oder mit einem Schild oder mit einer Keule oder mit einem Spieß. Und wer damit (versehentlich) ausgegangen ist, der ist zu einem Sühneopfer verpflichtet.« Worauf Rabbi Elieser einwendet: »Sie könnten ihm als Schmuck dienen (was am Sabbat erlaubt ist).« Worauf seine Lehrkollegen einmütig erwidern: »Nur zur Schande dienen sie, denn heißt es nicht: ›Sie werden ihre Schwerter zu Pflugscharen umschmieden und ihre Spieße zu Winzerhippen. Nicht mehr wird Volk wider Volk das Schwert erheben noch werden sie fürder zum Kriege sich üben‹?« (Jes 2,4)[29]. Womit der Heilsbogen gespannt wird vom Ursabbat – das erste, was Gott in dieser Welt »heiligte« (Gen 2,3) – zum »Weltensabbat«, wie die Endzeit des öfteren genannt wird[30], über den allwöchentlichen Sabbat, der nach jüdischer Überlieferung proleptische Spuren vom Schalom der »kommenden Welt« enthält[31].

In demselben Sinne wird »der böse Sohn« in der *Passa-Liturgie* seit undenklichen Zeiten als Soldat dargestellt, meistens in einer hochmütigen Pose, womit alles Kriegerische entwertet, angeprangert oder lächerlich gemacht werden soll.

»Mippne darkei schalom«, um des Friedens willen, heißt ein rabbinisches Prinzip, das das friedliche Zusammenleben mit der Umwelt auf menschlicher und sozialer Grundlage untermauern will: »Man verwehre nicht-jüdischen Armen weder das Einsammeln der Nachlese noch vergessene Garben noch den Eckenlaß jüdischer Felder – um des Friedens willen. Man versorge die Armen der Nichtjuden zusammen mit jüdischen Armen; man besuche die kranken Nichtjuden mit den Kranken Israels, und man begrabe die toten Nichtjuden so wie die Toten Israels – um des Friedens willen.«[32] Doch auch auf innerjüdische Beziehungen erstreckt sich das Prinzip, wie zum Beispiel in der Verteilung der ehrenvollen »Aufrufe zur Tora« bei der sabbatlichen Schriftlesung in den Synagogen: »Folgende Dinge hat man um des Friedens willen angeordnet: Ein Priester liest zuerst aus der Tora vor; nach ihm ein Levit, nach ihm ein Israelit – des Friedens wegen.«[33]

»Die Heiligung des göttlichen Namens« bedeutet nicht nur die Beobachtung der Gebote, sondern erfordert im rabbinischen Sprachgebrauch ein beispielhaftes Verhalten gegen Nichtjuden, für die Israel als stillschweigende, aber Rechtschaffende »Zeugen Gottes« (Jes 43,12) auftreten soll. So heißt es unter anderem: »Die Beraubung eines Nichtjuden ist eine schwerere Sünde als die Beraubung eines Israeliten – wegen der Entheiligung des göttlichen Namens.«[34] Denn jedes unlautere Handeln könnte ja die Verunehrung Gottes in den Augen der nichtjüdischen Umwelt zur Folge haben. Die so bezweckte »Verherrlichung Gottes durch die Heiden«[35] ist im Grunde ein Dienst am kommenden Gottesreich, für dessen Förderung Rabbi Jochanan der Schmied (um 250) so weit geht, zu behaupten: »Lieber werde ein Buchstabe aus der Tora entwurzelt, als daß der Name Gottes öffentlich entweiht werde ... mag ein Buchstabe der Tora entwurzelt werden, damit der Name Gottes öffentlich geheiligt werde.«[36] Streitigkeiten werden von den Rabbinen weder verniedlicht noch frömmelnd verdammt, sondern vorerst in zwei Gruppen eingeteilt: »Jeder Meinungsstreit, der in edler Absicht geführt wird, hat am Ende Bestand. Der aber nicht in edler Absicht geführt wird, hat am Ende keinen Bestand. Welcher ist ein ›edler‹ Meinungsstreit? Der Streit zwischen Hillel und Schammai (deren Streitgespräche einzig und allein der Wahrheitsfindung dienten). Welcher ist ein unedler Streit? Der Streit Korachs (Num 16) und seiner Rotte (der aus Ehrgeiz um die Macht entbrannte).«[37]

Doch auch zwischen den rabbinischen Wahrheitssuchern wird unterschieden: »Drei Jahre lang diskutierten die vom Lehrhause Schammais und die vom Lehrhause Hillels: Die einen sagten: Die Lebensregel (Halachah) geht nach unserer Meinung, und die anderen sagten: Die Lebensregel geht nach unserer Meinung. Da ging eine Stimme hervor und sprach: Diese und jene sind beide Worte des lebendigen Gottes, die Lebensregel aber geht nach der Meinung derer vom Lehrhause Hillels. Nachdem diese und jene Worte des lebendigen Gottes sind – warum wurden die vom Lehrhause Hillels gewürdigt, daß die Lebensregel nach ihrer Auslegung festgesetzt wurde? Weil sie sanftmütig und demütig waren: Sie lehrten ihre Worte und die Worte derer vom Lehrhause Schammais. Aber nicht nur das, sondern sie stellten die Erwähnung derer vom Lehrhause Schammais ihrer eigenen voran.«[38] Mit anderen Worten: Der Konflikt als »schöpferischer Zwiespalt« wird akzeptiert und gutgeheißen, jedoch die Demut wird gepriesen, da sie jeden Streit vor einer Radikalisierung bewahrt.

Der Vorbeugung von Spannungen und Konfliktsituationen dient das Talmudprinzip: *Mippne-Mar'it-Ain*, das am besten mit »zur Vermeidung von unberechtigten Verdächtigungen« übersetzt wird. Sein Grundsatz ist das Gebot »Ihr sollt sauber dastehen vor dem Ewigen – und vor Israel!« (Num 32,22). Es handelt sich hier insbesondere um angesehene Männer, die freiwillig Erschwerungen auf sich nehmen, um so dem Verdacht zu entgehen, sie mißbrauchten ihre Stellung oder ihr Prestige für eigennützige Zwecke: »Wenn Almosenverwalter keine Armen vor sich hatten, um an sie die gesammelten Spenden zu verteilen, so dürfen sie nur bei Fremden (das Kleingeld auf größere Einheiten) einwechseln (welches bequemer aufzubewahren ist), nicht aber unter sich. Wenn die Verwalter des Armenkessels keine Armen zum Verteilen der Nahrungsmittel haben, so dürfen sie diese nur an Fremde verkaufen, nicht aber unter sich.«[39] Denn es genügt nicht, »vor Gott« ehrlich zu sein; man muß auch »vor Israel« ehrlich erscheinen. So wurden die Angehörigen der wohlhabenden Familie Garmo mit der Zubereitung der Schaubrote für den Tempel in Jerusalem betraut, »nie aber wurde feines Brot in der Hand ihrer Kinder bemerkt, damit man nicht sage, sie äßen von den Schaubroten.«[40]

Sogar von Frauen wurde erwartet, ihre Eitelkeit diesem Prinzip zu unterwerfen, wie wir von der angesehenen Familie Eutinos lernen, deren Angehörige seit Generationen mit der Anfertigung des Räucherwerkes für den Tempeldienst betraut wurden: »Nie ging eine junge Frau aus ihrem Hause parfümiert aus. Auch wenn sie Frauen aus einem anderen Orte nahmen, vereinbarten sie mit ihnen, sich nicht zu parfümieren, damit man nicht sage, sie parfümierten sich mit Spezereien vom Räucherwerk.«[41]

Lifnim-mi-schurat-ha-Din heißt das Handeln »innerhalb der Rechtslinie«, was besagen will: Mehr tun, als das Recht fordert; ein Verzicht auf die Norm zum Zweck der Übererfüllung des Gebotes. Da es sich hier ausnahmslos um soziale Satzungen handelt, schwingen nicht nur die Nächstenliebe und der Wunsch auf ein friedliches Zusammenleben, sondern auch die *Imitatio Dei* mit. Denn Gott selbst lebt seinen Kindern solch ein beispielhaftes Verhalten vor, indem er zum Beispiel »betet ... auf daß *ich* mit meinen Kindern nach der Eigenschaft der Barmherzigkeit verfahre, und daß *ich* ihretwillen innerhalb der Rechtslinie trete«[42]. So wie der Mensch »zum Partner am Werk der göttlichen Schöpfung« werden soll[43], so erweist sich Gott als vorbildlicher Partner in der Ausübung der Sozialtugenden, deren gemeinsamer Zweck der Schalom auf Erden ist: »Es sagte Rabbi Chamma Ben Rabbi Chanina: Was heißt es, wenn geschrieben ist: ›Ihm, eurem Gott gehet nach‹ (Dtn 13,5)? Ist es denn einem Menschen möglich, der Schechinah nachzuwandeln? Es ist ja gesagt worden: ›Denn Er, dein Gott, ein verzehrendes Feuer ist Er!‹ (Dtn 4,24). Sondern es heißt, der Weise des Heiligen, gesegnet sei Er, nachzuwandeln: Wie Er Nackte kleidet, wie geschrieben ist ›Er, Gott, machte Adam und seinem Weibe Röcke aus Fell und kleidete sie‹ (Gen 3,21) – so sei auch du: kleide die Nackten! Der Heilige, gesegnet sei Er, besuchte die Kranken, wie geschrieben ist: ›Er ließ von ihm an den Steineichen Mamres sich schauen‹ (Gen 18,1), so sei auch du: Besuche die Kranken! Der Heilige, gesegnet sei Er, tröstete die Trauernden, wie geschrieben ist: ›Es geschah nach Abrahams Tod, da segnete Gott Isaak, seinen Sohn‹ (Gen 25,11) – so sei auch du: Tröste die Trauernden! Der Heilige, gesegnet sei Er, begrub die Toten, wie geschrieben ist: ›Und Er begrub ihn (Mose) in der Schlucht im Lande Moab‹ (Dtn 34,6) – so sei auch du: Begrabe die Toten!«[44]

Diese »Tora-Verschärfung« erstreckt sich von der Rückgabe von Funden[45] und der außergesetzlichen Leistung von Schadenersatz[46] über die Befreiung von Sklaven[47], die großzügige Freiguterklärung seitens des Eigentümers als dessen, was die Armen als Nachlese eingesammelt haben[48], bis hin zum Verzicht auf den Schwur[49], das demütige Hinnehmen von Schmähungen und Erniedrigungen[50], das Vorrecht der Barmherzigkeit[51] und die Verabsolutierung der schrankenlosen Nächstenliebe[52] – mit einem Wort, all das (und mehr), was zu Anfang der Bergpredigt unter »die vollkommenere Gerechtigkeit« (Mt 5,20) subsumiert wird.

Wie eng dabei Menschenliebe, Gottesliebe und Frieden zusammenhängen, mögen drei maßgebende Talmudlogien beleuchten: »Wer sich mit der Tora um ihrer selbst willen beschäftigt, der schafft Frieden in der oberen Familie (Himmelswelt) und in der unteren Familie (Menschenwelt).«[53]

»Die sich mit der Gemeinde beschäftigen, sollen sich mit ihren Mitgliedern um des Ewigen willen beschäftigen.«[54] Nicht zuletzt betont Rabbi Jochanan, wie unzertrennlich die soziale Komponente mit der politischen Komponente des Gottesfriedens verbunden ist. Er sagt: »Jerusalem ist nur deshalb zerstört worden, weil sie dort nach dem Recht der Tora richteten.« »Sollten sie denn nach dem Dorfrecht richten?« warfen seine erstaunten Kollegen ein – worauf er erklärte: »Sie sprachen Recht genau nach dem Recht der Tora und verblieben nicht innerhalb der Rechtslinie.«[55]

Gebotserschwerung, Rechtsverzicht, Übererfüllung der Tora, Verbot aller Großtuerei, das Lob der Demut, Liebe und Nachgiebigkeit – all diese rabbinischen Richtlinien und etliche andere münden in der geduldigen, mühseligen Ameisenarbeit »um des Friedens willen«, als menschliches Mitwirken am Heilsplan, dessen Ziel nicht nur die Konfliktlosigkeit, sondern der große Friede, die Zu-friedenheit der Welt unter Gott bleibt.

Wie unakademisch und lebensnahe die Friedenssehnsucht und ihre Verwirklichung im Judentum gesehen werden, mag ein Talmudwort und seine Deutung erleuchten: »Wer einen Kochtopf im Traum sieht, darf Frieden erwarten«, heißt es im Traktat Berachot (56b). Was Rabbi Mordechai Baneth folgendermaßen erklärt: Der Kochtopf vollbringt eigentlich alltäglich ein wahres Wunder. Indem sein Boden zwei feindliche Urelemente – Feuer und Wasser – voneinander trennt, versöhnt er die beiden keineswegs, aber bringt sie dennoch zum friedlichen und konstruktiven Zusammenwirken, aus dem »das Gute« in Gestalt des Küchensegens hervorgeht[56]. Steckt da nicht ein praktischer Hinweis für unsere heutigen Friedensstifter?

Die bereits genannte erste außerbiblische Erwähnung Israels behauptet seine letzte zu sein: »Israel ist vernichtet ...« – eine Vernichtung auf Stein, Pergament und Papier, die den Wünschen einer ununterbrochenen Kette von Machthabern bis in unsere Tage hinein entspricht. Daß das kleine Hebräervolk alle Versuche des Völkermordes überleben konnte, wurde seit frühen Bibelzeiten stets als ein Wunder aufgefaßt, wobei das historische Selbstverständnis Israels seinen Weg durch die Weltgeschichte zweiteilig erfaßte: Alle Siege, alle Errettungen aus Not und Tod und zeitweilige Sicherheit wurden der unverdienten Gnadenliebe Gottes zugeschrieben, während alle Niederlagen, Vertreibungen und Untergänge als verdiente Züchtigungen des Himmels für die eigenen Sünden hingenommen wurden. Daß beide, Gedeih und Verderb, vom Ewigen kommen, war über jeden Zweifel erhaben: »Ich bin der Herr und sonst keiner mehr, der ich das Licht mache und Finsternis schaffe, der ich Friedensheil gebe und Unheil schaffe. Ich bin der Herr, der dies alles tut« (Jes 45,6).

Ein Volk, das »abgesondert wohnen und sich nicht zu den Heiden rechnen soll« (Num 22,9)[57], läuft zu Kriegszeiten stets Gefahr, ohne Bundesgenossen kämpfen zu müssen, und ist zu Friedenszeiten den Verlockungen der religiös-kulturellen Selbstaufgabe in seiner Umwelt stetig ausgesetzt. Der schmale Pfad zwischen dieser Scylla der Vernichtung und der Charybdis der Verführung heißt in der Stenographie der Propheten *schalom*. Er führt aus dem Haus der Knechtschaft in das Niemandsland der Wüste zum Sinai der Offenbarung und geht an aller Macht vorbei. Es ist also vom Morgengrauen der Volkswerdung an immer wieder betont worden, daß Gott das Schwache liebt und die Macht verabscheut, um seinen Geist mit Vorliebe der Demut und der Unansehnlichkeit zu verleihen. In den Worten der Rabbinen: »Gott hat sich ein kleines Volk in einem kleinen Land erwählt, um ihm seine Lehre auf einem kleinen Berg zu geben.«[58]

Um das Kleinvolk auf den rechten Weg zu führen, bedient sich die Pädagogik Gottes sowohl der Heidenherrscher wie Tiglath-Pileser als »Stecken des Gottes-Zornes« (Jes 10,5) als auch der Propheten als Mahner, die jeden Erwählungsdünkel, aber auch jede Anpassung an die Umwelt als Flucht vor dem Sendungsauftrag unüberhörbar verpönen.

Krieg und Kampf sind der stetige Hintergrund, vor dem die Seßhaftwerdung der Wanderhirten stattfindet; Krieg und Kampf interpunktieren die Richterzeit und den Anfang der Monarchic, dic in David den Höhepunkt erreicht. Während die Bibel keineswegs Davids Schattenseiten verschweigt, wird festgestellt, daß er die Nation vereint und in Jerusalem ihr ihre Hauptstadt gibt. Die Grenzen werden teils militärisch, teils diplomatisch gesichert, und ein knappes Menschenalter lang darf Israel einen relativen Frieden »wie alle Völker« genießen, den spätere Generationen in der sehnsüchtigen Rückschau zur Idealzeit erheben.
Unter Salomo, dem »Friedliebenden«, wie sein Name besagt, unterlag das befriedete Israel der Versuchung der Macht. »Denn er herrschte im ganzen Lande ... über alle Könige diesseits des Euphrat und hatte Frieden mit all seinen Nachbarn ringsum, so daß Juda und Israel sicher wohnten ... von Dan bis Beerscheba, so lange Salomo lebte« (1 Kön 5,4–5). Und dennoch war dieser Menschenfrieden keineswegs identisch mit dem Heilsfrieden Gottes, wie ihn die Propheten später verstanden. Denn wen die Sendung Gottes in einer schmalen Länderbrücke zwischen feindlichen Weltreichen beheimatet, der kann sich kein Großreich mit Heerscharen erzwingen, noch Frieden auf Waffengewalt und »Streitwagen« erbauen. Siege benötigen den Ausbau des Berufsheeres, und das wiederum brauchte Frondienst und Besteuerung. Ansehen und Prominenz führten zum Hunger nach Fremdkultur, der »fremden Göttern« bald die Türe öffnete: »Aber König Salomo liebte viele ausländische Frauen ... aus solchen Völkern, von denen der Herr den Kindern Israel gesagt hatte: Geht nicht zu ihnen und laßt sie nicht zu euch kommen! ... und seine Frauen verleiteten sein Herz ... und als er alt war, neigten seine Frauen sein Herz fremden Göttern zu« (1 Kön 11,1ff).
Der Talmud verdeutlicht diese Kritik: »Weswegen werden die Gründe der Tora-Gebote nicht angegeben?« fragt Rabbi

Iitzchak und antwortet: »In zwei Fällen wurden sie angegeben und ein Großer der Welt strauchelte dadurch. Es heißt: ›Er soll sich nicht viele Frauen halten, auf daß sein Herz nicht abgewandt werde‹ (Dtn 17,17). Salomo aber sagte: Er werde sie sich halten, aber dennoch nicht abwendig werden, und es heißt: ›Als nun Salomo alt geworden war, verführten seine Frauen sein Herz‹ (1 Kön 11,4). Ferner heißt es: ›Er soll sich nicht viele Rosse halten und führe das Volk nicht wieder nach Ägypten, um die Zahl seiner Rosse zu mehren‹ (Dtn 17,16). Salomo aber sagte: Er werde sie sich halten und doch nicht (nach Ägypten) zurückkehren – und dennoch heißt es: ›Und es wurde ein Wagen aus Ägypten gebracht ...‹ (1 Kön 10,29).«[59]

Mit theopolitischem Gespür erahnt der Talmud die metahistorischen Zusammenhänge: »In der Stunde, als Salomo die Tochter Pharaos heiratete (1 Kön 11,1), kam der Erzengel Gabriel und steckte ein Rohr in das Meer; dieses brachte eine Sandbank hervor, auf der die große Stadt Rom erbaut wurde.«[60] Was auf deutsch heißt: In jener Stunde, da das Königshaus Israels sich mit Heidenherrschern alliierte, wurde die spätere Zerstörung Israels durch Rom besiegelt. In der historischen Rückschau scheint der Talmud recht behalten zu haben. Von der Spaltung des Reiches nach dem Tode Salomos über den Untergang des Nordreiches (722 v. Chr.) bis hin zur ersten Tempelzerstörung (586 v. Chr.) und der babylonischen Gefangenschaft führt eine Kette von Verfehlungen, Abfall und machtpolitischen Fehlentscheidungen. Umsonst wettert Jesaja: »In Umkehr und Ruhe werdet ihr befreit. In Stille und Gelassenheit geschieht euer Heldentum. Ihr aber seid nicht gewillt. Ihr sprecht: Nein, auf Rossen wollen wir rennen! Drum sollt Ihr rennen – davon« (Jes 30,15).

Für einen Kleinstaat zwischen den Mühlsteinen zweier Weltreiche kann der prophetische Rat zum Frieden, der auf Bündnisse und Streitmacht zugunsten gemäßigter Kompromisse verzichten will, ebenso als Realpolitik wie auch als inspirierte Heilsbotschaft gelten. Die durchaus praktikable Friedensvision Jesajas, die heute so gut wie nichts von ihrer Relevanz eingebüßt hat, lautet: »Zu jener Zeit wird Israel das dritte sein mit Ägypten und (As)syrien – ein Segen inmitten der Erde. Denn der Herr der Heerscharen wird sie segnen und sprechen: Gesegnet bist du, Ägypten, mein Volk und du, (As)syrien, meiner Hände Werk, und du, Israel, mein Eigentum!« (Jes 19,24f). Dieser Dreierbund soll als Vorstufe dienen zu jenem weltweiten Frieden, dessen Vision aus der Talsohle des Unterganges aufsteigt. In jener kriegslosen Zukunft wird einst »der Friedensfürst« herrschen, »auf daß seine Herrschaft groß werde und des Friedens kein Ende« (Jes 9,5f). Die Rückkehrer aus Babylon, ein kläglicher »Rest Israels«[61], scheinen kaum imstande zu sein, dieses Prophetenbild in die Tat umzusetzen. Der neu errichtete Judenstaat bildet eine Satrapie des Perserreiches bis zur Eroberung durch Alexander den Großen (332 v. Chr.), der aus ihm eine griechische Provinz macht. Nach Alexanders Tod zerbricht sein Reich, wobei Judäa zum Zankapfel der Diadochen wird. Unter den Seleukiden beginnt die Doppeloffensive: Der schleichende Hellenismus, der kulturell und religiös von den priesterlichen Oberschichten in Jerusalem ausgehend, die Identität des Volkes auszuhöhlen droht – und im Jahre 167 v. Chr. folgt der Frontalangriff: Antiochus IV. Epiphanes läßt den Tempel durch Schweineopfer entweihen, Götzendienst wird zur Bürgerpflicht, die Beobachtung der Tora-Gebote wird mit der Todesstrafe belegt. Der Untergang des Judentums wird zur amtlichen Politik der syrischen Machthaber, denen es leichter scheint, eine vereinheitlichte Masse von Konformisten zu regieren als ein buntes Wirrwarr von Völkern, unter denen ihnen die Juden als die borniertesten Eigenbrötler erschienen. Das ärgste war jedoch die Tatsache, daß ein Großteil des Volkes, geführt von seiner geistigen Elite, drauf und dran war, sich selbst aufzugeben. Wenn vom Glaubensepos der Makkabäer die Rede ist, drängt sich die Überlegung auf, was wohl geschehen wäre, wenn diese kleine Schar von Gotteskämpfern im Jahr 168 v. Chr. der heidnischen Übermacht unterlegen wäre. Wäre der Tempel in ein Pan-Theon verwandelt worden, hätte es binnen einer bis zweier Generationen wohl kaum mehr Juden gegeben. Galiläa und Jerusalem wären ein Jahrhundert später zu griechischen Provinzen geworden, die den Götzen der Antike huldigten. Kein Jesus hätte mehr als Jude zur Welt kommen können – noch hätte 600 Jahre später ein Prophet namens Muhammad seinen Glauben auf jüdischen Grundlagen erbauen können.

Doch Juda, dem Makkabäersproß, gelang es, seine Mitkämpfer mit seiner eigenen religiösen Glut zu beseelen und, aller Wahrscheinlichkeit zum Trotz, zum Sieg, zur Reinigung des Tempels und zur Erneuerung jüdischer Unabhängigkeit zu führen. Die geheime Waffe, die all dies ermöglichte, so scheint es, war der Glaube an die Auferstehung von den Toten, der damals zum erstenmal ein ganzes Heer beschwingen konnte. Ihre Zuversicht auf eine Gerechtigkeit jenseits des Grabes war es, die jene Männer zu unerschütterlichen Blutzeugen machen konnte, angesichts von Heidenfolter, unbeschreiblichen Entbehrungen und eines grausamen Krieges, der, rein menschlich gesehen, aussichtslos scheinen mußte.

Doch kurz darauf ereignet sich dasselbe wie einst zu Davids Zeiten. Die Generation der Gründer bleibt ein einsamer Gipfel, von dem der Weg bergab führt: Die Söhne der Freiheitskämpfer erliegen der Machtgier und werden zu Tyrannen. Im Jahre 142 v. Chr. wurde Simon, der letzte der Brüder des Juda, zum König gekrönt. Mit ihm beginnt die Dynastie der Hasmonäer, die anfänglich militärische Erfolge zeitigen konnte, jedoch innere Spaltungen im Judentum nicht zu versöhnen vermochte. Der Tod der Königin Salome Alexandra (67 v. Chr.) stürzte das Land in einen Bürgerkrieg, den Pompejus dazu nutzen konnte, Jerusalem zu erobern (63 v. Chr.) und ein römisches Protektorat zu errichten, das zunächst noch eine Art von hasmonäischer Scheinherrschaft duldete. Später (37 v. Chr.) wurde jedoch Antigonus, der letzte Hasmonäer, hingerichtet und durch Herodes den Großen, einen Idumäer, als König der Juden von Roms Gnaden ersetzt. Als dieser starb (4 v. Chr.), annektierten die Römer das Land, um ihm nicht einmal den Status einer Provinz zu gewähren. Es wurde von einem Statthalter regiert, der dem Präfekten in Syrien unterstand.

Die Mißachtung des biblischen Bilderverbots und der Heiligkeit des Tempelschatzes, der wiederholt von Landpflegern beraubt wurde, die Entweihung der heiligen Stadt durch Götzenstatuen, ständige Übergriffe der römischen Verwaltung in den Bereich jüdischer Rechtsprechung, die öffentliche Lästerung Gottes durch die Vergötterung des Kaisers, die Gefährdung des Tempeldienstes durch Erpressungen – all dies und unzählige andere Schikanen, Provokationen und Mißhandlungen gehörten seit der Zeitenwende zum Alltag eines geknechteten und entehrten Volkes. Zu all dem gesellten sich seit Kaiser Augustus die rabiaten Steuereintreibungsmethoden, die nicht nur alljährlich zur öffentlichen Demütigung mißbraucht wurden, sondern auch als Grundlage zur wirtschaftlichen Ausplünderung des Landes dienten.

Wie es bei jener »ersten Schätzung« zuging, der Lukas in seiner Weihnachtsgeschichte (Lk 2,1–3) drei harmlose Sätze widmet, möge der römische Schriftsteller Lactantius schildern: »Die römischen Steuerbeamten erschienen allerorts und brachten alle in Aufruhr. Die Äcker wurden Scholle für Scholle vermessen, jeder Weinstock und Obstbaum wurde gezählt. Jedes Stück Vieh wurde registriert und die Kopfzahl der Menschen genau notiert. In den Städten wurden die Städter und Dörfler zusammengetrieben; alle Marktplätze waren verstopft von herdenweise aufmarschierenden Familien. Jedermann erschien mit der ganzen Schar seiner Verwandten und Kinder. Überall hörte man das Schreien derer, die mit Folter und Stockschlägen verhört wurden. Man spielte Söhne gegen Väter aus; die Frauen gegen ihre Ehemänner ... Wenn alles durchprobiert war, folterte man die Steuerpflichtigen, bis sie gegen sich selbst aussagten, und wenn der Schmerz gesiegt hatte, schrieb man steuerpflichtigen Besitz auf, der gar nicht existierte. Es gab keine Rücksichtnahme auf Alter und Gesundheitszustand.«[62]

Kein Wunder, daß das »Römerreich« im jüdischen Volksmund jener düsteren Tage zur Antithese des Gottesreiches wurde[63] und daß »Steuereintreiber« als landläufiges Synonym für den Todesengel diente[64].

All diese Spannungen, die durch Panik, Terror und Haß gespeist wurden, hätten sich bei anderen Völkern in einer Revolution entladen. In Israel tritt nun an ihre Stelle der Messianismus. Er ist ein Kind jüdischer Not und jüdischer Hoffnungskraft, die nicht am Endsieg des Guten über das Böse verzweifeln will. Versagen die Herrscher dieser Welt, so steigt aus der uralten Sehnsucht nach einer heilen Welt die Gestalt eines Idealregenten empor, der endlich Ernst macht mit dem Weltkönigtum Gottes, um »rasch das Reich des Hochmutes zu entwurzeln, zu zerstören und zu unterjochen«[65] und Gottes Alleinherrschaft offenbar zu machen für alle.

Den Kernbegriff Messias kennt die Hebräische Bibel zunächst nur als den König schlechthin, dessen Salbung durch Prophet oder Hohepriester ihn zur politischen Herrschaft legitimiert. Im Laufe nationaler Katastrophen und Leidenszeiten ändert er seine Bedeutung, um auf dem Wege vom toleranten Heidenkaiser (Jes 45,1) über den leidenden Gottesknecht (Jes 53) und den vom Himmel kommenden »Menschenähnlichen« (Dan 7,13) zum Statthalter Gottes in einer zukünftigen Theopoliteia aufzusteigen, die von Jerusalem aus das Friedensreich auf dem ganzen Erdenkreis ausbreiten soll.

Als gesalbter Befreier-König verkörpert er die endgültige Gerechtigkeit und stellt so die Gottesordnung in einer aus den Fugen geratenen Welt wieder her. Je tiefer das Elend der Unterdrückung, um so erhabener gestaltet sich die Figur des Heilsbringers; um so fieberhafter wird die Naherwartung seiner Ankunft. Dem Glaubenspluralismus des Judentums getreu, entwickelt sich unter dem Druck des Heidenjoches alsbald eine schillernde Vielfalt von Messiashoffnungen, die in ihren apokalyptischen, utopischen, restaurativen und konservativen Spielarten einander häufig zu widersprechen scheinen.

Was allen Erwartungen gemeinsam ist, bleibt die vorwiegend theopolitische Rolle des sehnlich Erhofften: er soll im Rah-

men der Geschichte Erlösung erwirken. Theopolitisch war die Rolle des alttestamentlichen Messiaskönigs; theopolitisch war die mahnende Kritik aller Propheten Israels, ebenso wie das Ziel der siegreichen Feldzüge der Makkabäer eindeutig theopolitischen Charakter hatte. Da Israels Notlage vor allem politischer Natur war, mußte der Messias vorerst ein politischer Retter sein. Ein unpolitischer Messias wäre zu Römerzeiten ein Selbstwiderspruch gewesen – genau wie eine Spiritualisierung oder Nur-Verinnerlichung des Schalom als bibelwidrige Weltflucht, ja als Verrat an der historisch-politischen Verantwortung für diese von Gott geschaffene Erde empfunden worden wäre.
Für eine wachsende Anzahl von Juden war damals die Last des Römerjochs nicht weniger unerträglich als der Gedanke einer Heidenherrschaft über Israel, der ihnen wie ein Treuebruch gegenüber der Alleinherrschaft Gottes schien. »Meine Knechte sind die Israeliten, die ich aus Ägypten befreit habe, so spricht der Herr!« (Lev 25,42), heißt es in einem Bibelwort, dem der Midrasch hinzufügt: »Darum sollen sie nicht Leibeigene noch Knechtesknechte werden.«[66]
Die ersten, die praktische Konsequenzen aus diesen biblischen Überlegungen zogen, waren die Aktivisten in Galiläa: »Er rief seine Landleute zum Abfall auf und machte ihnen Vorwürfe, wenn sie den Römern geduldig Tribut zahlten und nächst Gott sich noch sterbliche Menschen als Herren gefallen ließen.«[67] So hieß es von Judas Galiläus, der im Namen Gottes zu den Waffen rief. 61 Aufstände und Befreiungsbewegungen wurden in den drei Jahrhunderten von den Makkabäern an bis Bar-Kochba (168 v. Chr. bis 135 n. Chr.) durch eine lange Reihe von militanten Messianisten entfacht, denen die Heilsgeduld geplatzt war[68]. Den Schriftbeweis für ihre Ungeduld fanden sie in der damals landläufigen Deutung der Prophezeiung: »Ich will es beschleunigen zu seiner Zeit« (Jes 60,22). »Ich will es (die Ankunft des Messias) beschleunigen – wenn sie würdig sind; aber erst ›zu seiner Zeit‹ – wenn sie unwürdig sind.«[69] Wie man sich der Erlösung »würdig« erweist, konnten sie unschwer an Hand geheiligter Vorbilder

ablesen: Wenn der greise Mattatias seine Makkabäersöhne auffordert, ihr Leben für »das Gesetz« und für »den Bund« aufzuopfern[70], so schließt dies natürlich alle Bundesverheißungen mit ein, unter denen das kommende Heil als erste galt. Kurz darauf erhält Judas Makkabäus vom Propheten Jeremia ein goldenes Schwert mit den Worten: »Nimm das heilige Schwert, das Gott schenkt, damit sollst du die Feinde schlagen!«[71] Die Feinde waren all jene heidnischen und jüdischen Gottesverächter, auf die das Psalmwort angewendet wurde: »Ich hasse, Herr, die dich hassen« (Ps 139,21). Gegen sie galt es, wie schon das Deboralied mit Unbefangenheit erklärt, »dem Herrn zu Hilfe kommen« (Ri 5,23).
Als Vorbild diente vor allem aber der priesterliche Eiferer Pinhas (Num 25,11ff), der in einer moralischen Notlage den Gesetzesübertreter tötete, damit Gottes Strafe von Israel abwandte und dafür mit Gottes »Friedensbund« und dem ewigen Priestertum belohnt wurde. Die Überlieferung identifizierte ihn daher schon früh mit Elia[72], gab ihm ewiges Leben[73], machte ihn zum Bundesengel (Mal 3,1)[74], zum Vorläufer des Messias, der Israel die Heilsbotschaft bringen sollte[75], zum ewigen Hohenpriester[76], zum Friedensstifter, der für Israel Sühne erwirkt[77], und – in einer freilich dunklen Stelle – sogar zu einem der vier ersehnten Messiasse[78].
So gut wie sicher ist es, daß die Radikalisten sich als Kannaim – »Eiferer« (Zeloten) in Nachahmung dieses Gottes-Eiferers benannten (Num 25), der wie sie nicht vor Blutvergießen zurückscheute, wenn es um die Ehre Gottes ging. Im Grunde waren so gut wie alle damaligen Juden Eiferer für Gott. Die einzelnen Gruppen unterschieden sich nur im Maß der Eigenbeteiligung am Herbeibringen jener Erlösung, die dem widergöttlichen Treiben der Landesherren ein Ende setzen und das Friedensreich errichten sollte.
Dreimal loderte die schwelende Empörung zum offenen Aufruhr auf. Nach dem Tode des Herodes (4 v.Chr.) brachen schlagartig Aufstände mit elementarer Gewalt hervor, der Palast des verhaßten Römlings wurde verbrannt, während Messiasprätendenten, angetan in königlichen Gewändern, das

Volk um sich scharten. Es bedurfte dreier Legionen, die Varus, der römische Statthalter aus Syrien brachte, um der Bewegung Halt zu gebieten, nachdem etliche Städte in Galiläa eingeäschert worden waren. Ein zweites Aufwallen zelotischer Erregung durchzuckte das Land unter Pontius Pilatus, der durch gezielte Demonstrationen der Macht Roms seine Untertanen wiederholt zum Aufstand zu provozieren wußte. Auch diesmal gelang es dem Zwingherrn, die Flammen des Eifers durch brutale Gewalttätigkeit zeitweilig zu löschen. Eine dritte Welle begann im Jahre 44 n.Chr., als nach dem Tode Agrippas das jüdische Königtum wieder zur römischen Prokuratur erniedrigt wurde. Schuldarchive wurden verbrannt, Dolchmänner ermordeten Kollaborateure und römische Beamte, und etliche Messiasanwärter schürten erneut die Flammen der Erlösungshoffnung.
Die Repressalien ließen nicht auf sich warten. Varus ließ kurz nach der Zeitenwende 2000 jüdische »Räuber« ans Kreuz nageln. Unter den vier ersten Landpflegern fanden rund 6000 Freiheitskämpfer in Israel den Tod am Römerkreuz. Pilatus, dessen Blutjustiz und Hinrichtungspraxis berüchtigt waren, ließ während der zehn Jahre seiner Prokuratur über 3000 fromme Juden am Kreuz verbluten – einschließlich jener Galiläer, deren Blut er »vergossen hatte, als sie gerade opferten« (Lk 13,1), und Jesus von Nazareth. »Unermeßlich war die Anzahl der von ihm (Felix) mit dem Kreuzestod bestraften Räuber und jener Angehörigen des Volkes, die als Mittäter entlarvt und darob zur Rechenschaft gezogen wurden«, heißt es bei Josephus Flavius[79] während einer von etlichen messianischen Rebellionen. Die grausamen Massenkreuzigungen der Römer schwächten den Einfluß der jüdischen Friedenspartei und förderten den Zulauf, den die Eiferer bald aus allen Schichten der Bevölkerung erhielten, so daß der im Untergrund schwelende Kleinkrieg im Jahre 66 n.Chr. zur offenen Konfrontation entflammte. Es kam zu einer »Zelotisierung« breiter Massen, die auch im innerjüdischen Bereich bald zu Mord und Totschlag führen sollte[80]. Wie Martin Hengel sagt: »Der Ausbruch des jüdischen Krieges war nur

möglich, weil sich das Volk vom Gedankengut der Zeloten ergriffen, in seiner Mehrheit auf dessen Seite stellte.«[81] Die Zelotisierung breiter Volksschichten betraf nicht nur die Widerstandsmethoden gegen die Römermacht und die wachsende Intoleranz innerhalb des jüdischen Lagers, sondern auch das landläufige Messiasbild, das, dem radikalen Zeitgeist gemäß, zum Kriegshelden militarisiert wurde. Einige Passagen mögen hier die Grundzüge des Eiferer-Messias skizzieren, wie er auf seinem »weißen Roß«, seinem »blutgetränkten Mantel« und »dem scharfen Schwert«, mit dem er »die Heidenvölker schlägt«, an die eschatologische Schlacht in Offb 19,11–21 erinnert: »Er aber, mein Sohn (der Messias), wird den Völkern, die gegen ihn gezogen sind, ihre Sünden bestrafen ... Dann wird er sie mühelos vernichten.«[82] »Er (der Messias) wird die Zügel der Starken lösen und die Zähne der Sünder zermalmen ... er wird die Könige von ihren Thronen und aus ihren Königreichen verstoßen.«[83] »Oh, Herr, laß ihnen (Israel) erstehen ihren König, den Sohn Davids ... und gürte ihn mit Kraft, daß er ungerechte Herrscher zerschmettere, und Jerusalem reinige von den Heiden, die es kläglich zertreten.«[84] »Hervortreten wird ein Mensch, der, nach der Weissagung (Num 24,17?) zu Felde ziehend und Krieg führend, große menschenreiche Völker bezwingen wird.«[85] »Wie schön ist der König Messias ... er gürtet seine Lenden und zieht hinab und ordnet die Schlachtreihen gegen seine Feinde und tötet die Könige samt ihren Machthabern.«[86] »Der Winter ist vergangen (Hld 2,11) – und damit ist das frevlerische Reich (Roms) gemeint, das die Menschen verführt ... Die Zeit ist gekommen, daß es aus der Welt vertilgt werde.«[87]

In der syrischen Baruch-Apokalypse wird der letzte Herrscher Roms vom Messias gefangengenommen und auf dem Berg Zion gerichtet und getötet[88] – in Worten, die an die Tötung des Gottesfeindes durch den Messias in 2 Thess 2,8 erinnern. Es handelt sich zweifelsohne um dieselben römischen Heere des »Tieres«, die durch das Schwert des Christus getötet werden (Offb 19,19ff).

Und dennoch war das Endziel der verschiedenen Zelotengruppen, die sich in den letzten Kriegsjahren der Stadt Jerusalem bemächtigten, jener Weltfriede, den nur Gott zu schenken vermag. Sie waren keineswegs größenwahnsinnig in der Einschätzung der römischen Überlegenheit, noch überschätzten sie ihre eigenen militärischen Möglichkeiten. Was sie zur selbstlosen Preisgabe aller menschlichen Werte bewegte, war der fanatische Glaube an Gottes bevorstehendes Eingreifen, das alle Machtverhältnisse über den Haufen werfen würde, um ihnen, als getreuen Gottesknechten, den Endsieg zu verleihen. Durch nichts ließen sie sich in ihrer blinden Zuversicht beirren – bis die Katastrophe kam. Wer jene letzten Monate im belagerten Jerusalem des Jahres 70 rekonstruiert, wie es die Rabbinen später mit peinlicher Sorgfalt taten, kann nicht umhin, der tannaitischen Diagnose beizupflichten: »Warum ist der Erste Tempel zerstört worden? Weil sich dreierlei dort fand: Götzendienst, Unzucht und Blutvergießen ... Aber warum wurde der Zweite Tempel zerstört, in welchem man sich doch mit dem Studium der Tora, der Gebotserfüllung und der Erweisung von Liebeswerken beschäftigt hat? Weil sich darin grundloser Haß vorfand – um dich zu belehren, daß grundloser Haß so schwer wiegt wie jene drei Sünden des Götzendienstes, der Unzucht und des Blutvergießens.«[89]

Zweifellos war der römische Endsieg im jüdischen Krieg nur eine Frage der Zeit. Auch der Mut der Verzweiflung konnte unter den damaligen Umständen das allzu ungleiche Mächteverhältnis nicht aufheben. Was das Ende in der Hauptstadt jedoch zu beschleunigen schien, war der immer blutigere Bruderkrieg innerhalb der Festung; der rücksichtslose Machtkampf zwischen den Zelotenfraktionen und die hartnäckige Überzeugung, daß Gott seiner Stadt »ewiges Heil« (Schalom-Emeth) verheißen habe (Jer 14,13). Es fehlte ein Jeremia, der wie damals jene »falschen Heilspropheten« (Jer 28,9) anprangerte, die »den Schaden des Volkes auf oberflächliche Weise heilen, indem sie sagen: Friede, Friede – und doch ist kein Friede« (Jer 6,4).

Umsonst warnte die Friedenspartei – wie einst – vor »Wahrsagern, Traumdeutern und Zauberern, die euch sagen: Ihr werdet nicht untertan sein müssen« (Jer 27,9). Umsonst »weissagten sie gegen diese Stadt« (Jer 26,1), die Gott sehr wohl imstande war zu verlassen, wie er einst Silo und seinen Ersten Tempel verließ (Jer 26,6). Die Hartnäckigen zogen es vor, den demagogischen Chananjas Gehör zu schenken, die ihnen großtuerisch Freiheit, Heil und Segen versprachen (Jer 28,2–4). Und so wiederholte sich in Jerusalem, was Jeremia im Namen seines Herren 664 Jahre zuvor gekündet hatte: »Ich will sie zum Bild des Entsetzens, ja des Unglücks machen für alle Königreiche der Erde . . . und will Schwert, Hunger und Pest unter sie schicken . . .« (Jer 24,9f).

Diaspora und pazifistische Umdeutung des Messiasgedankens

Massada oder Jawne – das war die klipp und klare Wahl jener Schicksalsstunde. Massada, das Symbol des letzten, tollkühnen aber sinnlosen Widerstandes, der sogar den Römern Bewunderung abzwingen konnte, ehe es in kollektivem Freitod endete. Oder Jawne, das bescheidene Gelehrtenzentrum, das Jochanan Ben Sakkai vom siegreichen Feldherrn Vespasian erbetteln konnte. Im Sarg ließ er sich aus der dem Untergang geweihten Stadt tragen – die klarste Absage an allen Zelotenruhm und Widerstandsgeist –, um von seiner Akademie aus das tödlich getroffene Judentum neu zu beleben.

»Nicht durch Heer noch durch Kraft, sondern durch *Meinen* Geist soll es geschehen!« (Sach 4,6), wurde zum Motto jener Unentwegten, die aus ihrem tieferen Geschichtsverständnis den Mut schöpften, um ein dezimiertes und geschlagenes Volk zum Weg in die weltweite Diaspora vorzubereiten; in einer trostlosen Zeit, da der Tempel in Trümmern lag und die große Heimsuchung an den Grundpfeilern der Volksseele rüttelte. Einer der rabbinischen Wege war die radikale Umdeutung jener grundsätzlichen Werte, die bislang als Leitbilder aller Juden galten. Vor allem galt es, das erlittene Unheil als göttliche Strafe zu verstehen, was in einer langen Reihe von Selbstanklagen erfolgte, die eindeutig im moralischen Verfall und in der Abkehr von der Tora-Treue die Gründe der Tempelzerstörung sahen. Hiermit wurde vorerst ganz bewußt dem Haß und dem Verlangen nach Rache der theologische Boden entzogen[90].

Ebenso galt es, der Trauer um den Tempel maßvolle Grenzen zu setzen, denn »gar nicht zu trauern geht nicht an; aber übermäßig zu trauern, geht ebenfalls nicht«[91], womit Askese und Weltflucht verpönt und symbolische Trauerbräuche festgelegt wurden, die bis heute in Kraft sind[92].

»Wer entsühnt jetzt unsere Sünden?« war hierauf die praktische Frage aller gläubigen Juden, die eine einleuchtende Antwort erheischte. Die Schriftlesung[93], der Synagogen-Gottesdienst[94], der Familientisch, der jedes Mahl zum Gottesdienst gestalten soll[95], und das Vollbringen von Liebeswerken und Wohltätigkeit[96] – das war die vierfältige Antwort der Talmudväter, die im Sinne Hoseas (6,6) »den Opferdienst durch Liebe« ersetzte – ohne die Sehnsucht nach einer Rückkehr in die Tempelstadt zu stillen.

Auch das zerstörte Jerusalem sollte weiterhin als Magnet der Hoffnung seine zentrale Stelle im Judentum behalten, doch mußte zwischen explosiver Naherwartung und fatalistischer Fernerwartung ein goldener Mittelweg gefunden werden, der in der Liturgie der Synagoge als 14. Bitte des Achtzehnergebetes folgendermaßen formuliert wurde: »Nach Jerusalem, deiner Stadt, kehre zurück in Erbarmen, wohne in ihrer Mitte wie du verheißen hast. Und baue sie bald, in unseren Tagen, als ewigen Bau, und den Thron Davids richte bald auf in unserer Mitte. Gepriesen seist Du, Gott, der Jerusalem erbaut!« Dieser Bittruf »baue sie bald« ermöglichte eine tagtägliche, nimmer erschlaffende Erwartung, die im Zusammenhang mit Ps 147,2 eine Überlieferung entstehen ließ, der zufolge der Dritte Tempel nicht mehr von Menschenhand erbaut werden soll[97].

Der falsche Messias mag wohl so alt sein wie die Hoffnung auf den wahren – wobei die sogenannten »Endzeitberechner« seit eh und je eine Schlüsselrolle in der Erweckung kurzlebiger Enthusiasmen spielten. Ihnen galt daher der Kampf der Rabbinen, die sowohl die Unmöglichkeit der Zukunftsergründung betonten[98], als auch die Tatsache, daß sogar den Leuchten Israels (Jakob, Salomo, Abraham usw.) das Ende verborgen blieb[99] – ganz im Sinne von Jesu Antwort (Apg 1,7). Und da insbesondere das Buch Daniel mit seiner Zahlenmystik als Schatzkammer für messianische Spekulationen galt, wurde wiederholt (laut Dan 12,9) bewiesen, daß auch Daniel den Termin der Erlösung nicht kannte[100]. So drängend blieb jedoch das nie-endende Fragen nach dem Erlöser, daß Rabbi Chalafta allen Endzeitberechnern kurzerhand ihren Anteil an der kommenden Welt absprach[101]. Um auch die hartnäckigsten Vorauswisser zu entmutigen, sagte Raw: »Alle Endzeittermine sind schon vorüber, und die Erlösung hängt jetzt nur von der Umkehr und den guten Taten ab«, was Rabbi Elieser verdeutlichte: »Wenn Israel umkehrt, werden sie erlöst; wenn aber nicht, so werden sie nicht erlöst.«[102] Ja, »wenn die Israeliten auch nur einen Tag Buße täten, so würden sie sofort erlöst werden und es käme sofort der Sohn Davids«[103]. Denn durch Buße[104], durch das Halten der Gebote[105], durch Tora-Studium[106] und durch Wohltätigkeit[107] kann die Ankunft des Messias beschleunigt werden – was eindeutig alles kriegerische Handeln als militärische »Mithilfe« am Erlösungswerk ausschließt, um die Erlösung einzig und allein vom Heilswillen Gottes und – zweitrangig – vom Ethos Israels abhängig zu machen. Im Zuge einer radikalen Entmilitarisierung der Zukunftserwartungen wird auch vorsichtige Kritik an den beiden großen Eiferergestalten der Bibel geübt: Dem Pinhas, dem Helden aller Zeloten, warf man nach 70 n. Chr. Hochmut und Laxheit vor sowie den Verlust des heiligen Geistes, ja sogar aus dem göttlichen Segen »Ich gebe ihm meinen Friedensbund« (Num 25,12) wird eine Mahnung gelesen, die an ihn erging, der Friedfertigkeit in Zukunft die Oberhand über seinen Eifer zu gewähren[108]. Ebenso wird dem Feuerpropheten Elia sein übereifriges Strafgericht an den Baal-Propheten auf dem Karmel als Grund seiner Abberufung angerechnet (1 Kön 19,15f), denn Gott ist ja weder »im Sturm, noch im

Erdbeben noch im Feuer ... sondern im stillen, sanften Säuseln« (1 Kön 19,11ff)[109].
Demgegenüber wird nun Aaron, der Großvater des Pinhas, als der große Mann des Friedens von den Rabbinen verherrlicht: »Sei von den Schülern Aarons, der den Frieden liebte und dem Frieden nachjagte und Frieden zwischen den Leuten stiftete.«[110] Der Vers Mal 2,6 wird auf Aaron bezogen, wobei die Worte »In Frieden wandelte er mit mir und viele brachte er zurück von Verschuldung« zu einem ganzen Legendenkranz der Friedensliebe ausgeschmückt wurden[111]. Er wird dem König David gleichgestellt, da er darauf bedacht war, »den Frieden zwischen Israel und ihrem Vater im Himmel zu mehren«[112]. In einem Midrasch zu Ps 2,2, der wie eine Parallele zu Hebr 5,4 klingt, wird betont, daß Gott ihm selbst die Priesterwürde verliehen hat – wegen seiner großen Friedensliebe –, so daß jeder, der sich gegen Aaron erhebt (Num 16,11), im Grunde gegen Gott rebelliert[113]. Ja, er wird sogar mit seinem Bruder Mose zuungunsten des letzteren verglichen; denn während Aaron stetig bemüht war, Frieden zwischen Streitenden zu stiften, »mahnte Moses mit harten Worten«. Deshalb heißt es, daß »sie für Aaron dreißig Tage lang trauerten, das ganze Haus Israel« (Num 20,29), während es bei Moses lediglich heißt: »Und die Kinder Israel trauerten für ihn« (Dtn 34,8)[114].
Nachdem die blutdurchwirkten messianischen Aufstände es nur allzu klar gemacht hatten, daß ein mißverstandener Eifer für Gott das Volk an den Rand des nationalen Niederganges gebracht hatte, verlor das Wort »Eifer« sein makkabäisches Prestige, um hauptsächlich im abschätzigen Sinne von »Eifersucht«, »Mißgunst« oder »Neid« gebraucht zu werden. Im Zuge dieses Bedeutungswandels wurde auch der »Eifer Gottes« umgedeutet, wie zum Beispiel der »El-Kanna« (Ex 20,5), der nicht mehr als »göttlicher Eiferer« verstanden wurde, sondern im Gegenteil als vorbildlicher Bezwinger des Eifers: »Ich, der Ewige ... herrsche über den Eifer; aber der Eifer schaltet nicht über mich.«[115] Während im rabbinischen Schrifttum sowohl Massada als auch alle vorhergegangenen

messianischen Erhebungen und Messiasanwärter totgeschwiegen werden, war das so gut wie unmöglich im Falle Bar-Kosebas, des Führers der letzten jüdischen Revolte gegen Hadrian, da er ja von Rabbi Akiba selbst im Jahre 132 zum »König Messias« proklamiert worden war, Jerusalem zurückerobern konnte und fast drei Jahre lang als »Fürst Israels« regierte. Der greise Patriarch hatte ihn öffentlich in einem Wortspiel zum »Sternensohn« (Bar-Kochba) umbenannt[116], um ihn so mit der landläufigen Hoffnung zu assoziieren, laut der jener Stern, der aus Jakob aufgeht (Num 24,17), Israels Nachbarvölker unterwerfen werde – einschließlich »Edoms« (Num 24,18), was ein geläufiger Deckname für Rom war – um schließlich die Weltmächte zu bezwingen (Num 24,24). Jüdische Aufstandsmünzen sowie fragmentarische Hinweise aus dem jüdischen Schrifttum beweisen Bar-Kochbas messianisch-endzeitliche Zielsetzung: der Wiederaufbau des Tempels, die Befreiung des Landes von der Fremdherrschaft und die Verbesserung der sozialen Verhältnisse. Daß sich der Aufstand drei Jahre lang behaupten konnte, spricht für die Intensivität der allgemeinen Begeisterung sowie für die Solidarität der Volksmassen, die sich diesmal, ungleich den Wirren des jüdischen Krieges (66–73), um einen einzigen Messiaskandidaten scharten. Im Jahre 135 jedoch fiel Bar Kochba mit seinen letzten Getreuen in der Schlacht bei Betar unweit Jerusalem. Die Rache Hadrians war beispiellos. Während zwei Generationen zuvor die Niederlage zur Zerstörung des Tempels und zum Tode von hunderttausenden von Juden geführt hatte, sollte diesmal das Judentum selbst mit Stumpf und Stiel ausgerottet werden. Das Land Israel wurde in Palästina umbenannt, das zerstörte Jerusalem wurde von der Erdkarte ausgemerzt, um durch eine Römerstadt namens Aelia Capitolina ersetzt zu werden, die von Juden nicht betreten werden durfte. Jüdische Gottesdienste wurden untersagt, weder Sabbat noch jüdische Feste durften gefeiert werden, das Studium der Tora wurde verboten und die Beschneidung wurde mit dem Tode bestraft. Ganz Israel sollte entweder in seiner Umwelt aufgehen – oder untergehen.

Nur felsenfestes Gottvertrauen, selbstlose Opferbereitschaft und der unerschütterliche Wille zum Überleben konnte solcher Heimsuchung die Stirn bieten. Nicht weniger lebenswichtig war ein radikales Neudurchdenken der politischen Gegebenheiten, um sie theologisch zu bewältigen. Dieser Lernprozeß kann hier nur im groben Umriß angedeutet werden.

Da alle messianischen Bewegungen bislang nur Unheil für Israel brachten, mußte gefolgert werden, daß sie dem Heilsplan Gottes widersprachen. Wenn die Zeit der Erlösung noch in der unvorhersehbaren Zukunft lag, muß alles Drängen zur Endzeit einem geduldigen Ausharren weichen, das sich mit dieser Welt abfindet, wie sie eben ist. Und da alle Realität auf Erden ein Teil des unerforschlichen Willens Gottes darstellt, muß auch das Römerreich als gottgewollte Obrigkeit bejaht werden. Die Leiden und Verfolgungen, die daraus entstehen, müssen als »Liebeszüchtigungen« des Himmels getragen werden, da sie ja die Erwählung Israels bestätigen, und – vielleicht – die Erlösung zu beschleunigen vermögen. Und da Israel ja zum Dienst an der Völkerwelt erkoren wurde, die Gott ebenso liebt und erlösen will, scheint es die Aufgabe Israels zu sein, den Weltvölkern ein friedliebendes, demütiges Bibelethos vorzuleben, auf daß sie sich zum Glauben an den einen Gott, als Vorstufe des Heils, bekehren mögen.

Soweit ein einziger Ausspruch dieser ganzen Übergangsepoche gerecht werden kann, möge der Midrasch zum Ps 109,4 stellvertretend für viele sprechen: »Anstatt mich zu lieben, hassen sie mich – so spricht Israel zu den Völkern: Ihr solltet uns lieben, denn wir brachten für euch 70 Entsühnungsopfer dar. Ihr aber liebt uns nicht, sondern haßt uns – dennoch beten wir für euch.«[117]

Vorbedingung für eine radikale Umstellung war die Entfernung der letzten Reste messianischer Ungeduld und Militanz. So wurde Bar-Kochba, in einem entgegengesetzten Wortspiel als »Lügensohn« entlarvt[118], worauf sein Scheitern im Sinne von Klgl 2,3 als ein »göttliches Zerbrechen aller Macht Israels« gedeutet werden konnte[119]. In einem posthumen Ur-

teilsspruch, der nicht nur ihm, sondern allen Gleichgesinnten gilt, wird er von den Rabbinen nach dem Maßstab des messianischen Friedensreiches gerichtet, als einer »der nicht riechen konnte, wo das Recht ist«[120] verurteilt und hierauf als falscher Messiasprätendent getötet[121].
Um das wahre Messiasbild von aller Streitbarkeit zu läutern, wird um die Mitte des 2. Jahrhunderts die künftige Messianität in zwei Gestalten gespalten: Ein Messias Ben Joseph, der als »Kriegsgesalbter« alle Kampfhandlungen auf sich nimmt, um wie alle früheren Messiasanwärter im Krieg gegen die Heidenheere zu fallen. Als Vorläufer des eigentlichen Messias befreit er ihn von allem Blutvergießen, so daß nun der Davidssohn in seinem Fahrwasser als »Friedensfürst« auftreten kann[122]. »In der Stunde, da sich der König Messias dem Volk Israel offenbaren wird, wird er *nur* anheben mit *Frieden,* wie es heißt: ›Wie anmutig sind auf den Bergen die Füße des Freudenboten, der Frieden verkündet‹ (Jes 52,7).«[123] So heißt es schon um 110 n. Chr. in klarster Widerlegung aller Restthesen einer *anfänglichen* Kriegsaufgabe, die der Messias angeblich zu erfüllen habe, oder die er seinen Wegbereitern überantworten wolle. Charakteristisch für das neue Weltbild einer entmachteten Minderheit, die ihre Ohnmacht als Gnadenerweis Gottes zu verstehen sucht, ist das rabbinische Hohelied des Schalom[124], dessen Friedenslob keineswegs der paränetischen Seitenhiebe noch der polemischen Spitzen entbehrt: »Rabbi Simon, Sohn des Gamaliel, sagte: Auf drei Dingen besteht die Welt: Auf Wahrheit, auf Gerechtigkeit und auf Frieden.«[125] Das ist es doch, warfen die Aktivisten ein: um der Wahrheit und der Gerechtigkeit willen greifen wir ja zu den Waffen, denn wie können wir in Lüge und Ungerechtigkeit leben? Ihnen antwortete Rabbi Mona: »Die drei sind ein Ding – wie es heißt: ›Wahrheit und Gericht des Friedens richtet in *euren* Toren!‹ (Sach 8,16). Allwo es Recht gibt, da gibt's Frieden. Und allwo es Frieden gibt, da gibt es Recht.«[126]
Aber im Konfliktfall – was hat den Vorrang? Wollten die Beharrlichen wissen. »Der Friede wiegt sie alle auf«[127], war die

klare Entscheidung. Nach dem Jahr 70 war der Wiederaufbau des zerstörten Tempels das brennende Anliegen aller revolutionären Messianisten. Was immer auch die Vorteile des Friedens sein mögen, so wurde argumentiert, um das zentrale Heiligtum zu kämpfen war doch sicherlich ein gottgefälliges Unternehmen. Ihnen antwortete Rabbi Jochanan Ben Sakkai in einem eindeutigen Wortspiel: »Siehe, es heißt: ›Aus unversehrten (schelemot) Steinen sollst du den Altar bauen!‹ (Dtn 27,6); das sind Steine, die Frieden (Schalom) stiften ... Wenn Gott in bezug auf die Altarsteine, die weder sehen, noch hören, noch reden, darum weil sie Frieden zwischen Israel und ihrem Vater im Himmel stiften, gesagt hat: Du sollst kein Eisen über sie schwingen! – um wieviel mehr gilt dann von dem, der Frieden zwischen zwei Männern ... oder zwischen zwei Städten oder zwei Nationen oder zwei Regierungen stiftet, daß über ihn keine Strafe (des Himmels) kommen wird!«[128]

Für die Schwerhörigen fügte er hinzu: »Wenn Kinder zu dir sagen: Laßt uns gehen, um den Tempel wieder aufzubauen, dann höre nicht auf sie. Wenn aber Greise zu dir sagen: Komm, laßt uns den Tempel niederreißen, dann höre auf sie. Denn das Bauen von Kindern ist ein Niederreißen, aber das Niederreißen von Greisen ist ein Aufbauen.«[129] Hierauf zitierten die Hitzköpfe das mosaische Königsgesetz: »Du sollst einen aus deinen Brüdern zum König über dich setzen. Du darfst keinen Fremden, der nicht dein Bruder ist, über dich herrschen lassen« (Dtn 17,15). Dagegen legten die Rabbinen drei Bibelstellen vor, in denen der Bibeltext um des Friedens willen »geändert« wurde: »Groß ist der Friede, denn um seinetwillen hat Gott den Vorfall mit der Sarah (Gen 18,13) in der Schrift geändert. ›Sollte ich wirklich gebären, da ich doch alt geworden bin?‹ So gibt Gott vor Abraham die Worte Sarahs wieder, die nach Gen 18,12 lauteten: ›Da doch mein Herr (Abraham) alt ist.‹ Gott änderte den Wortlaut, auf daß Abraham nicht auf Sarah erzürne, also: Um des Ehefriedens willen.«

»Groß ist der Friede, denn um seinetwillen wird der in Heiligkeit geschriebene Gottesname im Wasser ausgewischt« (Num 5,23; um die des Ehebruchs Verdächtigte mit ihrem Gatten zu versöhnen und so den Ehefrieden wieder herzustellen).

»Groß ist der Friede, denn um seinetwillen hat die Schrift die Worte eines Engels geändert.« (Bezieht sich auf Ri 13,3, wo der Engel der Frau des Manoach sagt: »Du bist unfruchtbar und hast nicht geboren«, was er dem Manoach selbst (Ri 13,13) hingegen später verschweigt.)

Wenn in diesen drei Fällen der Ehefrieden als wichtig genug erachtet wurde, um »Schriftänderungen« zu erwirken, um wieviel mehr, wollten die Rabbinen sagen, wenn dieser Friede zum Überleben unseres Volkes benötigt wird[130].

Da »Amalek« einer der landläufigen Decknamen für Rom war, beriefen sich etliche der Unverbesserlichen auf den »Gebotenen Krieg« gegen die Amalekiter, deren Erinnerung »du austilgen sollst unter dem Himmel. Das vergiß nicht!« (Dtn 25,19). Um diese Ausflucht in den Krieg zu entkräften, wurde die absolute Priorität des Friedensgebotes *vor* anderen Geboten rabbinisch untermauert: »Groß ist der Friede, denn bei allen Geboten steht geschrieben: Wenn du siehst (Ex 23,5), wenn du begegnest (Ex 23,4), wenn angetroffen wird (Dtn 22,6). Also: Wenn sich dir die Gelegenheit bietet, bist du verpflichtet es auszuführen; aber beim Frieden heißt es: Such den Frieden und jage ihm nach! (Ps 34,15). Suche ihn – in Bezug auf deinen Standort; jage ihm nach – in Bezug auf jeden anderen Ort.«[131]

Zu guter Letzt blieb den Kampflustigen nur noch das häufig wiederholte Bibelverbot des Götzendienstes und das damit verbundene Gebot: »Die Bilder ihrer Götzen sollst du mit Feuer verbrennen ... denn das ist dem Herrn, deinem Gott, ein Greuel!« (Dtn 7,25). In diesem Sinne wurde die Zerstörung von römischen Kaiserstatuen, Legionsadlern und römischen Kultbildern wiederholt zum Sturmsignal jüdischer Aufstände, die die Läuterung des heiligen Landes vom »Götzengreuel« auf ihre Fahnen geschrieben hatten.

So tief war jedoch die schmerzliche Erinnerung an den religiösen Fanatismus der jüdischen Kriege gegen Rom, die stets im Bruderzwist der rivalisierenden Heilsmonopolansprüche und der Selbstzerfleischung endeten, daß es zu Ende des 2. Jahrhunderts zu folgendem, fast blasphemisch anmutenden Ausspruch kommen konnte: »Rabbi Eleasar, der Sohn des Rabbi Eleasar Hakkappar, sagt: Groß ist der Friede. Selbst wenn Israel Götzendienst treibt, aber Frieden untereinander hält, sagt Gott, wenn man so sagen darf: ›Der Satan rührt sie nicht an!‹ Denn es heißt: ›Ein Götzengesell ist Ephraim. So laß es hinfahren!‹ (Hos 4,17). Aber als sie uneins wurden, wie heißt es da von ihnen? ›Zwiespältig ist ihr Herz. Jetzt sollen sie büßen!‹ (Hos 10,2). Groß ist also der Friede und verhaßt die Zwietracht.«[132]

Solch extremer Pazifismus führte dazu, daß es im normativen Judentum, seit seinen frühesten Anfängen, nie zu einer rabbinisch geduldeten, geschweige denn genehmigten Kriegsideologie kommen konnte. Radikal waren die Rabbinen nur in ihrer Abwehr gegen alle menschenfeindlichen Radikalismen. In allen anderen Bereichen war ihr Leitmotiv die Toleranz und der Kompromiß. Um jedweder Kriegsverherrlichung, sei es als Mittel zum Frieden, zur Bewahrung des Glaubens oder als Kampf zu Ehren Gottes, den biblischen Boden zu entziehen, kommt es seit dem Jahre 70 zu einer Verabsolutierung des Friedensideals, das bis zum Thron der Schechina hinauf reicht: »Groß ist der Friede, denn alle Segnungen, Heilsverkündigungen und Tröstungen, die Gott Israel zukommen läßt, schließen im Frieden. Groß ist der Friede, denn er wird dem ganzen Schöpfungswerk gleichgestellt. Denn es heißt: Er, der gebildet hat das Licht und erschaffen die Finsternis, der gemacht hat Frieden und erschaffen das All (Jes 45,7).«[133]

»Groß ist der Frieden, denn sogar die Himmelsbewohner bedürfen des Friedens. Denn es heißt: ›Er schafft den Frieden in seinen Höhen‹ (Hiob 25,2). Wenn schon dort, wo es weder Groll und Streit, noch Haß und Feindschaft gibt, der Frieden nottut, um wieviel mehr hienieden, wo es alle diese Dinge gibt! Groß ist der Frieden, denn auch der Name des Messias wird Frieden gerufen, wie es heißt: Held des Ewig-Vaters, Fürst des Friedens (Jes 9,5). Groß ist der Frieden, denn der Name des Heiligen, gepriesen sei er, lautet: Friede. Denn es heißt ›und Gideon nannte ihn (den Altar): Der Herr ist Friede‹ (Ri 6,24).«[134]

Wir können zusammenfassen: Im Laufe seiner wechselreichen Geschichte erweiterte und vertiefte Israel seine Gotteserkenntnis. Dieselbe Pädagogik Gottes erwirkte auch die entsprechende Sinnerweitung zahlreicher biblischer Schlüsselbegriffe, wie z. B. Gottesreich, Bund, Tora, Pilgerschaft, Zion, Messias, Erlösung und Friede. Dieser letztere, der im Grund alle anderen tangiert, wurde als anfängliches Wohl, durch Seelenruhe, Heil, Unkrieg, Segen und Ganzsein bereichert, um letztlich als Endfriedenshoffnung auf die Zukunft der Menschheit hin zum Inbegriff alles irdischen Hoffens unter Gott heranzureifen.

Anmerkungen

1 J. G. Herder, Tanchuma Wajera 1; Parallelen: Sota 14a; GenR 8; Midr Ps 25,11

2 Mischna Sanhedrin IV,5

3 Einen »Heiligen Krieg« im Sinne einer muslimischen Dschihad oder eines augustinischen *»bellum justum«* hat es im Judentum nie gegeben. Kein Krieg kann »heilig« genannt werden, denn alles Blutvergießen bleibt Gewalttat, für deren Ahndung Gott selbst sorgt (Gen 9,5–6). Das rabbinische Schrifttum unterscheidet zwischen »gebotenen Kriegen« *(Milchemeth-Mitzwah* oder *Milchemeth-Chowah),* die Selbstverteidigungskriege sind, und »freiwilligen Kriegen« *(Milchemeth-Reschut),* zu denen u. a. die Kriege König Davids gehören (Sota VIII,7). Daß die Kriege der sogenannten Landnahme und Landsicherung Verteidigungskriege waren, betont G. von Rad viermal (Der Heilige Krieg im alten Israel, Göttingen, 1958, 26, 32, 33, 50). In all diesen Feldzügen sind es nicht die Taten Israels, sondern die Heilserweisungen Gottes, die zum Sieg verhelfen, wie sie schon das Debora-Lied (Ri 5,11) besingt, und der »Gebetssieg« über Amalek (Ex 17,11ff) bezeugt. Daß dem göttlichen Mordverbot getreu die Kampfhandlungen auch in der Selbstverteidigung auf ein Minimum reduziert wurden, beweisen u. a. das Meerwunder (Ex 14), Gideons Sieg über die Midianiter (Ri 7) und Davids Kampf mit Goliat (1 Sam 17). Was die blutrünstigen Abschnitte in Dtn 6–11 betrifft, wo des öfteren vom »Vertilgen« und »Nicht- Schonen« der Heidenvölker die Rede ist, so

handelt es sich um priesterliche Kriegsansprachen auf dem Schlachtfeld, die als Mahnreden paränetisch und ermutigend gemeint waren, wie auch G. von Rad bestätigt (a.a.O., 72–74) – keineswegs um Aufruf zum Völkermord, wie schlechte Bibelleser es wahrhaben wollen. – Wie sehr es der Hebräischen Bibel um eine Humanisierung der Kriegsführung geht, beweisen u.a. die verschiedenen Einschränkungen in den Kriegsgesetzen (Dtn 20), das göttliche Verbot, das an den siegreichen Feldherrn David erging, den Tempel zu erbauen, »weil du vor mir so viel Blut auf die Erde vergossen hast« (1 Chr 22,8), und die früh-talmudische Satzung, derzufolge nur das Große Synhedrion von 71 Weisen zur Kriegserklärung berechtigt ist (Mischnah Sanhedrin I,3). – Für alle Kämpfer in Israel galt das Wort Joabs im Ammoniter-Krieg: »Seid tapfer und laßt uns mutig eintreten für unser Volk und die Städte Gottes. Der Ewige aber tue, was ihm wohlgefällt.« (2 Sam 10,12) Ein Idealbild für Militaristen ist wohl keinem der Kriege des biblischen Israel zu entnehmen.

[4] Gittin 38a
[5] Gittin 38a–b
[6] Gittin 39a
[7] Gittin 39b
[8] Mischna Gittin IV,4
[9] Gittin 42a
[10] Gittin 42b
[11] Mischna Gittin IV,6
[12] Mischna Gittin IV,5
[13] Tos Baba Qama 7,5; pQid 1,59; Mech zu Ex 21,6
[14] Qid. 20a
[15] Torah Schelemah, Rabbi Menschem Kascher, Jerusalem 1953
[16] Zu Gen 1,1 Midrasch Ha-Neelam Bereschit I und Cant R 1,1 und S Num 6,24 zu Ri 6,24
[17] Derech-Erez Zuta 11
[18] S Num 6,26
[19] Perek Ha-Schalom 3
[20] Abot IV,1
[21] Abot R N 17
[22] Gen R 9
[23] W. Hollitscher (Hrsg.), Aggression und Krieg, Frankfurt 1973, 17
[24] K. Lorenz, Das sogenannte Böse, Wien 1963, 73
[25] Gen R 42
[26] Ber 31b; Jeb 71a; Ket 67b
[27] Lev R 9,9
[28] Abot II,21
[29] Schabbath VI,4
[30] Taan 22a; RH 31a; Seder Eliahu 2
[31] Mech Ex 31,13
[32] Gittin 61a
[33] Mischna Gittin V,8
[34] Tos BQ X,15
[35] pQidduschin 4,65b
[36] Jeb 79a

[37] Abot V,20
[38] Eruwin 13b
[39] Pess 13a
[40] Joma 38a
[41] Joma 38a–b
[42] Ber 7a
[43] Schabbath 10a
[44] Sota 14a
[45] Baba Mezia II,1
[46] BQ 99b–100a
[47] Mischna Gittin IV,4; Mischna Edujot I,13
[48] BQ 69a; pPeah II,5
[49] Schebuot 36a
[50] Schabbath 88b
[51] Schabbath 151b
[52] Abot R N 16
[53] Sanhedrin 99b
[54] Abot II,2
[55] Baba Mezia 30b
[56] B. Jeuszohn, Fun unser alten Oizer, Warschau 1932, 68f (jiddisch)
[57] Der Auftrag zur *imitatio Dei:* »ihr sollt heilig sein, denn ich bin heilig« (Lev 11,44), wurde schon im Midrasch (Sifra zu Lev 19,2) als »ihr sollt abgesondert sein« interpretiert
[58] Midrasch zu Ps 68,9
[59] Sanhedrin 21b
[60] Sanhedrin 21a–b
[61] Jes 10,21f; 28,5; 30,17
[62] Lactantius, De mortibus persecutorum, 23,1 und 36,1f
[63] Z. B. Abot III,5 und Tanchuma Vesoth-Ha-Beracha 32a
[64] Abot III,20
[65] So in der Fürbitte, die Rabban Gamaliel um das Jahr 95 n. Chr. in das Achtzehner-Gebet eingefügt hat.
[66] S Lev 25,42
[67] Bell II,8,1
[68] Für Einzelheiten s. E. Koris, Apokalyptik und politisches Interesse im Spätjudentum, in: Judaica, 1971/II, 71–89
[69] Sanhedrin 98a
[70] 1 Makk 2,49f
[71] 2 Makk 14,12–16
[72] Jalkut Schimoni zu Num 25,11
[73] Tanchuma Pinchas, Anfang
[74] Targum Jerusch I Num 25,12
[75] Targum Jerusch I Ex 4,13
[76] S Num 25,13
[77] S Num 25,13
[78] Num R 14: Als Messias Ben Manasse laut Ps 80,3
[79] Bell II,13–2
[80] So z. B. pSchabbath 3,c, wo vom Mord einiger Schammaiten an den Schülern des Hauses Hillel berichtet wird.

81 M. Hengel, Die Zeloten, Leiden 1976, 271
82 4 Esra 13,35–38
83 Hen 46,4–6
84 Ps Sal 17,21ff
85 Philo, De praem et poen, 16
86 Targum Jerusch I Gen 49,11
87 Pesiqta 51a
88 SyrBar 40,1ff
89 Joma 9a
90 Gittin 55b–56a; Schabbath 119b; Joma 9a
91 BB 60b
92 BB 60b
93 Taanith 27b
94 pMeg IV; BQ 82a
95 Chagiga 27a
96 Abot R N 4
97 Meg 17b, sowie Rambam, der Radak u.a. Ihnen gemäß konnte Oberrabbiner Nissim am 29. Juni 1967 in Jerusalem erklären: »Alles, was von Menschenhand geschehen kann, ist nun geschehen. Wir stehen am Tische des Herrn, aber wir können nicht hintreten. Nach unserer Überlieferung wird der Dritte Tempel vom Himmel herab auf die Erde gesenkt; nicht aber von Menschenhand erbaut.«
98 Pesiquta 1; Sanhedrin 99a
99 Gen R 99; Pess 56a; Midr Qoh 12,9
100 Gen R 98; Midr Ps 37,7
101 Derech Eretz 10
102 Sanhedrin 98b
103 Midr HL 5,2 und Pesiqta 163b
104 Joma 86b
105 Schabbath 118b
106 Sanhedrin 99b
107 BB 10,a Bar
108 Gen R 60,3; Lev R 37,4; p Joma 38d
109 Mech Ex 12,1
110 Abot I,12
111 Abot R N 12
112 Seder Eliahu Rabba 25
113 Midr Ps 2,2
114 Abot R N 12
115 Mech Ex 20,5
116 p Taanith 68a
117 Gemeint sind die 70 Stiere, die alljährlich am Laubhüttenfest im Tempel zur Entsühnung der ganzen Völkerökumene dargebracht wurden.
118 Bar-Kosiba: in Sanhedrin 93b
119 Gittin 57a
120 Nach Jes 11,3: »Daß er riecht und richtet«, wo nach Rabba zu übersetzen ist: »Er läßt ihn riechen in der Furcht Des Herrn.«
121 Sanhedrin 93b
122 Sukkah 52a

123 Lev R 9 und Perek Ha-Schalom 21
124 Perek Ha-Schalom und SNu 6,26; Mech Ex 20,25
125 Abot I,18
126 Perek Ha-Schalom 21f
127 Torath-Ha-Kohanim; Kedoschim 20
128 Mech Ex 20,25
129 Abot R N II,31
130 S Num 6,26 und Perek Ha-Schalom
131 Lev R 9
132 Num R 11,7; S Nu 6,26
133 Nach der Lesart der Pharisäer laut Ber 11b
134 S Num 6,26 und Perek Ha-Schalom

Aus der Bibel leben lernen

Wenn mein Kind fragt ...

»Ihr geht doch morgen zur Wach-Nacht – am Vorabend der Beschneidung – ins Haus des Neugeborenen, um ihm dort vor den versammelten Verwandten das ›Höre-Israel-Bekenntnis‹ vorzulesen. Was ist der Grund dieses Brauches?« So fragte man einst den Rabbi Pinchas von Koretz, eine der Leuchten des Chassidismus. Er antwortete: »Der Säugling soll beginnen, das Joch des Himmelreichs auf sich zu nehmen, ehe er am nächsten Tag in den Bund unseres Stammvaters Abraham aufgenommen wird. So helfen wir ihm schrittweise, sich der Allmacht des Himmels zu beugen.«
Am Tag darauf, wenn die Judewerdung des 8 Tage alten Kindes gefeiert wird, heißt der Segensspruch, der über seiner Wiege erklingt: »So wie er in den Bund eingeführt wurde, so möge er in die Lehre eingeführt werden, unter den Traubaldachin gebracht und in seinem Leben zu guten Taten geleitet werden.«
Wann beginnt die Lehre? Die Mutter des Rabbi Joschua, der Sohn Channias, stellte seine Wiege ins Lehrhaus, »damit seine Ohren sich vom ersten Jahr an die Worte der Tora gewöhnen«. Sie behielt mit ihrer frühzeitigen Pädagogik recht. Ihr Sohn wurde einer der Talmud-Väter, dessen Lehrmeinungen bis heute als ausschlaggebend gelten .
Im allgemeinen beginnt das Lernen, sobald das Kind »zu sprechen versteht«, was in der Regel für Dreijährige gilt. »Die Weisung (Tora) hat uns Mose anbefohlen, zum Erbbesitz für die Gemeinde Jakobs« (Dtn 33,4). So lautet der erste Bibelsatz, den jeder Vater seinen Sohn lehrt, um ihn sobald wie möglich in die Kette der Generationen Israels einzureihen, die mit Mose am Sinai begann, und in ihm, dem jungen

Schüler, nun weiterleben soll. Es folgt das »Höre Israel« (Dtn 6,4–5) und, mit vier Jahren, das Schreiben und Lesen. Hierauf beginnt der regelmäßige Lehrplan, der seit Tempelzeiten als verbindlich gilt. »Mit fünf Jahren zur Bibel, mit zehn zur Mischna, mit dreizehn zu den Geboten (als religiösmündiger) und mit fünfzehn zum Talmud.«[1]

Es ist also keine Übertreibung, wenn Paulus seinem halbjüdischen Schüler Timotheus das Zeugnis ausstellt: »Von deinem Säuglingsalter an kennst du die Heiligen Schriften« (Tim 3,15).

Als erster Lehrer gilt im Judentum die Mutter, denn sie ist es ja, die dem Kleinkind, noch im Vorschulalter, die fundamentalen Glaubenswerte einprägt und sein erstes Weltbild gestaltet. Darum gilt auch im Judentum, anders als bei den meisten Völkern, die Zugehörigkeit der Mutter, nicht die des Vaters, als maßgebend: Jeder Sohn (oder jede Tochter) einer Jüdin ist nach dem Religionsgesetz ein Jude. Erst wenn das Kind »auf eigenen Beinen« gehen kann, tritt die Satzung in Kraft, die in der Schrift unmittelbar dem Glaubensbekenntnis folgt: »Und diese Worte, die ich dir heute gebiete, sollst du zu Herzen nehmen und sollst sie deinen Kindern einschärfen und davon reden, wenn du in deinem Hause sitzt, oder unterwegs bist, wenn du dich niederlegst oder aufstehst« (Dtn 6,6–7).

»Einschärfen« heißt auf hebräisch »wiederholen« oder: zweimal sagen – was der Talmud zu »verdreifachen« verbessert[2]. Mit anderen Worten: *repetitio est mater studiorum* (die Wiederholung ist die Mutter der Studien), wobei alltäglich das gestrige Pensum kurz vom Lehrer, dann von den Schülern resümiert wird, ehe ein neuer Abschnitt zur Sprache kommt.

Der Schriftvers »Erziehe den Knaben nach seiner Art« (Spr 22,6) wird allgemein als Anpassung der Lehrmethoden an die Aufnahmefähigkeit jedes einzelnen Kindes verstanden. Wer seinen Sohn nicht vom frühesten Alter an in der Tora unterrichtet – heißt doch Tora nichts anderes als »Weisung« –, der gleicht dem, der ihn auf böse Wege verleitet. Ist auch ein Großvater dazu verpflichtet, seine Enkel zu belehren? Heißt es doch nur: »Ihr sollt Eure Söhne lehren!« (Dtn 11,19). Aber es steht ja auch geschrieben: »Du sollst sie kundtun deinen Söhnen und den Söhnen deiner Söhne!« (Dtn 4,9). Was ist der Unterschied zwischen der Belehrung durch den Vater und der durch den Großvater? fragen die Weisen im Talmud! »Wer den Sohn seines Sohnes die Tora lehrt, dem rechnet es die Schrift an, als hätte er sie vom Berge Sinai in Empfang genommen. Gleich nach Dtn 4,9 heißt es ja: ›den Tag an dem du vor dem Herrn, deinem Gott am Horeb gestanden hast.« Also ist die Lehre des Großvaters noch erhabener als die des Vaters.

Die Talmudväter werden nicht müde, uns die Wichtigkeit des Lernens einzuschärfen. So heißt es u.a.: »Die Welt hat nur Bestand wegen des Hauches der Schulkinder!«[3]. Oder: »Man halte Schulkinder nicht vom Unterricht zurück – auch nicht zum Zweck des Tempelbaus!«[4] Und: »Durch das Lernen und Lehren der Bibel wird die Ankunft des Messias beschleunigt.«[5] Schließlich: »Jerusalem wurde nur deshalb zerstört, weil sie dort die Kleinkinder vom Unterricht abhielten.«[6]

Berufliche Überlastung gilt nicht als Entschuldigung: Unter den größten Gelehrten Israels gab es Bäcker, Nagelschmiede und Schuhmacher – und dennoch beschäftigten sie und ihre Söhne sich gemeinsam mit der Tora.

»Wie lange soll man lernen?« Bis zum Todestag! Denn wer zu lernen aufhört, beginnt zu vergessen. Also: Lerne, solange du lebst!

Doch wahres Lernen ist immer eine Zwei-Bahn-Straße: »Viel habe ich von meinen Lehrern gelernt«, sagt Rabbi Chanina, »von meinen Kollegen mehr als von meinen Lehrern, aber am meisten von meinen Schülern.«[7]

Weshalb darf man das Studium unterbrechen? wird im Lehrhaus Hillels gefragt. Nur um einen Toten hinauszubringen oder um eine Braut hineinzuführen – die beiden wichtigsten Liebeswerke der Frommen.

Warum das viele Studium? Niemand soll sagen: Ich will die Bibel lesen, damit sie mich einen Weisen nennen; ich will die Mischna lernen, damit sie mich einen Rabbi heißen ... son-

dern aus Liebe allein sollst du lernen, dann kommt zuletzt auch die Würde (Dtn 30,20)! »Den Herrn Deinen Gott zu lieben, auf Seine Stimme hören und Ihm anzuhangen.«[8]
»Und als er (Jesus) zwölf Jahre alt war, gingen sie, der Festsitte gemäß, hinauf. Als die Tage vorüber waren und sie wieder heimkehrten, blieb der Knabe Jesus in Jerusalem, und seine Eltern wußten es nicht ... Und es begab sich nach drei Tagen, da fanden sie ihn im Tempel, wie er mitten unter den Lehrern saß, ihnen zuhörte und sie fragte. Es staunten aber alle, die ihn hörten, über seine Einsicht und seine Antworten ...« (Lk 2,42–47).
Hier haben wir die typische Jugendgeschichte eines frühreifen »Wunderkindes«, fast würde man sagen: eines genialen Talmudisten, wie wir sie zu Dutzenden aus dem Legendenkranz der Chassidim kennen. Ein Knabe ist zwar erst mit dreizehn Jahren religionsgesetzlich mündig, jedoch schon »mit zwölf Jahren und einem Tag werden seine Gelübde nachgeprüft«[9], um festzustellen, ob er sich der Bedeutung seiner Handlungen bewußt ist.
Da jeder Jude verpflichtet ist, seinen Sohn nicht nur die Tora zu lehren, sondern auch »in den Geboten zu erziehen«[10], um ihn allmählich an deren Ausübung zu gewöhnen, war es zu Tempelzeiten für Erstgeborene üblich, schon ein Jahr vor der Mündigkeit an den Wallfahrten ihrer Eltern teilzunehmen.
Ebenso beginnt im 12. Lebensjahr die Vorbereitung zur Bar-Mitzwah-Feier, die gewissermaßen einer Erstkommunion oder Konfirmation gleichkommt, obzwar jedes Bekennen des Glaubens in der jüdischen Feier fehlt – genau wie es im Judentum kein Gebot gibt, an Gott zu glauben –, da dies als selbstverständlich vorausgesetzt wird.
Ursprünglich handelt es sich um einen an die Reife gebundenen Rechtsstand, der den Knaben zum Bar-Mitzwah, d.h. zum »Sohn der Pflicht« macht, der von nun an als vollgültiges Mitglied der Gemeinde die Verantwortung für sein Tun zu tragen hat. Um diese Reife öffentlich unter Beweis zu stellen, wird der Knabe am Sabbat, der seinem 13. Geburtstag

folgt, in der Synagoge zur Tora aufgerufen, er spricht die vorgeschriebenen Segenssprüche, liest einen Teil oder die ganze Wochenperikope und den Prophetenabschnitt vor und hält in traditionellen Kreisen einen Lehrvortrag, nach dem er im allgemeinen den Gästen Rede und Antwort steht. Für den im jüdischen Lernen Beheimateten ist diese Feier nicht nur der Prüfstein seiner Schriftkenntnisse, sondern eine Lebenswende, die das Ende seiner Kindheit und den Aufbruch auf den nie endenden Weg des Fragens und Forschens bedeutet. Auch in weniger traditionsgetreuen Familien bleibt der Knabe sein Leben lang an »seine Bibelperikope« gebunden, die er in all ihrer Vielschichtigkeit so eingehend erlernt hat, daß sie ihm in späteren Jahren zu seinen Ursprüngen zurückruft. So kann Heinrich Heine, lange nach seiner Taufe, von einer solchen Feier behaupten, sie sei »so schauervoll innig . . ., daß selbst diejenigen Juden, die längst vom Glauben ihrer Väter abgefallen und fremden Freuden und Ehren nachgejagt sind, im tiefsten Herzen erschüttert werden, wenn die alten, wohlbekannten Klänge zufällig ins Ohr dringen«.
Für gesetzestreue Knaben gilt bis heute der Schlußsatz der lukanischen Jugendgeschichte: »Und Jesus nahm zu an Weisheit und Alter und Gnade vor Gott und den Menschen« (Lk 2,52) – ohne die Poesie der Bibelsprache bedeutet dies: er lernte eifrig weiter die Tora und zeichnete sich aus als Kenner und Ausleger der Heiligen Schrift.
Nicht von ungefähr waren und bleiben die Juden »das Volk des Buches«, denn Grund, Mitte und Richtschnur ihres Lebens ist seit drei Jahrtausenden das immer lebendige Gottesbuch. In gewisser Weise ist die Bibel ein Sammelband von Berichten über den Dialog der Kinder Israels mit ihrem Gott – das Zwiegespräch von Schöpfer und Geschöpf, das hier seinen Anfang nimmt und das seit damals nicht aufgehört hat.
Was einst im Dialog entstand, wird am besten im Dialog weitergegeben. Und so ist alles jüdische Reden von Gott ein ständiges Zwiegespräch, in dem Vater und Sohn die uralten Gotteserfahrungen erzählend nachvollziehen. Mit Recht erklärt

die rabbinische Exegese, daß es in der Tora kein »vorher« und kein »nachher« gibt, daß sich das Überzeitliche gegen alle Dreiteilung in Vergangenheit, Gegenwart und Zukunft zur Wehr setzt.

»Gepriesen seist Du, Herr, unser Gott ... der die Tora *gibt*«, heißt es im Segensspruch vor der Tora-Lesung.

»Nicht mit euch allein schließe ich diesen Bund und diesen Eid, sondern sowohl mit dem, der heute hier mit uns ist, stehend vor unserem ewigen Gott, als auch mit dem, der heute hier nicht mit uns ist« (Dtn 29,13f). So ist die Tora nicht nur das Bindeglied zwischen Eltern und Kindern, sondern das Erbgut der Kinder, das morgige Israel, denen Gott, nach dem Midrasch, seine Lehre persönlich anvertraut hat[11].

Erzählen ist eine Urform des menschlichen Lebens, wie die »narrative Theologie« heutzutage wieder entdeckt. Die Hebräische Bibel bedarf dafür so gut wie keiner Aktualisierung, denn sie kennt ja weder Abstraktion noch spekulative Theorien, sondern einzig und allein den unmittelbaren Zusammenhang von Glauben und Leben in der unauflöslichen Verbindung von Gott zum Menschen, der in allem gläubigen Nacherzählen frisch auflebt.

Dieses dialogische Nacherzählen ist Kern und Seele aller jüdischen Erziehung und Überlieferung, wie z. B. das Passafest zeigen kann. Sein Leitmotiv ist die Erinnerung an die Rettertat Gottes beim Auszug aus der Knechtschaft in Ägypten. Dieses Heilsgeschehen, das den Ausgangspunkt zum Sinai-Erlebnis und zur späteren Landnahme Kanaans bildet, soll – wie schon erwähnt alljährlich im Volksgedächtnis wachgerufen und vergegenwärtigt werden. »*Du* bist es, der aus Ägypten ausgezogen ist.« Dieser Kernsatz der Passa-Zeremonie hat für jüdische Ohren einen verheißungsvollen Klang. 3000 Jahre jüdischer Geschichte haben diese Wahrheit jeder Generation deutlich bewiesen.

In der Liturgie der Haggada fügt das Ritual noch die Mahnung hinzu: »Nicht nur unsere Vorfahren hat er befreit, sondern auch uns, zugleich mit ihnen hat Er uns befreit: denn da ist kein Feind, der sich gegen uns erhebt, um uns zu ver-

nichten, aus dessen Hand der Heilige, gepriesen sei Sein Name, uns nicht errettet.«
Und an einer anderen Stelle heißt es noch klarer: »Das geschieht um dessentwillen, was der Herr an *mir* getan hat, als *ich* aus Ägypten zog.«
Diese »Personalisierung« des Exodus hat sich seit hundert Generationen voll bewährt. Kein jüdisches Kind erreicht das Bar-Mitzwah-Alter, ohne die Geschichte des Auszugs aus Ägypten als eigenes Passa-Erlebnis mitgefühlt und mitgesprochen zu haben. Denn Passa, dieser Leitstern des jüdischen Festkalenders, ist vor allem ein Familienfest, an dem die Kinder eine zentrale Rolle spielen: »Und wenn eure Kinder zu euch sagen werden: Was habt ihr da für einen Brauch? – so sollt ihr sagen: Es ist das Passa-Opfer für den Herrn ...« (Ex 12,26f).
»An demselben Tage sollt ihr euren Söhnen sagen ...« (Ex 13,8). Dieses eindringliche Gebot *wehigadeta* – du sollst es deinem Sohn erzählen! – gab nicht nur der Passa-Liturgie ihren Namen: *Haggada* (die Erzählung), sondern prägte auch die Gestalt der ganzen Liturgie, die gleich zu Anfang dem jüngsten der Kinder das Wort erteilt, um den Abend durch seine Fragen einzuleiten.
Die feierliche Tischrunde, die festlich gedeckte Tafel, die symbolischen Speisen, die alle dazu dienen, um Begriffe wie Bitterkeit, Leiden, Armut, Fronarbeit und Befreiung in handfeste, schmackhafte Speisen zu verwandeln – alles zielt darauf hin, die Kinder zur Teilnahme anzuregen, ihre Neugierde zu erwecken und die Feier zum unvergeßlichen Glaubenserlebnis zu vertiefen. So sind also die Worte des Jüngsten keineswegs formelhafte Litaneien, sondern die naheliegenden Fragen, die sich jedem Grundschüler aufdrängen müssen: »Was unterscheidet diese Nacht von allen anderen Nächten? Warum essen wir in dieser Nacht ungesäuerte Brote? Wozu sind diese bitteren Kräuter da? Warum tauchen wir sie heute in Salzwasser?«
Die Fragen geben dem Vater die Gelegenheit zu antworten: »Sklaven waren unsere Väter im Land Ägypten. Der Pharao

bedrückte sie hart. An diese bittere Zeit denken wir, wenn wir jetzt die Bitterkräuter essen, und an die vielen Tränen, wenn wir das Gemüse in Salzwasser tauchen. Wir mußten Ziegel aus braunem Lehm formen. An diesen Lehm erinnert uns der braune Apfelbrei.«

Immer wieder begleitet der Zeigefinger die Zunge: »*Dies* ist das Brot der Armut, das unsere Väter aßen ... *Dies* ist die Unterdrückung ... *Dies* sind die Zehn Plagen ...« Handlungen, Ereignisse und Gefühle werden sichtbar gemacht, denn in seinen sichtbaren, geschichtlichen Heilstaten soll ja Gott erfahren und erlebt werden.

Doch nicht alle Kinder sind gleich begabt. Um dieser Vielfalt pädagogisch gerecht zu werden, stellt uns die Haggada vier Söhne vor: »Einen Weisen, einen Sünder, einen Einfältigen, und einen, der nicht zu fragen versteht.« Den ersten drei werden provokative Fragen in den Mund gelegt, um dem Hausvater hierauf Beispiele von passenden Antworten zu liefern, die er nach Belieben erweitern kann – alles, um das Epos von der Volksbefreiung auf mannigfaltige Weise den verschiedensten Gemütern plastisch zu veranschaulichen.

Beim vierten Sohn heißt es in lakonischer Kürze: »Öffne du ihm den Mund!« Gemeint ist die sokratische Methode, die zur Befragung und Hinterfragung reizt, indem sie sich zuerst mit subtilen Halbheiten und Andeutungen begnügt, die den jugendlichen Hörer verblüffen, seine Aufmerksamkeit fesseln, zum Mitdenken verleiten und schließlich zur Gegenfrage herausfordern.

Nur so wird wahre Betroffenheit erweckt, ohne die kein echter Dialog zustande kommen kann.

Die Römer verstanden diese Binsenwahrheit fast instinktiv, als sie das Kind »infans« nannten – das Nicht-Sprechende, das zum Sprechen gebracht werden soll. Die Hebräer gehen einen Schritt weiter, indem sie kindliche Sprache zuerst als Befragen erwirken.

»Wenn dein Kind dich fragt«, ist also nicht der Anfang aller Erziehung, sondern bereits ein erster Fortschritt, der zum Weitergehen einlädt.

Der Vater erzählt, und die Kinder hören zu, mit glänzenden Augen und mit offenem Mund, der sowohl die Worte der Befreiung als die Heilstaten Gottes verschlingt. Denn was ist denn dieses »armselige Brot« der Mazza, wenn nicht der eßbare Beweis für die Eile, mit der unsere Väter aus der Knechtschaft befreit wurden?
Ganz schnell mußte es gehen, so daß sie gar nicht genug Zeit hatten, um ihr Brot richtig mit Sauerteig zu backen. Hart und trocken ist dieses Brot der Freiheit – ungleich den fetten Fleischtöpfen Ägyptens –, aber wir dürfen es angelehnt und gemächlich essen, wie es eben unabhängigen, selbständigen Leuten geziemt.
Süß und köstlich hingegen sind die Gnadenerweise Gottes, der uns die Befreiung beschert hat. So wirklich und so gegenwärtig ist diese gottgeschenkte Freiheit, daß wir sie trinken können. Viermal sogar, in dem dunklen Rotwein, den der Vater eingießt, indem er erklärt: Gott sagte: »Ich will euch *wegführen* von den Lasten, die euch die Ägypter auferlegt haben«, so heißt der erste Becher, in dem die Kleinen zum erstenmal (verdünnten) Wein zu kosten bekommen; »und ich will euch *erretten* von eurem Frondienst«, so heißt der zweite Becher; »und ich will euch *erlösen* mit ausgestrecktem Arm ...« heißt es dann beim dritten Becher. Wer sieht da nicht den Arm Gottes, der den armen Hebräern ihre Sklavenketten zerbricht? Und zum Schluß, als Höhepunkt dieser becherweise genossenen Gottesliebe, heißt es beim vierten Trunk: »Ich will euch *annehmen* – als mein Volk und will euer Gott sein« (Ex 6,6–7), womit die letzte Geborgenheit in diesem großen Retter-Gott mit Leib und Seele erlebt wird.
Doch Kinder wollen nicht nur belehrt werden, sondern auch Spaß haben und mit ihrem Vater Schabernack treiben. Auch dafür sorgt die Liturgie, indem sie wohlweislich Spiel und Lehre verbindet. Zu Beginn des Abends bricht der Hausvater die mittlere der drei Mazzen auf der Seder-Platte entzwei und bewahrt das größere Stück sorgsam auf. So will es die Theorie. In der Praxis warten nämlich die Kinder gespannt auf die

Gelegenheit, um ihm diese verborgene Mazza, die den geheimnisvollen Namen Afikoman trägt, unter dem Tisch zu »entwenden«. Der uralte Brauch geht auf eine talmudische Aussage zurück, die betont, man möge den Kindern ihre Mazzen »in Eile geben«, auf daß sie nicht zuvor einschlafen. Da jedoch das hebräische Zeitwort »eiliggeben« auch »entreißen« bedeuten kann, entwickelte sich aus dem ursprünglichen Ratschlag die Sitte des »Mazza-Raubes«, die mit Verstecken, Suchen und Finden beginnt, um am Ende des Abends mit einer großzügigen Belohnung zu enden, die Vater dem Rückerstatter des Afikoman »widerwillig« gewähren muß.

Leil-Schimurim heißt doch dieser einzigartige Abend: »Die Nacht der Behütung«, aber auch die »Wacht-Nacht« (Ex 12,42), in der Israel, gleich seinem Schöpfer, »nicht schlafen noch schlummern soll« (Ps 121,4). Darum dürfen die Kinder nicht nur länger aufbleiben als das ganze Jahr hindurch, sondern sie werden auch ermuntert, Rabbi Akiba nachzuahmen, der zur Zeit des Bar-Kochba-Aufstandes mit seinen Tischgenossen die ganze Passanacht hindurch nicht müde wurde, von den Rettertaten Gottes zu erzählen – bis seine Schüler ankamen, um ihn zu erinnern: »Meister, die Zeit zum Morgengebet ist gekommen.«

»Dies sind die zehn Plagen, welche der Heilige, gelobt sei Sein Name, über die Ägypter kommen ließ, nämlich: Blut, Frösche, Ungeziefer, Gewild, Pest . . .« Beim Aufzählen jeder der zehn Strafen tropft man ein wenig Wein aus dem vollen Becher in ein besonderes Geschirr.

Warum? – wollen die Kinder wissen. Auf daß keine Schadenfreude aufkommen möge, erklärt der Vater, vermindern wir den Inhalt unseres Freudenbechers. »Den Ägypter sollst du nicht verabscheuen«, heißt es doch in der Schrift, »denn du bist ein Gastsasse in seinem Land gewesen!« (Dtn 23,8).

Aus demselben Grund fasten ja auch alle Erstgeborenen Israels am Rüsttag des Passafestes – als Zeichen des Mit-Leidens mit den Ägyptern, deren Erstgeborene an jenem Tage dahinstarben. Um ganz sicher zu sein, daß diese Bibellektion gebührlich verstanden wird, erzählt der Vater noch den alten Midrasch, demgemäß die Dienst-Engel einen Lobgesang anstimmen wollten, als Roß und Reiter des Pharao in den Fluten versanken – worauf Gott selbst sie schroff anfuhr: »Die Ägypter, das Werk meiner Hände, ertrinken im Meer – und ihr wollt mir Loblieder singen?« Woraus die Sitte entstand, zu Anfang des Festes nur den Halben Hallel (Ps 113–118) zu singen, wieder ein Grund zum Fragen – denn »wenn dein Feind zum Fall kommt, freu dich nicht; und wenn er stürzt, frohlokke nicht dein Herz!« (Spr 24,17).

Segenssprüche und Lobpreisungen sind sicherlich der religiöse Ausdruck einer tiefempfundenen Dankbarkeit für die Gnadenerweise Gottes. Doch wie übersetzt man diese Emotionen in eine unverfälschte Kindersprache, die zugleich auch für Erwachsene gelten kann?

Die Lösung des Dilemmas in der Haggada heißt das *»Dajenu-Lied«* – nach seinem Refrain benannt, den auch die Kleinsten unschwer mitsingen können: »Dies alles wäre für uns genug gewesen« – auf Hebräisch ein einziges Wort: *dajenu.* Es handelt sich um eine Art von Stufengesang, der historisch die Heilstaten Gottes aneinanderreiht, wobei nach jedem Vers festgestellt wird: Dies allein hätte ja schon genügt, um uns für ewig zur Danksagung in Wort und Tat zu verpflichten; er aber, in seiner schrankenlosen Liebe, häufte Wohltat auf Wohltat, so daß der Fülle seiner göttlichen Gnade gar kein Ende zu sein scheint. In den Worten des *dajenu:* »Hätte er uns nur aus Ägypten herausgeführt, doch über jene keine Strafe verhängt – *dajenu* . . .«

»Hätte er für uns das Meer gespalten, doch uns nicht trockenen Fußes durch seine Mitte geführt – *dajenu* . . .«

»Hätte er unseren Bedarf in der Wüste vierzig Jahre lang versorgt . . . hätte er uns nur das Manna genießen lassen . . . hätte er uns lediglich den Sabbat geschenkt . . . uns nur zum Berg Sinai geführt . . . bloß die Tora anvertraut . . . uns ins Heilige Land geführt . . . den heiligen Tempel erbaut . . .«

Worauf die unvermeidliche Schlußfolgerung kommt, die melodisch die Kette der Liebeserweisungen wiederholt und dem

kindlichen Gedächtnis mit Hilfe aller zehn Finger einprägt: »Um wieviel mehr doppelte und vielfache Wohltaten hat der Ewige uns erwiesen, indem er ...« Daß dabei »Er« der Allgegenwärtige ist, der »uns« zuliebe all dies vollbracht hat, bedarf dabei keiner weiteren Erläuterung.
Zur Danksagung wird alsbald Gelegenheit geboten. Wir danken ihm beim feierlichen Händewaschen, »der uns durch seine Gebote geheiligt hat«; wir danken ihm beim Mazzabrechen, »der aus der Erde Brot hervorsprießen läßt«; wir danken ihm ebenso für den Genuß des Bitterkrautes, um dann das Festessen gebührlich zu genießen, das Mutter dem Erinnerungsmahl zu Ehren zum kulinarischen Höhepunkt der Erlösungsnacht gemacht hat. Wenn die Liebe durch den Magen geht, wie das Sprichwort behauptet, so können auch Glaubenserfahrungen durch Leckerbissen und Bratenduft bekräftigt werden.
Gleich nach dem Tischsegen geht es weiter, wobei jetzt die Zukunft ins Auge gefaßt wird. Heißt doch das Passafest die Feier »der Erlösungen«, wobei sowohl der einstigen aus Ägypten als auch der künftigen gedacht wird. »In dieser Nacht wurden wir gerettet«, sagt einer der Talmudväter, »in dieser Nacht werden wir erlöst werden.«
Die pädagogische Frage, wie man dieses Noch-nicht der sehnlich erhofften Erlösung auch für Kinder veranschaulicht, hat das Ritual in zweifacher Weise beantwortet. Auf einem Ehrenplatz am Familientisch steht vom Beginn der Feier an ein voller Kelch als »Becher des Elia«, der für seine Ankunft bereitet ist. Verstohlene Blicke sollen sich wiederholt vergewissern, ob er, der Herold des Messias, der »die Herzen der Väter mit denen der Söhne versöhnt« (Mal 3,24), schon gekommen ist oder noch auf sich warten läßt.
Um ihm das Kommen so leicht wie möglich zu machen, wird vor Ende des Rituals die Tür geöffnet und für eine Weile ungeduldig Ausschau gehalten. Vielleicht kommt er doch noch?! Hat es da nicht eben geraschelt? »Siehe, ich sende euch den Propheten Elia ...« (Mal 4,5), heißt es doch ausdrücklich in der Schrift. Die Naherwartung wird aufs äußer-

ste gesteigert – bis Vater achselzuckend die Türe wieder schließt: Vielleicht kommt er morgen – oder nächstes Jahr, wofür die ganze Tischgemeinde dann in einigen der liturgischen Gesänge gemeinsam betet. So lautet z. B. die messianische Schlußstrophe eines Liedes, in dem eine lange Reihe von biblischen Heilsereignissen geschildert wird:

»Beglück, oh Herr, des frommen Jakobs Stamm,
Laß ihn das Pessach Opferlamm
In Zion bald Dir bringen!
Du, Reiner, in des Himmels Höhen!
Nicht länger laß erniedrigt sehen
Das Volk, das Du erkoren.
Du hast den Stamm für Dich geweiht,
Oh, öffne nun zu Sang und Freud
Den Sprossen Zions Tore!«

So wird der Heilsbogen von der Urzeit bis zur Endzeit gespannt, vom Passa des Exodus hin zum Passa der »vollkommenen Erlösung«, wobei die Gegenwart zum Nadelöhr schrumpft, durch das der Faden der Erinnerung unaufhörlich die Verheißung für morgen weiterwebt. Was sich aus dieser Geborgenheit in Gott von selbst ergibt, ist das Vertrauen auf Gottes Allmacht, die nicht mit dem irdischen Leben endet, sondern auch jenseits des Grabes weiterwirkt. M. a. W.: Die Zuversicht auf die Auferweckung der Toten, in der die Passa-Erlösungshoffnung gipfelt.

Wie kann dieser Gedankengang für schläfrige Kinder verdeutlicht werden, ohne sie zu überfordern? Die jüdische Überlieferung bewerkstelligt es mittels eines aramäischen Volksliedes, das in heiteren Knüttelreimen sowohl die Vergänglichkeit alles Lebens als auch die Überwindung aller Sterblichkeit durch das Eingreifen Gottes besingt:

»Es kaufte sich mein Vater,
Zwei Groschen galt der Kauf.
Ein Lämmlein – da kam voll Tück und Hader
Die Katz – und fraß es auf.

Ein Hund, den es verdroß,
Daß floß unschuldig Blut,
Kam pfeilschnell hergeschossen
Zerriß die Katz in Wut.
Ein Stock stand nah beim Hunde,
Der lang ihm schon gedroht,
Er schlug zur selben Stunde
Den Hund – den schlug er tot.
Am glühenden Feuerherde
Der Stock den Rächer fand,
Die Flamme ihn verzehrte
Und schnell war er verbrannt ...«

Hierauf löscht die Quelle das Feuer; ein Ochse trinkt die Quelle trocken; der Metzger schlachtet den Ochsen, und der Todesengel rafft den Metzger dahin – worauf Gott, der alle richtet, auch den Todesengel vernichtet, so daß der Schlußvers dann besagen kann:

»Dem Würger gab er Tod zum Lohn,
Weil er gewürgt des Menschen Sohn ...«

Mit diesem Tod des Todes, der das beste Faustpfand für das ewige Leben ist, klingt die Passafeier aus.
Gibt es denn einen Gott? Was ist der Sinn des Lebens? Wohin gehe ich? Warum leiden wir? Diese sogenannten »Urfragen« kamen überhaupt nicht zu Wort und wurden daher auch nicht beantwortet. Und das scheint ganz natürlich. Denn auch die ABC-Schützen, denen die Augen schon zugefallen sind, fühlen sich eingebettet in diese heilsbewußte Pessachstimmung, die Gottes Treue so anschaulich erinnert, daß kein Zweifel aufkommen kann: Von diesem Helfer-Gott sind auch in Zukunft große Dinge zu erwarten, denn, wie der Nachhall aus dem eben gesungenen Psalter bezeugt: »Er ist allgütig und ewig währet Seine Gnade.«

»Und die Kinder Israel gingen hinein mitten ins Meer auf dem Trockenen, und das Wasser war ihnen eine Mauer zur Rechten und zur Linken« (Ex 14,22). Dieses zentrale Wunder der hebräischen Heilsgeschichte war einst der Gegenstand einer rabbinischen Auseinandersetzung, deren Schlußfolgerung in weiten Kreisen Widerhall fand.

»Ich glaube nicht daran«, so wagte einer der Talmudmeister einzuwenden. Auf die erstaunte Gegenfrage seiner Kollegen erklärte er, es habe sich nach seiner Meinung mit größter Wahrscheinlichkeit um die Ebbe gehandelt, die es den Israeliten ermöglichte, das Schilfmeer »trockenen Fußes« zu durchwaten, während in der darauffolgenden Flut Ägyptens Rosse und Reiter ganz naturgemäß ertrunken seien. Alles andere sei lediglich fromme Nachdichtung, und sonst nichts. Aus der Debatte, die hierauf entbrannte, schälte sich schließlich folgende Lehrmeinung heraus: Falls Rabbi Samuel recht haben sollte – was keineswegs als gesichert gelten kann –, so wäre das Wunder noch viel größer. Denn dann bedurfte es gar keines göttlichen Eingriffs in die von Gott gegebene Naturordnung, um das Volk Israel aus der Knechtschaft zu erlösen. Ebbe und Flut waren eben »natürlich« so vorprogrammiert worden, daß sie im normalen Lauf der Dinge das Heilsvorhaben Gottes fördern konnten.

Derselben Tendenz entsprechend, meinte ein anderer Rabbi, Gott habe schon bei der Schöpfung ein Bündnis mit dem Schilfmeer geschlossen, das es zur Spaltung für Israel verpflichtete; ebenso wurden Sonne und Mond bei der Erschaffung beauftragt, für Josua stillzustehen. Den Raben wurde befohlen, Elia zu nähren; an das Feuer erging der Schöpfungsauftrag, Chanania, Mischael und Asaria nicht zu versengen, und dem Walfisch wurde eingeschärft, Jona heil und unversehrt ans Land auszuspeien[12].

All dies soll keineswegs den Glauben an Wundertaten entkräften, sondern ihm lediglich die geziemende Demut beibringen – wie folgende Geschichte uns verdeutlichen will: Zu

Ende einer typisch rabbinischen Lehrdebatte, in der es um die praktische Anwendung eines Bibelverses ging, stand Rabbi Elieser, der Große, einsam und allein in seiner Auslegung, gegen die all seine Kollegen Einspruch erhoben. Was nun folgt, erzählt der Talmud in lakonischer Kürze: An jenem Tage brachte Rabbi Elieser jedes nur denkbare Argument vor, aber er konnte sie nicht überzeugen. Da sagte er zu ihnen: Wenn die richtige Norm mit meiner Meinung übereinstimmt, soll dieser Johannisbrotbaum es bezeugen. Da rückte der Johannisbrotbaum hundert Ellen weit von seinem Ort; andere behaupten sogar vierhundert Ellen. Sie aber entgegneten ihm: Ein Johannisbrotbaum kann nichts beweisen. Wiederum sagte er zu ihnen: Wenn ich recht habe, so möge es dieser Wasserlauf bezeugen. Daraufhin floß das Wasser stromaufwärts. Ein Bach kann überhaupt nichts beweisen, erwiderten hierauf seine Kollegen. Unbeirrt sprach dann Rabbi Elieser: Wenn meine Meinung der Wahrheit entspricht, sollen es die Mauern dieses Lehrhauses beweisen! Daraufhin neigten sich die Wände, als wollten sie einstürzen. Aber Rabbi Jehoschua wies sie zurecht und schrie sie an: Was fällt euch denn ein, euch einzumischen, wenn Gelehrte einen Streit über die Schriftauslegung ausfechten? Daraufhin stürzten sie nicht ein – Rabbi Jehoschua zu Ehren; aber sie richteten sich auch nicht wieder ganz auf – Rabbi Elieser zu Ehren. Und so stehen sie bis heute noch immer etwas geneigt. Und wiederum öffnete Rabbi Elieser seinen Mund und sprach: Wenn die Weisung mir recht gibt, dann möge es der Himmel bezeugen. Darauf ertönte eine Stimme vom Himmel und rief: Weshalb streitet ihr mit Rabbi Elieser, wo doch die Weisung ihm in allen Stücken recht gibt!? Aber Rabbi Jehoschua erhob sich und rief gen Himmel: Sie ist nicht im Himmel! (Dtn 30,12). Womit er sagen wollte: Die Tora sei bereits auf dem Berg Sinai dem Volk Israel gegeben worden. »Daher schenken wir einer Himmelsstimme keine Beachtung mehr, denn Du hast ja in dieser Tora geschrieben, daß man sich der Mehrheit beugen muß« (Ex 23,2).

Soweit die Debatten der Rabbinen und ihre resolute Weigerung, Wunder statt Schriftbeweise zu akzeptieren. Doch die hauptsächliche Pointe kommt erst im Nachspiel zum Ausdruck:

»Kurz darauf traf Rabbi Nathan nämlich den Propheten Elia, der als Mittler zwischen Himmel und Erde gilt, und fragte ihn: ›Was hat der Heilige, gepriesen sei er, zu jener Stunde getan?‹ Worauf Elia antwortete: ›Er hat gelächelt und sprach: Meine Söhne haben Mich besiegt! Meine Söhne haben Mich besiegt‹!«[13]

Gottes Lächeln – so will die Erzählung uns belehren – enthält eine dreifache Lektion: Sie ist sowohl ein heilsamer Dämpfer gegen jedwede Wundersucht als auch eine Unabhängigkeitserklärung des gläubigen Bibelmenschen und, nicht zuletzt, ein Zeichen der Freude Gottes über die Mündigkeit der Menschen.

Eine andere beliebte Methode der Rabbinen ist die allegorische Deutung. Beim Kampf der Amalekiter gegen Israel heißt es: »Und wenn Mose seine Hand emporhielt, siegte Israel. Wenn er aber seine Hände sinken ließ, siegte Amalek« (Ex 17,11). Hierzu kommentieren die Rabbinen mit unüberhörbarer Skepsis: »Konnten denn die Hände Moses die Schlacht entscheiden?« Sie gestehen der Rolle Moses im Gebetsieg nur symbolische Bedeutung zu: »Dies besagt vielmehr, daß wenn Israel nach Oben schaut und sie ihr Herz ihrem Vater im Himmel unterwerfen, sie obsiegen; wenn aber nicht, so unterliegen sie.«[14]

Dasselbe gilt den rabbinischen »Entmythologisierern« für das Wunder der ehernen Schlange: »Da sprach der Herr zu Mose: Mach dir eine eherne Schlange und richte sie an einer Stange hoch auf. Wer gebissen ist und sieht sie an, der soll leben« (Num 21,8). Woraus der Talmudkommentar folgert: »Konnte denn die Schlange töten oder beleben? Vielmehr, wenn Israel gen Himmel schaut und sie ihr Herz dem Vater im Himmel unterwerfen, so genesen sie. Wenn aber nicht, so siechen sie dahin[15].

Am weitesten in dieser Richtung ging wohl Maimonides, der im Mittelalter behauptete, alle übernatürlichen Ereignisse in den Büchern der Propheten seien Teil der ihnen gewährten Visionen, sollten aber keineswegs als wirkliche Begebenheit erachtet werden[16].

Ebenso rügt er die »Endzeitbedränger«, die nach Wunderzeichen Ausschau hielten: »Laß es dir nicht einfallen, daß der Messias Zeichen und Wunder erwirken müsse, die Toten wieder beleben werde, oder ähnliches zu vollbringen habe!«[17] Woraus er folgert, daß nicht Wundertaten, sondern einzig und allein die Verwirklichung der prophetischen Verheißungen einer friedlichen und gerechten Welt den künftigen Messias beglaubigen werde.

Ein halbes Jahrtausend später erklärte Moses Mendelssohn, der seinen Buckel der nächtlichen Lektüre der Werke des Maimonides zu verdanken hatte, daß Wunder zur Bewahrheitung aller Religionen bemüht werden könnten und daher als Beweis für keine gelten.

Die Rationalisten, die das Judentum als reine Vernunftreligion darstellen wollten, hatten es jedoch zu allen Zeiten mit einer entschlossenen Opposition zu tun.

»Sollte dem Herrn etwas unmöglich sein?« (Gen 18,14). Diese Frage Gottes an Sarah, die Frau Abrahams, die nicht an die Verheißung eines Sohnes im Alter glauben wollte, wurde zum Motto all derer, die überzeugt waren, daß »das Wunder des Glaubens liebstes Kind« sei. Und da das rabbinische Schrifttum keine Dogmatik kennt, sondern sich gut demokratisch dem Glaubenspluralismus öffnet, finden wir auf seinen Seiten die Ansicht der Wortgläubigen neben der Einstellung der Textkritiker.

Dieser Zwist über den religiösen Stellenwert des Wunders findet prägnanten Ausdruck in der Debatte zwischen einem gewissen Rabbi Joseph und Abbaje, der rabbinischen Leuchte des 4. Jahrhunderts: »Einst starb einem Mann seine Frau und hinterließ ihm einen Säugling. Er aber besaß nichts, um eine Amme zu bezahlen. Da geschah ein Wunder, und die Brüste öffneten sich ihm wie zwei Frauenbrüste, und er stillte sein Kind. Rabbi Joseph sagte: Komm und siehe, wie bedeutend dieser Mann war, daß ihm ein solches Wunder geschah. Abbaje aber sprach zu ihm: Im Gegenteil, wie minderwertig war doch dieser Mann, daß sich seinetwegen die Ordnungen der Schöpfung verändern mußten!«[18]

Es war der letztere Standpunkt, der häufig die Oberhand gewann. So zum Beispiel wurde Choni der Kreiszieher, der in einem Dürrejahr Regen herbeibeten konnte, fast exkommuniziert[19], während Bar-Kochba drei Jahre lang als Messias geehrt wurde (132–135 n.Chr.), ohne eine einzige Wundertat zu vollbringen.

Dieses Mißtrauen gegenüber Wundertätern entspringt nicht zuletzt der eindeutigen Warnung, die Mose seinem Volke hinterlassen hatte: »Wenn ein Prophet oder Träumer unter euch aufsteht, und dir ein Zeichen oder Wunder ankündigt und das Zeichen und Wunder trifft ein ... und er spricht: Laßt uns anderen Göttern folgen, die ihr nicht kennt, und ihnen dienen, so sollst du nicht gehorchen den Worten eines solchen Propheten oder Träumers; denn der Herr, euer Gott versucht euch ...« (Dtn 13,2–4).

Wir hören im Talmud zwar wiederholt von Wunderheilungen, wunderbaren Speisungen und Brotvermehrungen, Sturmstillungen und der Auferweckung von Toten, dennoch scheint die nüchtern-sachliche Weise, in der über sie berichtet wird, dazu zu dienen, jedweder Aufbauschung oder theologischen Spekulation den Boden zu entziehen.

So zum Beispiel heißt es von zwei bekannten Lehrern: »Rabba und Rabbi Sera feierten zusammen das Purimfestmahl, und als sie betrunken waren, stand Rabba auf und erschlug Rabbi Sera. Am folgenden Tage flehte er zu Gott um Erbarmen und brachte ihn wieder zum Leben. Im nächsten Jahr sprach Rabba zu ihm: Möge der Meister kommen, wir wollen zusammen Purim feiern. Dieser aber erwiderte: Nicht jederzeit geschieht ein Wunder.«[20]

Und dennoch durchzieht die Danksagung für Gottes Wundertaten wie ein roter Faden alle Bücher der hebräischen Bibel.

»Herr, wer ist dir gleich unter den Göttern? Wer ist dir gleich, der so mächtig, heilig, schrecklich, löblich und wundertätig

ist?« (Ex 15,11), so heißt es im berühmten Meerlied Moses, und aus dem Psalter hallt es wider: »Gelobt sei der Herr, der Gott Israels, der allein Wunder tut« (Ps 72,18).
Aus Prophetenmund ergeht die göttliche Verheißung: »Darum will ich auch hinfort mit diesem Volk wundersam umgehen, aufs wunderlichste und seltsamste, daß die Weisheit seiner Weisen vergehe und der Verstand seiner Klugen sich verbergen müsse« (Jes 29,14).
Wer jedoch alle Wunderstellen in der Bibel Jesu in ihrer Zusammenschau untersucht, wird bald gewahr, daß es sich bei ihnen nur selten um eine Durchbrechung der Naturgesetze handelt, sondern meistens um das Bekenntnis menschlicher Unfähigkeit und der Mächtigkeit Gottes. Nicht um spektakuläre Mirakel geht es dem Hebräer, sondern vielmehr um die Heilstaten des segnenden und rettenden Gottes, der zu seinen Verheißungen steht. Und diese Bundestreue bedarf keiner Feuerwerke noch der marktschreierischen Werbung.
Nicht das Beben des Berges Sinai, sondern was Mose in einsamer Begegnung auf seinem Gipfel vernahm, war das Wichtige. Nicht im Sturm noch im Feuer hörte Elia die Stimme Gottes, sondern »in der Stille verschwebenden Schweigens«. In den natürlichen, weltlichen Ereignissen, die für jedermann sichtbar sind, findet Gottes verborgenes Handeln statt.
So schreibt Martin Buber, der gegen alle »Zaubergeister« und »Mirakelfabrikanten« zu Felde zieht: »Das wirkliche Wunder bedeutet, daß im staunenden Erfahren des Ereignisses die geläufige Kausalität gleichsam transparent wird und den Anblick einer Sphäre freigibt, in der eine einzige, nicht durch andere beschränkte Macht handelt. Mit dem Wunder leben, heißt, diese Macht mal um mal als die Wirkende zu erkennen. Das ist die Religion Moses, des Mannes, der die Nichtigkeit des Zaubers erfuhr ... und sah, wie unter den Schlägen des einen Gottes alle Götzen Ägyptens vergingen und das ist Religion überhaupt, sofern sie Wirklichkeit ist.«[21]
Kunst und Religion – diese beiden erhabenen Ausdrucksweisen des Menschen erheben unermüdlichen Protest gegen den Rost und Grünspan des Alltags, der durch allzugroße Ver-

trautheit und Trägheit des Herzens das ewige Wunder der Schöpfung banalisiert. Jede Blume, jeder Baum bleibt ein unerforschliches Wunder Gottes und seiner Natur. Wir aber brauchen einen van Gogh und einen Goethe, um uns daran zu erinnern. Menschen bestaunen eine Sonnenfinsternis, aber verschlafen das tägliche Wunder des Sonnenaufganges. Das Judentum verneint die Möglichkeit der Wunder nicht, aber es zieht einen Glauben vor, der feinfühlig genug ist, um über das Wunder dieser Welt nie ganz hinwegzukommen, dem das Mysterium des Kreislaufes alles Lebens genügt, um hinter dem »normalen« Lauf der Dinge eine höhere Fügung zu erahnen.

Als man den greisen Albert Einstein anno 1952 die Gottesfrage stellte, lautete seine Antwort: »Ich kann mich nicht freimachen von der großen Bewunderung, die mich immer aufs neue ergreift, sooft ich mich in die Gesetzlichkeit der Natur versenke. Das bloße Vorhandensein dieser überwältigenden Gesetzlichkeit ist eine Wundervision, die einer ständig sich erneuernden Offenbarung gleichkommt.«

In diesem Sinne sagte einst Hillel, daß die Gabe des täglichen Brotes ein größeres Wunder sei als die Spaltung des Schilfmeeres, denn bei Jesaja heißt es ja zuerst: »Daß er (der Mensch) keinen Mangel an Brot habe,« und erst danach: »Dein Gott, der das Meer teilt« (Jes 51,14f).

Deshalb sagen wir in unserem täglichen Achtzehner-Gebet: »Wir danken Dir, denn Du bist der Ewige, unser Gott . . . und für Deine Wunder, die jeden Tag bei uns sind, und für Deine Wunderwerke und Wohltaten jederzeit: abends und morgens und mittags.«

Schimpfen in der Bibel

»Verflucht wirst du sein in der Stadt, verflucht wirst du sein auf dem Acker. Verflucht wird sein dein Korb und dein Backtrog. Verflucht wird sein die Frucht deines Leibes, der Ertrag deines Ackers, das Jungvieh deiner Rinder und Schafe. Ver-

flucht wirst du sein bei deinem Eingang und verflucht bei deinem Ausgang. Der Herr wird unter dich senden Unfrieden, Unruhe und Unglück in allem, was du unternimmst, bis du vertilgt bist und bald untergegangen bist um deines bösen Treibens willen ... Der Herr wird dir die Pest anhängen, bis er dich vertilgt hat in dem Lande, in das du kommst ..., der Herr wird dich schlagen mit Auszehrung, Entzündung und hitzigem Fieber, Getreidebrand und Dürre; die werden dich verfolgen, bis du umkommst ... der Herr wird dich vor deinen Feinden schlagen ... deine Leichname werden zum Fraß werden allen Vögeln des Himmels und allen Tieren des Landes, und niemand wird sie verscheuchen. Der Herr wird dich schlagen mit ägyptischem Geschwür, mit Pocken, mit Grind und Krätze, daß du nicht geheilt werden kannst.
Der Herr wird dich schlagen mit Wahnsinn, Blindheit und Verwirrung des Geistes. Und du wirst tappen am Mittag wie ein Blinder tappt im Dunkel, und wirst auf deinem Wege kein Glück haben, und wirst Gewalt und Unrecht leiden müssen dein Leben lang, und niemand wird dir helfen« (Dtn 28,16–35).

Diese erschütternde, durch Mark und Bein gehende Strafpredigt aus dem 5. Buch Mose ist keineswegs eine unabwendbare Verfluchung, wie der oberflächliche Leser folgern könnte, sondern genau das Gegenteil: Sie gehört zur biblischen Form der Mahnschelte, deren Zweck die Abschreckung ist. Gift und Galle haben hier die Vorbeugung zum Ziel; sie sollen heilsamen Schrecken einflößen und daher all das Unheil, das sie so eindrücklich als Strafe Gottes schildern und vergegenwärtigen, durch eben diese Eindrücklichkeit vermeiden und abwenden.

Daher heißt es auch zu Ende dieser »Schimpfrede«: »All diese Flüche werden über dich kommen und dich verfolgen und treffen, bis du vertilgt bist, weil du der Stimme des Herrn, deines Gottes nicht gehorcht und Seine Gebote und Rechte nicht gehalten hast, die Er dir geboten hat« (Dtn 28,45).

Zu dieser biblischen Kategorie der Mahnschelte gehören auch die anschaulichen Schimpfreden der Propheten Israels,

die keineswegs als endgültige Verdammung gemeint waren, sondern als aufrüttelnde Ermahnung zur Umkehr und zur Bußfertigkeit.
Wenn z. B. *Jeremia* seiner geliebten Mutterstadt Jerusalem die folgende Reihe von Drangsalen voraussagt, so betet er gleichzeitig in seinem Herzen, daß all dieses Unglück nicht geschehen möge: »Geht durch die Gassen Jerusalems und schaut und merkt auf und sucht auf den Straßen der Stadt, ob ihr jemand findet, der Recht übt und auf Wahrheit hält, so will *ich* ihr gnädig sein. Und wenn sie auch sprechen: Bei dem lebendigen Gott! So schwören sie doch falsch ... Darum wird sie auch der Löwe aus dem Walde zerreißen und der Wolf aus der Steppe wird sie verderben und der Panther wird in ihrer Stätte lauern; alle, die von da heraus gehen, werden zerfleischt. Denn ihre Sünden sind zu viele, und sie bleiben in ihrem Ungehorsam ... Als Ich sie satt gemacht hatte, trieben sie Ehebruch und liefen ins Hurenhaus. Ein jeder wiehert nach seines Nächsten Weib wie die vollen, müßigen Hengste. Und Ich sollte das an ihnen nicht heimsuchen, spricht der Herr, und Ich sollte mich nicht rächen an einem Volk wie diesem?« (Jer 5,1–14).
Auch *Amos,* der älteste der Schriftpropheten, nimmt kein Blatt vor den Mund, wenn es gilt, die Untugenden seiner Zeitgenossen öffentlich anzuprangern: »... Um drei, ja um vier Frevel willen derer von Israel will ich sie nicht schonen, weil sie die Unschuldigen für Geld und die Armen für ein paar Schuhe verkaufen. Sie treten den Kopf der Armen in den Staub und drängen die Elenden vom Wege. Sohn und Vater gehen zu demselben Mädchen, um meinen heiligen Namen zu entheiligen. Unter allen Altären schlemmen sie auf den gepfändeten Kleidern und trinken Wein vom Geld der Bestraften im Haus ihres Gottes ... Siehe ich will's unter euch schwanken machen, wie ein Wagen voll Garben schwankt, so daß, wer schnell ist, nicht entfliehen, noch der Starke etwas vermögen soll, und der Mächtige soll nicht sein Leben retten können. Die Bogenschützen sollen nicht standhalten, und wer schnell laufen kann, soll nicht entrinnen, und wer da reitet,

soll sein Leben nicht retten, und wer unter den Starken der Mannhafteste ist, soll nackt entfliehen müssen an jenem Tage, spricht der Herr« (Am 2,6–8; 13–16).

Wenn mit dieser wutentbrannten Scheltrede den Männern in Israel die Leviten gelesen werden, so geht der Prophet keineswegs glimpflicher mit den schwelgerischen Frauen in Samaria um: »Höret dies Wort, ihr fetten Kühe, die ihr auf dem Berge Samarias seid und den Geringen Gewalt antut und schindet die Armen und sprecht zu eurem Herrn: Bringet her, laßt uns saufen! Gott der Herr hat geschworen bei seiner Heiligkeit: Siehe, es kommt die Zeit über euch, daß man euch herausziehen wird mit Angeln und was von euch übrigbleibt, mit Fischhaken. Und ihr werdet zu den Mauerlücken hinaus müssen, eine jede vor sich hin, und zum Hermon weggeschleppt werden, spricht der Herr« (Am 4,1–3).

So ist häufig vom heiligen Zorn des Herrn die Rede, der Gericht halten wird über die Abtrünnigen und die Sünder, wie *Jesaja* es voraussagt: »Und der Herr wird Seine herrliche Stimme erschallen lassen, und man wird sehen, wie Sein Arm herniederfährt mit zornigem Drohen und mit flammenverzehrendem Feuer, mit Wolkenbruch und Hagelschlag« (Jes 30,30).

Ezechiel wettert und donnert noch lauter, wenn er seinen Landsleuten ins Gewissen redet: »Schrei und heule, du Menschenkind, denn es geht über mein Volk und über alle Regenten in Israel, die dem Schwert verfallen sind samt meinem Volk ... An allen ihren Toren lasse ich das Schwert wüten, wehe, es ist zum Blitzen gemacht, zum Schlachten geschärft! Hau drein, zur Rechten und zur Linken, wohin deine Schneiden gewandt sind!« (Ez 21,17–21).

Hosea geht so weit, Israel mit einer leichtfertigen Frau zu vergleichen, die ihrem Gatten – womit Gott gemeint ist – untreu geworden ist, um fremden Götzen nachzuhuren. Und so fordert er die Söhne Israels in einer schmachvollen Schimpfrede auf, ihre Mutter zur Rückkehr zu bewegen: »Fordert doch von eurer Mutter ... daß sie die Zeichen ihrer Hurerei von ihrem Angesicht wegtue und die Zeichen ihrer Ehebrecherei zwischen ihren Brüsten, damit ich sie nicht nackt ausziehe und hinstelle, wie sie war, als sie geboren wurde, und ich sie nicht mache wie eine Wüste, wie ein dürres Land, und sie nicht vor Durst sterben lasse! Und ich will mich ihrer Kinder nicht erbarmen, denn sie sind Hurenkinder. Ihre Mutter ist eine Hure, und die sie getragen hat, treibt es schändlich und spricht: Ich will meinen Liebhabern nachlaufen, die mir mein Brot und Wasser geben, Wolle und Flachs, Öl und Trank. Darum siehe, ich will ihr den Weg mit Dornen versperren und eine Mauer ziehen, daß sie ihren Pfad nicht finden soll ... Dann will ich ihre Scham aufdecken vor den Augen ihrer Liebhaber, und niemand soll sie aus meiner Hand erretten« (Hos 2,4–12).

Das biblische Schimpfwort kann eine Reihe von verschiedenen Funktionen erfüllen, z.B. die der abschreckenden Vorbeugung vor Sünde und Laster oder des Ausdrucks heiligen Zorns, der sich über die Abtrünnigen ergießt, um sie zur Buße zu motivieren oder zur Wiedergutmachung ihrer Missetaten. In den meisten Fällen hört man auch klar die leidenschaftliche, wenn auch verletzte Liebe für Israel aus diesen Scheltreden heraus, die vor allem von der Fürsorge für das Volk und sein Heil geprägt sind.

Es ist dieser Geist der liebevollen Zurechtweisung, der Jesaja beseelt, wenn er am Anfang seiner Offenbarung das Volk Israel mit Stallvieh vergleicht: »Hört, ihr Himmel und Erde, nimmt zu Ohren, denn der Herr redet! Ich habe Kinder großgezogen und hochgebracht, und sie sind von mir abgefallen! Ein Ochse kennt seinen Herrn und ein Esel die Krippe seines Herrn; aber Israel kennt's nicht, und mein Volk versteht's nicht« (Jes 1,2–3).

Nur wenige wissen, daß der Ochse und der Esel, die in keiner Weihnachtskrippe fehlen dürfen, aus dieser Scheltrede Jesajas stammen. Es soll damit ausgesagt werden, daß sogar das liebe Vieh einsichtiger ist als die damaligen Einwohner Bethlehems, die in dem neugeborenen Kind ihren Heiland nicht zu erkennen vermochten.

Wenn Jesaja sich gegen die Rosse und Rennpferde ausläßt, so

geht es um die Aufrüstung in Israel und das übermäßige Vertrauen, das seine Feldherren in ihre Kampfwagen gesetzt haben. Hierbei wird mit Beleidigungen keineswegs gespart: »Wenn ihr umkehrtet und stille bliebet, so würde euch geholfen; durch stille sein und hoffen würdet ihr stark sein. Aber ihr wollt nicht und sprecht: ›Nein, sondern auf Rossen wollen wir dahinfliegen‹ – darum werdet ihr dahinfliehen, ›und auf Rennern wollen wir reiten‹ – darum werden euch eure Verfolger überrennen. Denn euer tausend werden fliehen vor eines einzigen Drohen; ja, vor fünfen werdet ihre alle fliehen, bis ihr übrigbleibt wie ein Mast oben auf einem Berge und wie ein Banner auf einem Hügel« (Jes 30,15–17).
Wer der Bibel gerecht werden will, muß bedenken, daß beide Testamente ursprünglich von leidenschaftlichen Orientalen für ein gleichgesinntes Publikum niedergeschrieben wurden, um phantasiereiche Menschen in schillernder Bildersprache an die Wege Gottes zu erinnern. Daher ist es ein Irrtum von den sogenannten »Fluchpsalmen« zu sprechen, auch wenn wir Stellen wie folgende zu Ende des 137. Psalmes finden: »Tochter Babel, du Verwüsterin! Wohl dem, der dir vergilt, was du uns angetan hast! Wohl dem, der deine jungen Kinder nimmt, und sie am Felsen zerschmettert!« (Ps 137,8).
Nicht um Verfluchung geht es hier, noch um eine ernst zu nehmende Absicht, solch einen Kindermord zu begehen, sondern um ein Sich-Luft-Machen aufgestauter Wutgefühle eines gequälten und geschundenen Volkes, das wie Vieh zusammengejocht in die babylonische Gefangenschaft weggeführt wurde. Ja, durch Fluchen, Schimpfen und Vergeltungswünsche macht sich der Hebräer frei vom Drang, solche Rache in die Tat umzusetzen. Anders gesagt: Der Zornausbruch, dem freie Bahn gewährt wird, ersetzt das Gemetzel oder das Blutbad.
Nicht anders ist das Schimpfwort im Mund Jesu zu verstehen: »Gehet hinweg von mir, ihr Verfluchten, in das ewige Feuer ...« (Mt 25,41). Wie auch die Schelte des *Paulus,* wo er den Galatern droht: »Wenn jemand den Herrn nicht liebt, so sei er verflucht« (Gal 1,8). Auch Paulus war nicht gerade wäh-

lerisch in seiner Ausdrucksweise, wenn es sich um ein Streitgespräch handelte. So bezeichnet er seine Gegner kurzum als »Hunde und Pfuscher« (Phil 3,2); seine eigene Vergangenheit als Pharisäer gilt ihm seit Damaskus als »Dreck« (Phil 3,8), die Opposition nennt er insgesamt »Lügenapostel« (2 Kor 11,13) und seinen Konkurrenten unter den Missionaren rät er, sich kastrieren zu lassen (Gal 5,12). Als »Erzhebräer«, wie er sich manchmal nennt, wußte der Heidenapostel natürlich, daß ein kräftiges Schimpfwort zur rechten Zeit die Spannung zu lösen vermag.

Von *Saul* kann es heißen, als er seinen eigenen Sohn anbrüllt: »Da entbrannte der Zorn Sauls über Jonathan und er sprach zu ihm: Du Sohn einer ehrlosen Dirne, ich weiß sehr wohl, daß du dir den Sohn Ischais erkoren hast, dir und deiner Mutter zur Schande« (1 Sam 20,30).

Und *Jesaja* herrscht seine Heimatstadt an, wenn er sie öffentlich befragt: »Wie geht das zu, daß die treue Stadt zur Hure geworden ist? Sie war voll Recht, Gerechtigkeit wohnte in ihr – nun aber: Mörder!« (Jes 1,21).

Als *Jeremia* am Ende seiner Kräfte war, und das Prophetenschicksal nicht mehr zu ertragen vermochte, richtet sich sein Zorn gegen sich selbst: »Verflucht sei der Tag, an dem ich geboren ward; ungesegnet soll der Tag sein, an dem mich meine Mutter hervorbrachte. Verflucht sei, der meinem Vater gute Botschaft brachte und sprach: Du hast einen Sohn!« (Jer 20,14f).

In ähnlicher Weise ist *Hiobs* Klage zu verstehen, die, Fluch und Trauer zugleich, sein unverdientes Schicksal anklagt: »Ausgelöscht sei der Tag, an dem ich geboren bin; und die Nacht, da man sprach: Ein Knabe kam zur Welt! Jener Tag soll finster sein, und Gott droben frage nicht nach ihm!« (Hiob 3,3ff).

Darf man fluchen?

An mehreren Stellen spricht die Bibel vom Segen und Fluch in einem Atemzug, wobei es fast immer um die Freiheit des Menschen geht, dessen Verhalten und Lebenswandel es sind, die entweder das Gute oder Böse herausfordern.

Einerseits ist Gott selbst der Garant des Segens, wie auch des Fluches, wenn er z.B. dem Abraham verheißt: »Ich werde segnen, die dich segnen, und verfluchen, die dir fluchen?« (Gen 12,3).

Ja, um der sündigen Menschen willen wird bei Adam schon (Gen 3,17) und dann bei Kain (Gen 4,11) die Ackererde verflucht. Mehr noch: Für alle Verfehlungen, die im Geheimen begangen wurden, und sich der gerichtlichen Ahndung entziehen, stellt sich das ganze Volk in einer eindrücklichen Zeremonie bei den Bergen Garisim und Ebal unter den von Gott ausgehenden Fluch (Dtn 11,29; 27,11–26).

Andererseits ist es ein todeswürdiges Vergehen, Gott zu lästern, aber auch den König (2 Sam 19,22), den Richter (Ex 22,27) und die Eltern (Ex 21,17) darf man nicht verfluchen noch beschimpfen.

Ebenso verwerflich ist es, einem Tauben zu fluchen (Lev 19,14) oder den Herrscher im stillen Kämmerlein zu verwünschen (Koh 10,20) – was jedoch keineswegs die Freiheit der politischen Kritik zu schmälern beabsichtigt. So wurde der Prophet Samuel zum Vorbild, als er seinen König Saul öffentlich andonnert: »Du hast töricht gehandelt ... und getan, was Gott mißfiel ... Nun wird dein Königtum nicht länger bestehen!« (1 Sam 13,13ff; 15,17ff).

Ebenso verdammt Elia, der Prophet, den König Achab als Dieb und Mörder, während Nathan, der Hofprophet, nicht zögert, König David selbst vor seinem Hofstaat unumwunden bloßzustellen und anzuprangern: »Du bist der Mann ..., der Arme beraubt ... und Ehebruch begeht!« (2 Sam 12,7ff).

Das waren keine unbedachten Zornausbrüche, sondern theopolitische Kampfansagen, die in allen Fällen lebensgefährlich waren – zuerst für die Ankläger selbst, letztlich aber auch für die Könige in Israel, deren Herrschaft zeitlebens der oft schimpflichen Kritik der Propheten unterworfen blieb.

Eben diese Kritik am Mißbrauch der Macht scheint Jesus vorgeschwebt zu haben, als er seine Weherufe den Pharisäern entgegenschleuderte, Worte, die bis heute ihren Rufmord zur nachwirkenden Folge haben: »Wehe euch, Schriftgelehrte und Pharisäer, ihr Heuchler, die ihr das Himmelreich zuschließet vor den Menschen! ... Wehe euch, Schriftgelehrte und Pharisäer, die ihr der Witwen Häuser fresset und verrichtet zum Schein lange Gebete! ... Wehe euch, Schriftgelehrte und Pharisäer, ihr Heuchler, die ihr Land und Meer durchziehet, damit ihr einen Judengenossen gewinnet! ... Wehe euch, ihr blinden Führer ... wehe euch, Schriftgelehrte und Pharisäer, ihr Heuchler, die ihr die Becher und Schüsseln auswendig reinhaltet, und inwendig aber sind sie voll Raub und Gier! ... Wehe euch, Schriftgelehrte und Pharisäer, ihr Heuchler, die ihr seid gleich wie die übertünchten Gräber, welche auswendig hübsch scheinen, aber inwendig sind sie voller Totengebeine und lauter Unrat!« (Mt 23,13–27).

Doch seine Gegner blieben Jesus nicht viel schuldig. Wenn er sie in der Hitze des Wortgefechtes als »Natterngezücht« und als »Teufelssöhne« apostrophiert, so verbreiteten sie alsbald die Kunde, er sei ein »Säufer und Schlemmer«, ein »Freund von Zöllnern und Sündern« und treibe »den Teufel mit dem Beelzebub aus« (Mk 3,22). Ja, seine eigenen Verwandten sagten ihm nach, »er sei von Sinnen«, (Mk 3,21), und kurz darauf heißt es in lakonisch beißender Kürze: »Da lachten sie ihn aus« (Mk 5,39).

Was das gegenseitige Bedenken mit Rügen und Beleidigungen betrifft, so muß betont werden, daß es sich hier um führende Persönlichkeiten verschiedener Schulen handelt, die des Rabbi Jesus und die seiner Lehrkollegen, die ihre theologischen Lehrmeinungen mit Vehemenz öffentlich auszufechten pflegten. Im Grunde ging es um ein und dieselbe Bibel, die, dem Glaubenspluralismus des Judentums gemäß, von verschiedenen Schriftgelehrten in verschiedener Weise ausgelegt wurde. Daß die Zornesausbrüche Jesu viel später von der Kirche heiliggesprochen und zu Pauschalverurteilungen aller Juden zweckentfremdet wurden, widerspricht ganz und gar ihren ursprünglichen Umständen und den historischen Quellen.

Es versteht sich, daß Flüche als Strafansage, Abschreckung

oder als Mahnschelte nicht das Geringste mit dem Schimpfen im Alltag zu tun haben, obwohl hie und da die Drohworte aus demselben Sprachschatz stammen mögen.
Wenn auch die gelegentliche Beschimpfung unter mildernden Umständen von der Bibel stillschweigend geduldet wird, so fällt die handfeste Schimpfrede unter das Verbot des »nibul-pe«, der häßlichen Redeweise. In diesem Sinne erläutern die Rabbinen den Bibelvers: »Es sei dein Lager heilig, auf daß der Herr, dein Gott, nichts Schimpfliches bei dir sehe« (Dtn 23,15), als ein Verbot jedweder Unziemlichkeit, vor allem aber der groben Scheltrede.
Im Talmud heißt es: »Wegen der Sünde obszöner Reden, Schimpf und Gezänk mehren sich die Leiden, harte Verhängnisse werden beschlossen, und Drangsal reiht sich an Drangsal.«[22]
Woraus entnehmen die Rabbinen die Pflicht zur Enthaltsamkeit von jedweder Grobschlächtigkeit in der Ausdrucksweise? So fragt einer der Weisen – und die Antwort lautet: Die Heilige Schrift selbst lehrt uns die Kunst der beschönigenden Rede (die die Griechen mit Euphemismus bezeichnen).
So heißt es z. B. von König Saul: »Und er ging in eine Höhle, um seine Füße zu bedecken! (1 Sam 24,3) – was eine höfliche Umschreibung für den Stuhlgang ist.
Wenn Maria zum Engel sagt, der ihr einen Sohn verkündet: »Wie wird dies geschehen, da ich keinen Mann erkenne?« (Lk 1,34), bedient sie sich der landläufigen hebräischen Umschreibung für den Geschlechtsverkehr, die schon im Paradies Verwendung findet, wo es heißt: »Und Adam erkannte sein Weib Eva, und sie ward schwanger« (Gen 4,1).
Einer ähnlichen Sprach-Verhüllung bedient sich der Prophet Ezechiel, wenn er von Israel als Jungfrau spricht: »Ich ging an dir vorüber und sah dich an, und siehe, es war die Zeit, um dich zu werben. Da breitete ich meinen Mantel über dich und bedeckte deine Blöße« (Ez 16,8), was unzweideutig auf eine Verehelichung hinweisen soll.
Um das Wort Menstruation zu vermeiden, läßt die Bibel Rahel sagen: »Mein Herr, zürne nicht, denn ich kann nicht auf-

stehen vor dir, denn es geht mir nach der Frauen Weise« (Gen 31,35).
Ebenso heißt es von Sarah, daß sie alt und hochbetagt war, »so daß es Sarah nicht mehr ging nach der Frauen Weise« (Gen 18,11).
Feinfühlig und zahlreich sind die Umschreibungen für den Tod. Von Rahel heißt es: »Ihre Seele entwich ihr« (Gen 35,18); Jakobs letzter Wunsch ist es, »bei seinen Vätern zu liegen« (Gen 47,30) und »zu seinen Vätern versammelt zu werden« (Gen 49,29), und Josua sagt auf seinem Sterbebett: »Siehe, ich gehe heute dahin, wie alle Welt« (Jos 23,14).
All dies entspricht dem Ethos der Bergpredigt, die jede rüffelnde Rüge verpönt und die Beschimpfung als öffentliche Beschämung dem Totschlag gleichsetzt: »Ihr habt gehört, daß zu den Alten gesagt worden ist: du sollst nicht töten! Wer aber tötet, der soll dem Gericht verfallen sein. Ich aber sage euch ... wer zu seinem Bruder sagt: Du Dummkopf! soll dem Hohen Rat verfallen sein, und wer sagt: Du Narr! soll der Feuerhölle verfallen sein« (Mt 5,21ff).
In eben diesem Sinne heißt es im rabbinischen Spruchgut: »Ein Talmudmeister lehrte uns: Jeder der das Gesicht seines Nächsten durch öffentliches Schimpfen erbleichen läßt, ist, als ob er sein Blut vergieße. Da antwortete Rabbi Nachman: Trefflich hast du das gesagt. Ich habe es selbst gesehen. Bei einem Beschämten ist wie bei einem Sterbenden zu bemerken, wie die Farbe von ihm weicht und er bleich wird; wie die Röte geht und die Blässe kommt.«[23]
Wie eng Betrunkenheit und Grobheit verwandt sind, erhellt eine alte rabbinische Legende: Noach war der erste, der zu pflanzen anfing, so heißt es in ihr. Er ging daran, einen Weinstock in die Erde zu setzen; da kam der Satan und sprach: Was pflanzest du hier? Noach antwortete: Ich pflanze einen Weinberg. Der Satan fragte: Was soll dir der Weinberg? Noach antwortete: Süß ist die Frucht des Weinstocks, ob frisch, ob gedörrt, und aus den Beeren wird ein Saft gepreßt, der des Menschen Herz erfreut. Der Satan meinte: So wollen wir beide zusammen an dem Weinberg bauen. Noach sprach:

Wohlan! Da brachte der Satan ein Schaf und schlachtete es unter dem Weinstock; danach brachte er einen Löwen und schlachtete ihn unter dem Weinstock; danach brachte er einen Affen und schlachtete ihn unter dem Weinstock; hernach brachte er ein Schwein und schlachtete es unter dem Weinstock; und das Blut der Tiere rann in den Weingarten und tränkte ihn.

Damit wollte der Satan dem Noach folgendes bedeuten: Ehe der Mensch vom Wein getrunken hat, gleicht er dem frommen Lamm, das von nichts weiß, und dem Schaf, das stumm steht vor seinem Scherer; hat er aber zwei Becher getrunken, so wird er wie ein Löwe stark und mutig und spricht von sich: Keiner gleicht mir. Hat er dann mehr getrunken, wo wird er trunken, springt und tanzt albern umher wie ein Affe, redet Unflat, schimpft und flucht und weiß nicht, was er tut. Und zuletzt, wenn der Mensch viel des Weines getrunken hat, besudelt er seine Kleider und gleicht einem Schwein, das sich in den Pfützen wälzt.

Dies alles trug sich zu mit Noach, den Gott als einen Gerechten rühmte – um wieviel mehr kann es unsereinem so ergehen.

Alles schön und gut, so mag nun so mancher einwenden. Die Bibel gibt uns sowohl Schulbeispiele für die Kunst des Schimpfens als auch Vorbilder für die Weisheit der schönen Rede. Wie soll da einer wissen, welchem von den beiden der Vorzug gebührt?

Eine berechtigte Frage, die die Bibel selbst beantwortet. Im 3. Kapitel des Kohelet lesen wir:

»Ein jegliches hat seine Zeit,
und alles Vorhaben unter dem Himmel hat seine Stunde:
Geboren werden hat seine Zeit,
sterben hat seine Zeit;
pflanzen hat seine Zeit,
ausreißen, was gepflanzt ist, hat seine Zeit;
töten hat seine Zeit,
heilen hat seine Zeit;
abbrechen hat seine Zeit,

bauen hat seine Zeit;
weinen hat seine Zeit,
lachen hat seine Zeit;
klagen hat seine Zeit,
tanzen hat seine Zeit;
Steine wegwerfen hat seine Zeit,
Steine sammeln hat seine Zeit;
herzen hat seine Zeit,
aufhören zu herzen hat seine Zeit;
suchen hat seine Zeit,
verlieren hat seine Zeit ...« (Koh 3,1–6).

In diesem Sinne der Bibelweisheit dürfen wir hinzufügen: Ebenso gibt es eine Zeit zum Schimpfen, Zetern, Donnern und Schreien; und eine Zeit für die Höflichkeit, für die Umschreibung und für die umhüllende Edelsprache.

Humor in der Bibel

Über die Herleitung des Wortes Humor gibt es vielfältige Theorien. Seinen Ursprung hat es in der medizinischen Fachsprache, wo es ganz einfach Feuchtigkeit oder Saft bedeutet.

Da der Organismus des mittelalterlichen Menschen angeblich aufgrund von vier verschiedenen Säften funktionierte, kam es zu der Vorstellung von Charakteren, die im Verhältnis zu ihrer Säftemischung entweder schief lagen oder hervorragten – bis sich die Idee des saftigen Humors schließlich mit der Bedeutung des Witzes verquickte, im Sinne von Geist, Mutterwitz oder geistreicher Phantasie.

Sinnverwandt mit dem Humor ist die Komik, die meist dadurch erheitert, daß sie eine Idee oder Norm mit der Realität vergleicht, den Kontrast oft bis zur Absurdität übertreibt und die entstehende Spannung dann durch ein befreiendes Lachen entladet.

Sowohl Humor als auch Komik leugnen keineswegs den Ernst einer Situation, sondern lehren uns, ihr – durch den

Verlust der Angst – lächelnd zu begegnen. Der Humor nimmt die Welt hin, wie sie ist, sucht sie nicht zu bessern noch zu bekehren, sondern sie mit Weisheit zu ertragen. Er versteht es, zu schmunzeln über die fremden und die eigenen Mängel. Nicht alles erscheint ihm hell und himmelblau, aber er sieht durch Nebel und Wolken die Sonne.

In der Erkenntnis der Vieldeutigkeit unseres Daseins kann der Humor auch als religiöse Erfahrung gelten, deren Sinn sich auf das Ganze bezieht und so das augenblickliche Erlebnis immer nur von der Ewigkeit her zu verstehen sucht. In den Worten von Harvey Cox in seinem Werk »Das Fest der Narren«: »Nur indem wir über die Hoffnungslosigkeit um uns her lachen, können wir den Saum der Hoffnung berühren.«[24]

Die biblische Komik ist ihrem Wesen nach doppelsinnig: Sie verbirgt fast immer eine tiefere Absicht, die weit über den Wortsinn, der entspannt und erfrischt, hinausgeht. In dieser Zweideutigkeit ähnelt sie häufig dem »gebrochenen Humor«, der es fertigbringt, der Tragikomik des Menschentums gerecht zu werden – mit einem lachenden und einem weinenden Auge.

Eingedenk der Binsenwahrheit, daß das Schmunzeln eine Gnade ist, versuchen sowohl Humor als auch Komik in der Bibel, oft mittels subtiler Andeutungen, die Würde, das Pathos und die Selbstdarstellung des Menschen in all ihrer ironischen Fragwürdigkeit aufzudecken. Das beginnt schon auf der zweiten Bibelseite beim Vorbeizug der soeben geschaffenen Tiere, denen Adam einen Namen geben soll. Zwischen den Zeilen schwingt aber auch eine Einladung mit, für sich unter ihnen eine Gefährtin zu finden, denn gleich darauf heißt es mit hörbarem Bedauern: »Aber für Adam war keine Gehilfin zu finden, die um ihn wäre« (Gen 2,20). Erst nach diesem Wink mit dem Zaunpfahl, der Vierfüßler und Zweifüßler in geschöpfliche Nähe rückt, kommt es zur Erschaffung der Eva, die Gott aus der Rippe des ersten Menschen entnimmt.

Von dieser Eva behaupten etliche Rabbinen, daß sie wegen

ihrer Geschwätzigkeit und dem Hang zur Übertreibung Adam ins Unglück gestürzt habe. Worauf kann sich diese scharfe Kritik wohl berufen? Auf die fatale Antwort Evas, die der Schlange mitteilte: »Von den Früchten des Baumes mitten im Garten hat Gott gesagt: Esset nicht davon, rühret sie auch nicht an, daß ihr nicht sterbet!« (Gen 3,3). Das war aber, gelinde gesagt, ein falsches Zitat, denn Gott hatte kurz zuvor nur verboten, »von dem Baum der Erkenntnis des Guten und Bösen zu essen«. Von Anrühren fiel jedoch kein Wort! Wegen dieser unnötigen Übertreibung konnte die Schlange der Eva unschwer beweisen, daß das Anrühren der Früchte ganz ungefährlich sei – worauf es ihr leichtfiel, sie dann auch zum verbotenen Verzehr zu verleiten.

Die Moral der Geschichte: Hätte Eva ihre Zunge im Zaum gehalten, wären wir vielleicht alle noch im Paradies.

Die Bibel zeigt uns Gott nicht nur als den barmherzigen Schöpfer und den gerechten Richter, sondern auch als den, der mit törichten Menschen lächelnd umgehen kann. So heißt es in Ps 2 von »den Königen der Erde, die sich auflehnen wider den Herrn«: »Aber der im Himmel lacht ihrer« Ps 2,2.4), und vom Gottlosen, der dem Gerechten droht und mit seinen Zähnen gegen ihn knirscht, sagt Ps 37: »Aber der Herr lacht seiner, denn er sieht, daß sein Tag kommt« (Ps 37,13).

Wie lebendig sich die Wirksamkeit dieser Bibel-Ironie erweist, zeigten die Wellen von schallendem Gelächter, die Karl Barth im Hörsaal in Bonn begrüßten, als er diese Psalmverse kommentarlos 1934 zitierte – zur Zeit der Gewaltherrschaft, als es wahrhaftig nichts zu lachen gab.

Derselbe Humor Gottes kommt beim Turmbau zu Babel zum Ausdruck, dem ersten Zeugnis menschlicher Selbstherrlichkeit, als die Menschen einen Wolkenkratzer zu bauen beschlossen, »dessen Spitze bis an den Himmel rage« (Gen 11,4). Gleich darauf heißt es mit feinfühligem Sarkasmus: »Der Herr fuhr hernieder . . .« (Gen 11,7), um anzudeuten, daß das, was den Menschen gewaltig erschien, für Gott so winzig war, daß er erst »herniederfahren« mußte, um es überhaupt wahrzunehmen.

Daß Gott auch wohlwollend lächeln kann, beweist folgende Episode aus dem Talmud, die keineswegs der subtilen Selbstironie entbehrt. Sie berichtet von Rabbi Elieser, der in einem Streitgespräch über eine Bibelauslegung seine Auffassung gegen alle übrigen seiner Kollegen zu verteidigen hatte:
»An jenem Tage brachte Rabbi Elieser alle Einwände der Welt vor, aber sie nahmen sie ihm nicht ab. Er sagte zu ihnen: Wenn die Auslegung meiner Meinung entspricht, so wird es dieser Johannisbrot-Baum beweisen. Da rückte der Baum hundert Ellen von seinem Ort; manche sagen sogar: 400 Ellen.
Sie sagten zu ihm: Von dem Johannisbrotbaum bringt man keinen Beweis.
Wiederum sagte er zu ihnen: Wenn die Auslegung meiner Meinung entspricht, so wird es dieser Bach beweisen. Da floß der Bach bergauf.
Sie aber sagten ihm: Von einem Bach bringt man keine Beweisführung.
Da sprach er zu ihnen: Wenn ich recht habe, so werden es die Wände des Lehrhauses beweisen. Da neigten sich die Wände und drohten einzustürzen.
Da stand Rabbi Jehoschua auf und warnte sie: Wenn Gelehrte miteinander um die Wahrheit ringen, was geht das euch, ihr Wände, an?
Da stürzten sie nicht ein – zu Ehren Rabbi Jehoschuas; aber sie richteten sich auch nicht auf – zu Ehren des Rabbi Elieser. Und bis heute stehen sie geneigt.
Wiederum sagte Rabbi Elieser zu seinen Kollegen: Wenn ich recht habe, so möge es der Himmel bestätigen.
Da erging eine Himmelsstimme und sprach: Die Auslegung Rabbi Eliesers ist richtig.
Rabbi Jehoschua aber sprang auf und sagte: Die Gotteslehre ist nicht im Himmel, denn sie wurde uns ja am Berge Sinai verliehen. Wir kümmern uns daher nicht um eine Himmelsstimme, denn in der Bibel wird uns geheißen, nach der Mehrheit zu urteilen (Ex 23,2).
Am nächsten Tage traf Rabbi Nathan den Propheten Elia

und fragte ihn: Sag mir doch, was tat Der Heilige, gelobt sei Er, zu jener Stunde, als wir stritten?
Elia antwortete: Gott hat gelächelt als Er sagte: In der Tat, Meine Söhne haben Mich besiegt.«[25]
Vom befreienden Humor des Wissens um die vollzogene Erlösung ist die Geschichte der Zehn Plagen in Ägypten geprägt: »Wer ist der Herr, daß ich Ihm gehorchen müsse?« (Ex 5,2), so antwortet der übermütige Pharao auf Moses Fürbitte, Israel ziehen zu lassen – bis ihn weder Engel noch Menschen, sondern die schlichten Frösche des Nils eines Besseren belehren. So fruchtbar vermehren sie sich im Fluß, daß alsbald das ganze Land von ihnen wimmelt, ja, daß sie naßkalt dem großen Pharao unter die Bettdecke und die schlotternden Beine hinaufkriechen, und daß sogar aus den frischgebackenen Broten die Froschschenkel hervorragen. Bei den feierlichen Kabinettssitzungen hüpfen die glitschigen Tiere ganz unverschämt auf dem Pharao und Ministern herum. Kein Wunder, daß die Froschplage bald so viel Ungeziefer anzog, daß es auch die Fürsten des Reiches zwang, sich bei öffentlichen Festlichkeiten ganz unprotokollarisch zu kratzen (vgl. Ex 7,26ff).
In ähnlicher Weise wird auch die Habgier eines Aramäers humorvoll angeprangert. Als Abraham alt und hochbetagt war, sandte er seinen Knecht Elieser aus, um für Isaak, seinen Sohn, eine passende Frau zu finden. Sobald er Rebekka am Wasserbrunnen gefunden hatte, schenkte er ihr »einen goldenen Stirnreif und zwei goldene Armbänder«, die sie schnurstracks nach Hause bringt. Mit offensichtlicher Ironie unterstreicht der Bibeltext nun die Eile, mit der Laban, ihr Bruder, sobald er die kostbaren Gaben gesehen hat, den Gast entgegenläuft: »Komm doch herein, du Gesegneter des Herrn«, sagt er zu ihm, »warum stehst du denn draußen?« (Gen 24,30–32).
Einige Seiten später lesen wir: »Warum hast du mir meine Götter gestohlen?« So schreit derselbe Laban Jakob an, der mit seinen Töchtern Rahel und Lea entflohen war.
Der biblische Spott ist nicht zu überhören: Was für Götter

mögen das wohl sein, die man einfach stehlen kann? Doch der Hohn wird noch auf die Spitze getrieben: »Rahel aber hatte den Haus-Gott genommen ... und sich darauf gesetzt«, als es ihr »nach der Weise der Frauen erging« (Gen 31,30–35). Soweit geht die Ohnmacht der Götzen also, wird hier gesagt, daß ein menstruierendes Weib diese ganz gelassen als Sitzplatz benützen kann! Mit derselben beißenden Ironie verspottet der Prophet Elia auf dem Berge Karmel die Baal-Priester, die sich als seine religiösen Rivalen aufzuspielen versuchen: »Ihr müßt noch lauter und wilder schreien, damit Baal, euer Gott, auch wirklich hört«, schreit er sie an: »Vielleicht ist er in Gedanken vertieft, vielleicht ist er verreist, vielleicht sitzt er gerade auf der Toilette, oder hält seinen Mittagsschlaf!?« (vgl. 1 Kön 18,27).

Nicht alle Nebenbuhler der Propheten schwiegen zu den Spottreden, die über sie ergingen. Die Priester und falschen Propheten die Jesaja als »toll von starkem Getränk und vom Weine verwirrt« angreift (Jes 28,7–13), wehren sich mit einem nicht weniger derben Gegenangriff: »Wen nun behauptet dieser, Erkenntnis zu lehren«, sagen sie, »eben entwöhnte Kinder, die von der Brust abgesetzt wurden?« Hierauf folgt ein fremdartiger Satz, der den Übersetzern viel zu schaffen gemacht hat. Im hebräischen Original lautet er: *»Zaw lazaw, zaw lazaw; kaw lakaw, kaw lakaw«* (Jes 28,10) – was entweder die Ekstase des prophetischen Zungenredens spöttisch nachahmen soll oder aber ein grobes Wortspiel sein könnte, das etwa besagt: »Kot zum Kot! Gespei zum Gespei!« Womit gemeint ist: Erbrechen und Kot! Willst du etwas davon, da hast du! Und wohl bekomm es dir!«

Auch fehlt es in der Bibel nicht an prophetischen Parodien, mit der z.B. Amos seinen Zeitgenossen ihr Geplapper um die Ohren schlägt wie im bereits zitierten Text: »Hört dies Wort, ihr fetten Kühe, die ihr auf dem Berge Samarias weidet und den Geringen Gewalt antut und schindet die Armen und sprecht: Bringt her, laßt uns saufen! ... Siehe, es kommt die Zeit über euch, daß man euch herausziehen wird mit Angeln und was von euch übrigbleibt, mit Fischhaken. Und ihr werdet zu den Mauerlücken hinauskriechen müssen, eine jede vor sich hin, und zum Hermon werdet ihr hinweggeschleppt werden . . .« (Am 4,1–3).

Die »fetten Kühe«, mit denen die Damen der besseren Gesellschaft in Samaria gemeint waren, haben leider dem Propheten nur wenig Gehör geschenkt (Am 4,1–12).

Nicht viel besser erging es Moses, dem jedoch der Weltrekord für lakonische Kürze gebührt. In drei hebräischen Worten konnte er der damaligen – wie auch der heutigen – Wohlstandsgesellschaft die Leviten lesen, ihren Hochmut abkanzeln und sie der Habgier bezichtigen: »Als aber Jeschurun fett ward, da schlug er aus« (Dtn 32,15), heißt es in seiner letzten Scheltrede, wobei Jeschurun zwar ein Synonym für Israel ist, aber auch als Deckname für die heutige Konsumgesellschaft gelten kann.

Hie und da ist der Humor so wortkarg und lebensnahe, daß es schwer zu sagen ist, ob hier nur die Würze in der Kürze liegt, oder ob sich hinter dem Lachreiz auch eine pädagogische Absicht verbirgt. So etwa bei Elkana, der Hanna, seine kinderlose Frau, tröstet: »Bin ich dir nicht mehr als 10 Söhne wert?« (1 Sam 1,8).

»Mach mir Kinder, oder ich sterbe!« So rechtet Rahel mit ihrem Mann Jakob, der ihr zornig erwidert: »Bin ich denn der liebe Gott, daß ich dir deines Leibes Frucht nicht geben will?« (Gen 30,1–2).

Ein Satz genügt, um die Minderwertigkeitsgefühle der Kundschafter bloßzustellen, die über das Land Kanaan berichten: »Wir sahen dort auch Riesen . . . und wir waren Heuschrekken in unseren Augen«, worauf sie hastig hinzufügen: »Aber wir waren es auch in ihren Augen« (Num 13,33).

Oder bei der Witwe Noemi, die ihrer Söhne beraubt ist, und sich nichts sehnlicher wünscht, als daß ihre Schwiegertöchter ihr Leben neu aufbauen. Aus ihrer Mahnung tönt Galgenhumor, wenn sie fragt: »Habe ich in meinem Schoß etwa noch Söhne, die Eure Gatten werden könnten? . . . Und wenn ich sagte: Ich bin in der Hoffnung; wenn ich heute nacht einem Gatten gehören könnte und Söhne gebären würde, könntet

ihr denn darauf warten, bis sie groß würden?« (Rut 1,11–13).
Nicht weniger makaber klingt das Wort des Königs Jehu, als er sich anschickt, den Götzendienst auszutilgen, indem er all seine Priester umbringen und seine Steinmale zerstören läßt. Diese Säuberung leitet er mit dem Spruch ein: »Ahab hat Baal wenig gedient; Jehu will ihm besser dienen« (2 Kön 10,18).
Drastisch und unmißverständlich ist der schwarze Humor, mit dem die Bibel in prägnanten Worten drei Dinge während des Murrens des unzufriedenen Volkes in der Wüste zu schildern weiß: Die Sehnsucht der Kleingläubigen nach den billigen Fleischtöpfen Ägyptens wird in einem lächerlichen Satz gegeißelt: »Wir denken an die Fische, die wir in Ägypten umsonst aßen, und an die Kürbisse, die Melonen, den Lauch und die Zwiebel und den Knoblauch« (Num 11,5). Dies aus dem Munde von Leuten, die ihr Leben lang als Fronarbeiter am Hungertuch nagen mußten!
Die Verzweiflung Mose, dem es immer wieder mißlingt, das Volk auf das Niveau seiner eigenen Sittengröße zu erheben, findet Ausdruck in seinem bitteren Aufschrei zu Gott: »Habe ich denn all das Volk in meinem Schoß empfangen und geboren, daß Du zu mir sagen konntest: Trage es in deinen Armen, wie eine Amme ein Kind trägt?« (Num 11,12).
Letzlich liegt eine Welt von heiligem, aber nicht humorlosem Zorn in der Antwort Mose auf das stetig wiederholte Begehren des Volkes nach Fleisch statt nach dem Manna, das täglich vom Himmel fiel: »Der Herr wird euch Fleisch geben, und ihr werdet davon essen, nicht nur einen Tag, nicht zwei, nicht fünf, nicht zehn, nicht zwanzig Tage lang, sondern einen ganzen Monat lang, bis ihr's nicht mehr riechen könnt und es euch zum Halse heraushängen wird« (Num 11,18f).
Sich auslachen zu lassen mag nicht jedermanns Geschmack sein, aber hie und da kann es das kleinere Übel sein, ja, es mag einem sogar das Leben retten, wie der junge David bewies, als er vor den Nachstellungen des König Saul flüchten mußte, nur um in die Hände des nicht weniger feindlich gesinnten Philisterkönigs Achis zu fallen.

Was tun? Die Bibel berichtet: »Und er stellte sich wahnsinnig vor ihren Augen und tobte unter ihren Händen und rannte gegen die Pforte des Tores und ließ seinen Speichel in seinen Bart fließen. Da sprach Achis zu seinen Großen: Ihr seht ja, daß der Mann wahnsinnig ist; warum habt ihr ihn zu mir gebracht? Habe ich denn zu wenig Wahnsinnige, daß ihr diesen da herbrachtet, um bei mir zu toben?« (1 Sam 21,14–16). Worauf er freigelassen wurde, sich in eine Höhle rettete – und gut lachen konnte.

Der weise Salomo, Davids Sohn, wußte natürlich, daß Humor nicht nur die Einprägsamkeit fördert, sondern auch als wirksames Hilfsmittel der Pädagogik dient. Und so würzte er seine Spruchweisheit mit witzigen Bonmots wie etwa den folgenden:

»Ein schönes Weib ohne Zucht ist wie eine Sau mit einem goldenen Ring durch die Nase« (Spr 11,22).

»Besser ein Gericht von Kraut mit Liebe als ein gemästeter Ochse mit Haß« (Spr 15,17).

»Ein zänkisches Weib und ein triefendes Dach, wenn's sehr regnet, lassen sich gut vergleichen« (Spr 27,15).

»Schlecht, schlecht!! So spricht man, ehe man kauft; aber wenn man mit dem Kauf weggeht, so rühmt man sich« (Spr 20,14).

»Wie ein Hund wieder frißt, was er gespien hat, so ist der Tor, der seine Torheit immer wieder treibt« (Spr 26,11).

»Die Schläge der Freunde meinen es gut; aber die Küsse der Feinde sind trügerisch« (Spr 27,6).

Im israelitischen Kriegsrecht, das versucht, die Kriegsführung so weit wie möglich zu humanisieren, ergeht ein ausdrückliches Verbot, fruchttragende Bäume des Feindes zu zerstören – wonach die ironische Erklärung folgt, die Stoff zum Nachdenken liefert: »Der Baum auf dem Felde ist doch kein Mensch, daß du ihn belagern müßtest!« (Dtn 20,19).

Zur Durchführung sozialer Schutzbestimmungen, die zugunsten der Armen und Schwachen gemeint sind, bedient sich die Bibel manchmal der Waffe des öffentlichen Lächerlichmachens.

So war z.B. ein Mann verpflichtet, die Witwe seines verstorbenen Bruders zu ehelichen, wenn sie keine Kinder hatte, um für sie zu sorgen. Sollte er sich jedoch weigern, diese sogenannte Leviratsehe zu schließen, so ordnet die Bibel an: »Gefällt es aber dem Mann nicht, seine Schwägerin zu nehmen ..., so soll sie es den Ältesten der Stadt berichten ... dann sollen die Ältesten mit ihm reden ..., wenn er aber darauf besteht und spricht: Ich will sie nicht heiraten, so soll seine Schwägerin zu ihm treten vor den Ältesten und ihm den Schuh vom Fuß ziehen und ihm ins Gesicht spucken ... und sein Name soll fortan in Israel heißen: Das Haus des Barfüßers« (Dtn 25,5–10).
Auch die Komik kann als Stilmittel Verwendung finden, um eine Bibellektion zu verdeutlichen. Zweck und Ziel des Buches Jona ist letztlich, zu vergegenwärtigen, daß die Liebe Gottes nicht gepachtet werden kann, die auch den Sündenpfuhl von Ninive umfaßt, und daß eine reumütige Heidenstadt dem Herrn der Welt willkommener sein kann als ein störrisches, unbeugsames Jerusalem. Um diese Wahrheiten auch den Schwerhörigen zu verdeutlichen, richtet sich der Befehl des Königs von Ninive nach der erfolgreichen Bußpredigt Jonas nicht nur an die menschlichen Bewohner der Stadt, sondern auch an ihre Vierfüßler. In den Worten des Herrschers: »Es sollen weder Mensch noch Vieh, weder Rinder noch Schafe Nahrung zu sich nehmen, und man soll sie nicht weiden noch Wasser trinken lassen. Und sie sollen sich in den Sack hüllen – Menschen und Vieh und alle sollen mit Macht zu Gott rufen!« (Jona 3,7–8).
Ob der König wirklich meinte, man möge die Menschen nicht weiden lassen, wohl aber das Vieh mit Trauerkleidung versorgen, bleibt dahingestellt.
Sogar den Kriegshandlungen der Bibel wird häufig eine heitere Note verliehen, z.B. im Bericht des Sieges Gideons über die Midianiter, wobei sowohl die kluge Taktik des ersteren und das Vermeiden jedweden Blutvergießens als auch die Feigheit der letzteren beredten Ausdruck findet: »So kam Gideon mit 100 Mann an das Lager der Midianiter zu Anfang

der mittleren Nachtwache ... da bliesen die Israeliten alle die Posaunen, zerbrachen ihre Krüge ... und riefen: Hier ist das Schwert des Herrn und Gideons! Und sie blieben stehen, jeder an seiner Stelle, rings um das Lager herum. Da fing das ganze Heer der Midianiter an zu laufen, und sie schrien laut auf ihrer Flucht« (Ri 7,19–21). – Viel Lärm um nichts kann sich also unter Umständen als erfolgreiche Taktik erweisen.

Ein Schmunzeln gehört auch zu der Botschaft, welche die Geschichte von der sprechenden Eselin im 4. Buche Mose übermitteln will:

Der Moabiterkönig Balak ruft den Weissager Bileam zu sich, damit er die Stämme Israels verfluche, muß aber erleben, daß dieser, trotz guter Bezahlung, das Volk nicht verflucht, sondern segnet. Nicht daß Bileam nicht bereit gewesen wäre, dem Auftrag Folge zu leisten. Aber Gott greift ein, nicht offensichtlich, sondern, wie immer, hinter den Kulissen, um seinen Heilsplan zu fördern. Daß er sich dabei einer Eselin bedient, die mehr Gespür bezeugt für Gottes Vorhaben als der Heidenprophet und daß die Eselin ihren Herrn erst stumm bedrängt, dann, als alles nichts nützt, zu reden beginnt – all dies gehört zum stillen Humor, mit dem hier von der nichts ausschließenden Macht Gottes in schlichten Worten erzählt wird.

Der listenreiche König David war als guter Stratege allzu bekannt, als daß man ihm, auch wenn er es mit seinem Nachbarn gutmeinte, diese Güte unbezweifelt abnähme.

So geschah es, daß er Botschafter zu Chanun, dem König der Ammoniter, sandte, um ihn über den Tod seines Vaters zu trösten. Chanun, der eine Hinterlist argwöhnte, »nahm die Gesandten Davids und ließ ihnen den Bart halb abscheren und die Kleider halb abschneiden bis zum Gesäß, und schickte sie heim.« Als David davon erfuhr, blieb ihm nichts anderes übrig, als die Tröster zu trösten, und ihnen zu raten: »Bleibt in Jericho, bis euer Bart wieder gewachsen ist; dann kehrt zurück!« (2 Sam 10,2–6).

Chanun hatte richtig kalkuliert: Die Kunde von der sogenannten »Halbschur« verbreitete sich wie ein Lauffeuer und machte David zur Zielscheibe unzähliger Zoten – aber zum Kriegsgrund genügten sie nicht.

Daß man Gott in Heiterkeit und mit Freude dienen möge, ist die Lektion der Episode, die von der Heimholung der Bundeslade nach Jerusalem erzählt: »Und David tanzte mit aller Macht vor dem Herrn her ... und führte die Lade herauf mit Jauchzen und Posaunenschall ... Da guckte Michal, die Tochter Sauls, durchs Fenster und sah den König David springen und tanzen vor dem Herrn – und sie verachtete ihn in ihrem Herzen ... Als aber David heimkam ..., ging ihm Michal entgegen und sprach: Wie herrlich ist doch heute der König gewesen, als er sich vor den Mägden seiner Diener entblößt hat, wie sich die losen Leute entblößen!« ... David aber sprach zu Michal: Ich will vor dem Herrn tanzen ... und will noch geringer werden als jetzt, und will niedrig sein in meinen Augen« (2 Sam 6,14–23). Aus diesen Worten zieht der Chassidismus die Schlußfolgerung, daß Freude, Fröhlichkeit und Gelächter zum wahren Gottesdienst gehören, denn, wie Rabbi Israel Baal Schem Tov zu sagen pflegte: »Wenn König David vor dem Herrn tanzen konnte und dafür mit der Verheißung belohnt wurde, sein »Königreich werde in Ewigkeit bestehen«, so dürfen auch wir uns unseren Anteil an der kommenden Welt in Lebenslust erdienen.«

Spaß, Humor und Ironie sind keine ewig feststehenden Werte, die zu allen Zeiten überall zum Lachen reizen. Groteske Bilder, tollkühne Vergleiche oder gar gewagte Possen, die einst als scherzhaft galten, mögen heute nur nachdenklich stimmen. Witz bedeutete in früheren Zeiten nichts anderes als Verstand, erhielt aber später eine Bedeutungsfärbung, die immer mehr in die Richtung der geistreichen Rede weist. Der mit Witz Begabte freut sich daran, einem Gedanken in überraschender Weise Gestalt zu geben. In diesem Sinne hat die Bibel Witz und eine ganze Palette von Mutterwitz; sie macht aber keine Witze.

Obwohl es, wie gesagt, in der Bibel keineswegs an Humor der verschiedensten Schattierungen fehlt, hat die mündliche

Überlieferung häufig ihrer eigenen Phantasie freien Lauf gelassen, um dem Kanon eine leichtere Seite abzugewinnen. So geschah es auch mit den berühmten Schlemiel, der durch Adalbert Chamisso in die deutsche Literatur eingeführt wurde, während er im Jiddischen als Synonym für Pechvogel oder Tolpatsch gilt.

Keine Spur von all dem ist in der Schrift zu finden, wo lediglich von Schlumiel Ben Zuri-Schaddai die Rede ist, der als Feldherr erwähnt wird (Num 10,19). Im dritten Buch seines »Romancero« berichtet Heinrich Heine, wie es zum häufigen Gebrauch des Namens kam:

> »In der Bibel ist zu lesen,
> als zur Zeit der Wüstenwanderung
> Israel sich oft erlustigt
> mit den Töchtern Kanaans,
> da geschah es, daß der Pinchas sahe,
> wie der Edle Simri
> Buhlschaft trieb mit einem Weibsbild
> aus dem Stamm der Kanaaniter.
> Und alsbald ergriff er zornig
> seinen Speer und hat den Simri
> auf der Stelle totgestochen.
> Also heißt es in der Bibel.
> Aber mündlich überliefert,
> hat im Volke sich die Sage,
> daß es nicht der Simri war,
> den des Pinchas Speer getroffen,
> sondern daß der blind-erzürnte
> statt des Sünders unversehens
> einen ganz Unschuldigen traf,
> den Schlemiel Ben Zuri-Schaddai.«

Und so kam der arme Schlumiel ins »Schlamassel«, was auf Jiddisch »glücklos« oder »Unglück« besagen will, worauf der Volksmund Schlumiel in Schlemiel umbenannte, um sein Schicksal bereits in der Namensgebung anklingen zu lassen.

Die älteste politische Satire der Weltliteratur, die im Buch der Richter verewigt ist, befindet sich in dem, was Jotam, der jüngste Sohn Gideons, einst den Männern von Sichem erzählt hat: »Einst zogen die Bäume aus, um einen König über sich zu salben, und sprachen zum Ölbaum: Sei unser König! Aber der Ölbaum antwortete ihnen: Soll ich meine Fettigkeit lassen, die Götter und Menschen an mir preisen, und hingehen, um über den Bäumen zu schweben? Da sprachen die Bäume zum Feigenbaum: Komm du und sei unser König! Aber der Feigenbaum sprach zu ihnen: Soll ich meine Süßigkeit und meine gute Frucht lassen und hingehen, um über den Bäumen zu schweben? Da sprachen die Bäume zum Weinstock: Komm du und sei unser König! Aber der Weinstock sprach zu ihnen: Soll ich meinen Wein lassen, der Götter und Menschen fröhlich macht, und hingehen, über den Bäumen zu schweben? Da sprachen alle Bäume zum Dornbusch: Komm du und sei unser König! Und der Dornbusch sprach zu den Bäumen: Ist's wahr, daß ihr mich zum König über euch salben wollt, so kommt und bergt euch in meinem Schatten; wenn nicht, so gehe Feuer vom Dornbusch aus und verzehre die Zedern Libanons« (Ri 9,8–15).
Wie aktuell klingt doch diese beißende Ironie gegen allen Größenwahn und jedwede Herrschsucht, wessen Geistes Kind sie auch sein mögen. König will nur einer werden, der zum Gemeinwohl nichts beizutragen hat – weder Fett, noch Süßes, noch die Wonne des Weins. Seinen jämmerlichen Schatten bietet er an, den er so wenig liefern kann, wie so manche Sieger ihre Wahlversprechen halten können. Dabei bedroht er aber die Zedern, unter denen erquickender Sonnenschutz zu finden ist. Mit anderen Worten: Nichts als leere Angebote und protzige Drohungen! So gibt Jotam das erlauchte Königtum des alten Orients dem schallenden Gelächter von ganz Israel preis.
Und die alte Fabel ist mit einem Lächeln so lange weitererzählt worden, bis ihre spitze Pointe zur Grundlage der westlichen Demokratie werden konnte.

Noch vieles gäbe es zu erzählen über das Lachen, Verlachen, Schmunzeln, Kichern und Grinsen in der Schrift. Aber eins steht fest: Wenn die Hebräische Bibel ein Buch des Lebens ist, das alle Bereiche des Daseins umfaßt, wie die Rabbinen betonen, so kann in ihr weder Haß noch Liebe, weder Krieg noch Frieden, weder Verzweiflung noch Hoffnung fehlen, und schon gar nicht der Humor, der mit Fug und Recht als das Salz des Lebens gilt.

Anmerkungen

[1] Abot V,24
[2] Qidduschin 30a
[3] Schabbath 119b
[4] Jeb 1b
[5] Sanhedrin 99b
[6] Schabbath 119b
[7] Taan 7a
[8] Nedarim 62a
[9] Nida V,6
[10] Nasir 29a
[11] Tanchuma Wajigasch 2f
[12] Bereschit Rabba V,5
[13] Baba Mezia 59b
[14] Rosch Haschana 29a
[15] Rosch Haschana 29a
[16] More Nebuchim III,46
[17] Mischna Tora, Hilchot Melachim XI,3
[18] Schabbath 53b
[19] Taan 23a
[20] Meggila 7b
[21] M. Buber, Gesammelte Werke II,90
[22] Schabbath 33a
[23] Baba Mezia 58b
[24] H. Cox, Das Fest der Narren, Stuttgart [4]1972,
[25] Baba Mezia 59a–b

Vorwort für morgen

Seit dem ausgehenden Altertum sind Christen auf fünferlei Weise mit der Bibel Jesu umgegangen:

1. Entweder sie wurde als »jüdisch« und daher als »unchristlich« erklärt.
2. Oder sie wurde »getauft«, indem ihre christliche Auslegung zur einzig gültigen erklärt, »Israel« und »Zion« zu Ehrennamen der Kirche erhoben und die Juden ihres Lebensbuches beraubt wurden.
3. Schließlich wurde sie zum offenen Steinbruch reduziert, aus dem man christologische Beweis-Zitate je nach Bedarf entnommen hat, nur um den Rest als »Gesetz«, als »Werkgerechtigkeit« und »Lohnmoral« den Juden zu überlassen.
4. Von hier aus war es kein weiter Weg zu der Auffassung Hitlers (vgl. das Zitat auf S. 53 dieses Bandes), und es bedurfte eines apokalyptischen Völkermordes, um Christen zu bewegen, endlich christlicher mit den leiblichen Brüdern ihres Heilandes umzugehen und wieder zu entdecken, daß Jesus Jude und das Alte Testament seine Bibel war. Mehr noch: Es war die Heilige Schrift sowohl der Apostel als auch der vier Evangelisten und es ist über ein Jahrhundert lang die einzige Bibel der jungen Kirche gewesen.
5. Dennoch tritt die Hebräische Bibel im christlichen Bewußtsein bis auf den heutigen Tag weithin zurück, das diese Schrift als einen Vorläufer, einen Vorspann oder eine Art von umständlichem, aber verzichtbarem Vorwort zum Neuen Testament empfindet. Nach den Worten des »Holländischen Katechismus«: »Was im AT auf niedriger Stufe und in grober Weise nach oben strebt, wird im NT geistlich und klar.«

Um diese uralte Schwarzweißmalerei, die das Alte Testament zur dunklen Hintergrundfolie für das Licht der Evangelien entwürdigt, durch eine jesuanische Einstellung zu ersetzen, bezeugen die katholischen Bischöfe der Bundesrepublik in ihrer jüngsten Erklärung (28. 4. 1980) über das Verhältnis von Kirche und Judentum: »Wenn das NT von der ›Schrift‹ oder ›den Schriften‹ spricht oder Bezug nimmt auf das, was ›geschrieben‹ steht, bezieht es sich auf das AT, das so für Juden und Christen gemeinsame Glaubensquelle ist.«

Wie unauflösbar dieses Junktim der biblischen Botschaft für Christen ist, beweist folgende Tatsache: Würde man mit einer Schere alle 452 alttestamentlichen Stellen und Zitate aus dem Neuen Testament herausschneiden, wäre kein Mensch imstande, die restlichen Papierfetzen zu entziffern. Dieser »Entjudung« der christlichen Frohbotschaft müßten nicht nur das Titelblatt (»Neues Testament« geht zurück auf Jer 31,31) und die Namensgebung Jesu (Mt 1,21 nach Ps 130,8) weichen, sondern auch das Kelchwort der Eucharistie: »Das ist das Blut des Bundes« (Ex 24,8), »des neuen Bundes« (Jer 31,31), »vergossen für die Vielen zur Vergebung der Sünden« (vgl. Jes 53,5.10–12). Daraus ergibt sich: Für die Mitte des christlichen Glaubens und Lebens liegen die wesentlichen Grundwerte im Alten Testament. Hierzu gesellt sich eine Reihe weiterer triftiger Gründe:

1. »Wer Jesus Christus begegnet, begegnet dem Judentum.« Dieser Anfangssatz aus der oben erwähnten Erklärung der deutschen Bischofskonferenz ist zwar eindeutig und wegweisend, jedoch bedarf es der Lektüre des Alten Testaments, um zu verstehen, warum Jesus beschnitten wurde (Lk 2,21); weshalb seine Mutter ihn im Tempel loskaufen mußte (Lk 2,22–24); was der Grund der Wallfahrt des 12jährigen Jesus nach Jerusalem war (Lk 2,41–50); welchen biblischen Hintergrund die Bergpredigt hat (Mt 5–7); wie die Gleichnisse Jesu zu verstehen sind; und warum er mit einem Psalmwort (22,2) auf den Lippen starb. Der volle Sinn all dessen, was Jesus sagte, tat, vollbrachte und unterließ, wird nur dann erschlossen, wenn man es von seiner (Jesu) Bibel her zu erfassen vermag.

2. Es trifft nicht zu, daß die Hebräische Bibel ein geschlossenes Buch ist. Geschlossen ist lediglich der Kanon dieser Schriften; aber dreifach offen und aufgeschlossen ist der

Geist, der durch ihre 24 Bücher weht: offen nach oben, zum Schöpfergott, dessen souveränes Handeln keine Festschreibung duldet; offen nach vorne, in die Zukunft der Verheißung, der all ihre Hoffnungskraft gilt; offen nach allen Seiten hin zur Völkerwelt; zum ökumenischen Dienst an ihr ist das Volk Israel erwählt worden. Es ist diese Offenheit der Hebräischen Bibel, die die Entfaltung des Neuen Testaments aus seinem hebräischen Mutterboden ermöglichte, die Erarbeitung einer Biblischen Theologie zur morgigen Aufgabe macht und einen Dialog zwischen Christen und Juden nahelegt.

3. Gesetz und Gnade, Gerechtigkeit und Liebe, Glaube und Werke sind falsche Polarisierungen, die der Lehre und dem Leben Jesu genauso zuwiderlaufen, wie sie dem Geist der beiden Testamente widersprechen. Im christlichen Sinn des Wortes ist das Alte Testament vor allem und hauptsächlich »Evangelium«: die Frohbotschaft von der Liebe Gottes und der Freiheit eines Bibelmenschen – zwei Schlüsselbegriffe, die quer durch die gesamte Schrift laufen.

4. »Nicht du trägst die Wurzel, sondern die Wurzel trägt dich!« (Röm 11,18). Dieses Mahnwort des Paulus an die junge Heidenkirche muß auch für die Verhältnisbestimmung beider Testamente bedacht werden, die Karl Barth unter dem »einen Bogen des Bundes« sieht, wobei bereits der sogenannte »alte Bund« ein »wahrer, unwiderruflicher Bund« ist (Röm 9,4 und 11,29), dessen reales Heilsverhältnis in der unbereubaren Gnadenliebe Gottes verankert bleibt. In den Worten Karl Barths: »Man kann nicht das AT und das NT auseinanderreißen, ohne jedesmal beide zu entleeren und beide zu zerstören« (KD I/2, S. 534). Diese Wahrheit kommt auch zu Wort im Bekenntnis der Freien Reformierten Synode vom 4. 1. 1934 in Barmen zu »dem doppelten, aber einheitlichen und in seinen beiden Bestandteilen sich gegenseitig bedingenden Zeugnis des AT und NT«, dazu die entsprechende Verwerfung der Lehre, es könne »das AT zugunsten des NT abgewertet, zurückgedrängt oder gar ausgeschieden werden« (Theologische Existenz heute, 1934, Heft 7, S. 10).

5. Wer nach der Aktualität der Hebräischen Bibel fragt, möge

Amos lesen, wo die heute so umkämpften Menschenrechte klar und unüberhörbar als Gottesrecht deklariert werden. Die Befürworter des Umweltschutzes mögen über die Schöpfung als Gabe und Aufgabe im Buch Genesis nachlesen. Die Humanisten seien auf die alttestamentliche Hervorhebung von praktischer Nächstenliebe und Weltverbesserung als Gottesdienst verwiesen. Die Befreiungstheologen sollten Gottes Emanzipationswerk im Buch Exodus durchdenken, und die Exegeten aller Schulen wären wohlberaten, wenn sie das Bilderverbot vom Sinai als Verbot aller festgesetzten Abbilder Gottes – in Stein, auf Holz oder in Worten – in ihre Theologie und Verkündigung hineintragen würden.

6. Ob die Kirche sich nun als »Israel Gottes« (Gal 6,16) oder als »Mitteilhaberin an der Verheißung Israels« (Eph 3,6) betrachtet – in *beiden* Fällen gilt für sie auch das Prophetenwort: »Nur euch habe Ich erwählt aus allen Völkern der Erde. Darum ahnde Ich an euch all eure Vergehen« (Am 3,2), welches Christen unwiderruflich zur Gewissenserforschung und zur Unterordnung unter die Kritik der Propheten Israels ruft.

7. Nicht zuletzt sieht Jürgen Moltmann im Alten Testament eine Quelle zur Selbsterneuerung der Kirche in unseren Tagen: »Heute stehen wir in einer merkwürdigen Zeit des Übergangs. Auf der einen Seite geht die griechisch geprägte Form des christlichen Glaubens zu Ende. Auf der anderen Seite geht durch die christliche Theologie eine ›hebräische Welle‹ … Seit etwa 30 Jahren entdeckt man die bleibende und zukunftsweisende Bedeutung des Alten Testaments für den christlichen Glauben. Man begreift, daß man das Neue Testament nicht ohne das Alte Testament lesen kann, sondern beide nebeneinander und miteinander erst die Fülle des Lebens im Glauben erschließen. Man entdeckt weiter, daß Jesus von Nazareth gar nicht nur die Trennmauer zwischen Christen und Juden ist, sondern viel eher die Brücke, auf welcher die alttestamentliche Hoffnung auf Gott und die Zukunft der Erde in seinem Reich zu den Nichtjuden kommt. Man entdeckt endlich, daß der Gott, der in Christus offenbar wird, nur wenig mit dem Höchsten Sein oder dem Unbewegten Be-

weger des All der griechischen Philosophie zu tun hat, wohl aber mit dem Gott Israels und der Propheten identisch ist ...« (Der Gott der Hoffnung in: »Gott heute«, 1967, 121 f).

8. Über die Zusammenhänge zwischen der Hebräischen Bibel und dem Neuen Testament schreibt der katholische Neutestamentler Franz Mussner: »Jesu Lehre, befrachtet mit dem großen Erbe Israels ..., verbreitete sich mittels der christlichen Mission in die Völkerwelt hinein ... Ein Prozeß, der immer noch weitergeht. Die Völker werden dadurch mit dem geistlichen Erbe Israels vertraut; es wirkt wie ein Sauerteig in ihnen, vielfach auch noch im säkularisierten Bewußtsein unserer Zeit. Die Völker lernten und lernen in jüdischen Kategorien zu denken und zu sprechen. Die Welt wurde durch Jesus von Nazareth jüdisch ...« (Traktat über die Juden, 1979, S. 183 f).

In der Tat, kaum ein anderer Kernsatz hat das Weltbild des Abendlandes entscheidender geprägt als die Anfangsworte der Hebräischen Bibel: »Am Anfang schuf Gott ...« Keine Satzung hat größeren Anklang gefunden als das Bibelwort: »Am siebten Tage sollst du ruhen!« Kein Auftrag ist erhabener als: »Heilig sollt ihr sein!« Kein Gebot ist folgenreicher als: »Du sollst lieben!« Kein Freispruch war je lebensfördernder als: »Laß mein Volk ziehen!« Kein Zuspruch tröstlicher als: »Der Herr ist mein Hirte.« Kein Imperativ fordernder als: »Der Gerechtigkeit sollst du nachjagen!« Und keine Vision hoffnungsvoller als: »Sie werden ihre Schwerter in Pflugscharen umschmieden.«

Diese Bibelworte haben Weltreiche und Jahrtausende überlebt, ohne ein Jota ihrer allmenschlichen Gültigkeit einzubüßen. Im Gegenteil: In Hunderten von Versionen und Tausenden von Auslegungen wurden sie zu den geistigen Grundlagen der abendländischen Zivilisation. Sie sind auch im Urgestein des Christentums so tief verankert, daß man sich kaum noch ihres jüdischen Ursprungs bewußt ist.

Alle diese Gründe plädieren einstimmig für den Eigenwert der Hebräischen Bibel, die zukunftsweisende Botschaft ihrer Glaubenszeugnisse und die Notwendigkeit, sie mit einem Juden nach der Weise seines Volkes zu lesen.